Die Entwicklung der Sparkassen zu
selbständigen Anstalten des öffentlichen Rechts

Rechtshistorische Reihe

Band 45

Verlag Peter Lang
Frankfurt am Main · Bern · New York

Walter Weber

Die Entwicklung der Sparkassen zu selbständigen Anstalten des öffentlichen Rechts

Ein Beitrag zur Entwicklung des Anstaltsbegriffs im 19. Jahrhundert

Verlag Peter Lang
Frankfurt am Main · Bern · New York

CIP-Kurztitelaufnahme der Deutschen Bibliothek

Weber, Walter:

Die Entwicklung der Sparkassen zu selbständigen Anstalten des öffentlichen Rechts : e. Beitr. zur Entwicklung d. Anstaltsbegriffs im 19. Jh. / Walter Weber. – Frankfurt am Main ; Bern ; New York : Lang, 1985.
(Rechtshistorische Reihe ; Bd. 45)
ISBN 3-8204-9033-7
NE: GT

Die vorliegende Arbeit wurde von
Prof. Dr. H. Hattenhauer
zur Aufnahme in die Reihe empfohlen.

ISSN 0344-290X
ISBN 3-8204-9033-7

Druck und Bindung: Weihert-Druck GmbH, Darmstadt

Meinen Eltern

und meinen Mädels

Vorwort

Die vorliegende Arbeit wurde 1985 von der Rechts- und Staatswissenschaftlichen Fakultät der Rheinischen Friedrich-Wilhelms-Universität in Bonn als Dissertation angenommen.

Ihre Anfertigung wurde angeregt und betreut von Prof. Dr. Gerd Kleinheyer, Direktor des Instituts für deutsche und rheinische Rechtsgeschichte der Universität Bonn, dem ich nicht nur dafür herzlichen Dank schulde, sondern auch für die besondere Aufmerksamkeit und Förderung, die er mir persönlich zuteil werden ließ.

Zum Dank verpflichtet bin ich weiter Frau Marion Bolz für die oft mühevolle Anfertigung der Reinschrift.

Verbunden bin ich sodann Herrn Prof. Dr. Hans Hattenhauer, der als Mitherausgeber die Aufnahme der Arbeit in die Rechtshistorische Reihe des Verlages Peter Lang befürwortet hat, und schließlich - aber nicht zuletzt - danke ich meiner Frau Annette für ihr Verständnis und ihre Geduld.

INHALTSÜBERSICHT

Seite:

Literaturverzeichnis V
Quellenverzeichnis XX

A. **Einleitung** 1

B. **Die Entwicklung des Anstaltsbegriffs seit Otto Mayer und Otto von Gierke** 5

1. Otto Mayer und Otto von Gierke 5

a) Mayers französisches Verwaltungsrecht 5
b) Mayers deutsches Verwaltungsrecht 7
c) Otto von Gierke - ein Wegbereiter Otto Mayers 10
d) Der Anstaltsbegriff Otto Mayers im einzelnen 18
e) Anstalt und Anstaltsgewalt 25
f) Fortentwicklung des Begriffs - rechtsfähige Anstalt - 27
g) Kritik am Anstaltsbegriff Otto Mayers 29

2. Der Anstaltsbegriff bei Paul Schoen (1897) 33

3. Der Gebrauch des Anstaltsbegriffs bei Windscheid/Kipp (1909) 36

4. Der Anstaltsbegriff bei Fritz Fleiner (1911 ff) 37

5. Der Anstaltsbegriff bei Karl Kormann (1913 ff) 45

6. Der Anstaltsbegriff Adolf Julius Merkl (1927) 49

7. Der Anstaltsbegriff bei Julius Hatschek (1919) 52

8. Der Anstaltsbegriff bei Werner Bühler (1929) 55

9. Der Anstaltsbegriff bei Walter Jellinek (1931) 57

10. Der Anstaltsbegriff bei Franz W. Jerusalem (1937) 58

11. Der Anstaltsbegriff bei Arnold Köttgen (1928 ff) 60

12. Der Anstaltsbegriff bei Werner Weber (1940) 66

13. Der heutige Begriff der rechtsfähigen Anstalt 71

14. Exkurs: Die Qualifizierung der Aufsicht über selbständige Anstalten, insbesondere Sparkassen 78

C. Entstehung der Begrifflichkeit: Beispiele für die Verwendung des Begriffs vor der Zeit Otto Mayers 89

1. Einleitung 89

2. Selbständigkeit des Anstaltsbegriffs des kanonischen Rechts 91

3. Beispiele für die Verwendung des Begriffs "Anstalt" im Recht des 18. und 19. Jahrhunderts 93

a) Bayern 93
b) Kurhessen 101
c) Baden 106
d) Preußen 108

4. Die Verwendung des Anstaltsbegriffs in der wissenschaftlichen Literatur des 19. Jahrhunderts 122

D. Die Entwicklung der öffentlichen Sparkassen zu öffentlich-rechtlichen Anstalten 136

1. Einleitung 136

2. Die Anfänge des Sparkassenwesens 139

a) Frühe Leih-Anstalten 140
b) Die Entstehung der Sparkassen und ihre Bezeichnung als Anstalten 140

aa) Die Zeit bis zum Sparkassenreglement (1838) 148
bb) Die Verbindung von Sparkassen und Leihanstalten 157
cc) Die Entwicklung der Sparkassen nach dem preußischen Sparkassenreglement von 1838 164

3. Die weiteren rechtlichen Rahmenbedingungen des Sparkassenwesens ab 1838 169

a) Gewährträgerhaftung als Bindeglied zwischen Sparkasse und Muttergemeinwesen 170
b) "Musterstatut" von 1845 171
c) 1847 - Musterstatut der Kreissparkasse Bielefeld 173
d) 1847 - Sparkasse des Rosenberger Kreises - 176
e) Förderung der Kreissparkassen 180
f) Ausprägungen wachsender Selbständigkeit 181
g) Verselbständigungsbemühungen der Sparkassen in den Jahren nach 1875 187
h) Zusammenfassung und Fazit 199

4. Die konkreten Ausgestaltungen in den Sparkassenstatuten 204

a) Preußen 204
b) Königreich Württemberg 219
c) Bayern 222
d) Königreich Hannover 228
e) Großherzogtum Hessen 229
f) Kurhessen 233
g) Mecklenburg-Schwerin 236
h) Großherzogtum Oldenburg 239

i) Großherzogtum Sachsen-Weimar 240
j) Sachsen-Meiningen-Hildburghausen 241
k) Herzogtum Sachsen-Altenburg 242
l) Herzogtum Sachsen-Coburg-Gotha 243
m) Herzogtum Anhalt-Dessau 245
n) Königreich Sachsen 246
o) Großherzogtum Baden 249
p) Herzogtum Braunschweig 253
q) Elsaß-Lothringen 255
r) Hamburg 256
s) sonstige 256

5. Zusammenfassung 258

E. **Schlußbetrachtung** 259

Literaturverzeichnis:

Albrecht, Eduard	Rezension über Maurenbrechers"Grundsätze des heutigen deutschen Staatsrechts", Nachdruck der Ausgabe Göttingen 1837; Darmstadt 1962
Anschütz, Gerhard Dochow, Franz	Die Organisationsgesetze der inneren Verwaltung in Preußen, II. Aufl., Berlin 1908
Bankenstrukturkommission	Bericht der Studienkommission "Grundsatzfragen der Kreditwirtschaft", Schriftenreihe des Bundesministeriums der Finanzen, Heft 28, Bonn 1979
Badura, Peter	Die Methoden der neueren allgemeinen Staatslehre, Erlangen 1959
Bähr, O.	Der Rechtsstaat. Eine Publicistische Skizze, 1864, Neudruck Aalen 1961
Baumeister, H.	Das Privatrecht der Freien und Hansestadt Hamburg, erster Band, allgemeiner Theil. Sachenrecht. Obligationenrecht; Hamburg 1856, Nachdruck Frankfurt 1969
Baur, Fritz	Neue Verbindungslinien zwischen Privatrecht und öffentlichem Recht, in: JZ 1963, S. 41 ff
Becker, Erich	Die Selbstverwaltung als verfassungsrechtliche Grundlage der kommunalen Ordnung in Bund und Ländern, in: Peters, Handbuch der kommunalen Wissenschaft und Praxis (HdKWP, Bd. I, 1956, S. 113 ff), zit.: Becker, Handbuch
ders.	Anstalten des öffentlichen Rechts, in: Handwörterbuch der Sozialwissenschaften, Bd. I, 1953, S. 208 ff, zit.: Becker, Anstalten
Beseler, Georg	System des gemeinen deutschen Privatrechts, 1. Bd., Leipzig 1847; 2. Bd., Leipzig 1853; 3. Bd., Berlin 1855
Bluntschli, Johann Caspar	Artikel: "Gesellschaft", in: Bluntschli, J.C. und Brater, K., Deutsches Staats-Wörterbuch, Stuttgart, Leipzig, 1857 bis 1869 zit.: Staatswörterbuch

ders.	Deutsches Privatrecht, dritte, durch Aufnahme des Handels- und Wechselrechts erweiterte Auflage, besorgt von Felix Dahn, München 1864 zit.: Deutsches Privatrecht
Brühl Gordan Ledermann	Zweckverbandsgesetz für Groß-Berlin, Kommentar, Berlin 1912
Buck	"Das Recht der Gemeindeanstalten und der gewerblichen Unternehmungen der Gemeinden" in: Stier-Somlo, Handbuch des kommunalen Verfassungs- und Verwaltungsrechts in Preußen, Bd. II 2, Hauptteil (1917), S. 125 ff; Art. "Gemeindeanstalten", S. 673 zit.: Stier-Somlo, HWR
Büchner, Wolfgang	Die rechtliche Gestaltung kommunaler öffentlicher Unternehmen, Frankfurt-/Main, Bern 1982
Bühler, Werner	Begriff und Formen der öffentlichen Anstalt als verwaltungsrechtliches Institut, jur. Diss., Zürich 1929
Clausen, Harald	Der Einfluß der Gemeinde auf die kommunale Sparkasse nach dem nordrhein-westfälischen Sparkassengesetz von 7. Januar 1958, Berlin 1964
Dernburg, Heinrich	Lehrbuch des Preußischen Privatrechts und der Privatrechtsnormen des Reichs, I. Bd., - Die allgemeinen Lehren und das Sachenrecht -, 5. Aufl. 1894
Ebersbach, Harry	Handbuch des deutschen Stiftungsrechts, Göttingen 1972 zit.: Ebersbach, Handbuch
ders.	Die Stiftung des öffentlichen Rechts, Göttingen 1961 zit.: Ebersbach, Die Stiftung des öffentlichen Rechts
Eichhorn, Peter	Struktur und Systematik kommunaler Betriebe, Stuttgart u.a., 1969
Elster, Ludwig	Artikel: "Sparkassen" in: von Stengel, Wörterbuch des Deutschen Verwaltungsrechts in zwei Bänden, 1889, Bd. 2, S. 468 ff
Emmerich, Volker	Das Wirtschaftsrecht der öffentlichen Unternehmen, 1969

Enneccerus, Ludwig / Nipperdey, Hans Carl — Allgemeiner Teil des Bürgerlichen Rechts, ein Lehrbuch, 15. Aufl., Tübingen 1959

Erichsen, Hans-Uwe / Martens, Wolfgang (Hrsg.) — Allgemeines Verwaltungsrecht, fünfte, neubearbeitete Auflage, Berlin, New York, 1981
zit.: Erichsen/Martens/Bearbeiter

Erler, Adalbert / Kaufmann, Ekkehard — Handwörterbuch zur deutschen Rechtsgeschichte, Bd. 2, "Haustür" bis "Lippe", 1978

Fleiner, Fritz — Institutionen des Deutschen Verwaltungsrechts, 1. Aufl., Tübingen, 1911
2. Aufl., Tübingen 1912, 3. Aufl., 1913, 8. Aufl., Tübingen 1928
zit.: Fleiner: Aufl.

Flume, Werner — Allgemeiner Teil des Bürgerlichen Rechts, erster Band, zweiter Teil, Die juristische Person, Berlin, Heidelberg, New York, Toronto, 1983

Förster, Franz / Eccius, M.E. — Preußisches Privatrecht, IV. Bd., Auf der Grundlage des Werkes von Franz Förster bearbeitet von M.E. Eccius, 6. Aufl., Berlin 1893

Forsthoff, Ernst — Die öffentliche Körperschaft im Bundesstaat, Tübingen 1931,
zit.: Die öffentliche Körperschaft

ders. — Lehrbuch des Verwaltungsrechts, Allgemeiner Teil, Bd. I, 8. Aufl., Berlin, München 1961;
10. Aufl., München 1973
zit.: Forsthoff, ... Aufl.

Frick, Heinrich — Die Staatsaufsicht über die kommunalen Sparkassen, Berlin 1962

Fritz, Bernhard — Der Kampf zwischen den Sparkassen und den Banken, Diss. Würzburg 1927

Frohn, Karl — Handbuch der bayerischen National-Oekonomie, Erster Versuch, München, 1822
zitiert nach Poschinger, Bayerische Bankgeschichte, S. 48

Fröhler, Ludwig — Die Staatsaufsicht über die Handwerkskammern, München/Berlin 1957

Geiecke, Eberhard — Die Entstehung und Entwicklung der Ritterschaftlichen Kreditinstitute in Niedersachsen, jur. Diss. Bonn, 1978

Gerber, C.F. — System des Deutschen Privatrechts, 11. Aufl., Jena, 1873

ders. Cosack, Konrad	System des Deutschen Privatrechts, bearbeitet von Konrad Cosack, 17. Aufl., Jena, 1895
Gerhard, H.J.	Göttingen und seine städtische Sparkasse zu Beginn des neunzehnten Jahrhunderts, Göttinger Jahrbuch 25, 1977
von Gierke, Otto	Deutsches Privatrecht, Erster Band, 1895 zit.: Gierke, Deutsches Privatrecht
ders.	Labands Staatsrecht und die deutsche Rechtswissenschaft, 1883, unveränderter Nachdruck, Darmstadt 1961
ders.	Das deutsche Genossenschaftsrecht, Bd. II, Geschichte des deutschen Körperschaftsbegriffs, unveränderter Nachdruck, Darmstadt, 1954 zit.: Gierke, Genossenschaften
ders.	Artikel: "Juristische Personen" in: Holtzendorffs Rechtslexikon, Bd. II, Leipzig, 1881 zit.: Gierke, Holtzendorffs Rechtslexikon
ders.	Artikel: "Grundzüge des deutschen Privatrechts" in: Holtzendorffs Enzyklopädie der Rechtswissenschaft, Bd. I, 7. Aufl., München und Leipzig, Berlin 1915, S. 175 ff zit.: Gierke, Holtzendorffs Enzyklopädie
ders.	Die Genossenschaftstheorie und die deutsche Rechtsprechung, Berlin, 1887 zit.: Gierke, Genossenschaftstheorie
Goeschen, Johann Friedrich Ludwig	Vorlesungen über das gemeine Civilrecht, herausgegeben von Albrecht Erxleben, Bd. 1-3, Göttingen 1838-1839
Gröttrup, Hendrik	Die kommunale Leistungsverwaltung. Grundlagen der gemeindlichen Daseinsvorsorge, Stuttgart u.a. 1974
Haas, Eckart	Die juristische Person des öffentlichen Rechts als Wettbewerbsunternehmen, Diss. Hamburg, 1959
Haenel, Albert	Das Gesetz im formellen und materiellen Sinne, Leipzig, 1888, fotomechanischer Nachdruck, Darmstadt, 1968

Haller, Hubertus — Entwicklung und Wesen der Staatsaufsicht über die kommunalen Sparkassen unter besonderer Berücksichtigung der verfassungsrechtlichen Grenzen der Bundesaufsicht, jur. Diss. Würzburg, 1970

Hamann, Andreas — Anmerkung zu BVerfG, NJW 1961, S. 1155 in: NJW 1961, S. 2059

Hatschek, Julius — Institutionen des deutschen und preußischen Verwaltungsrechts, 1919

Heinen, Norbert M. — Die Rechtsstellung der Gemeinden und Gemeindeverbände als Gewährträger ihrer Sparkassen, jur. Diss. Münster, 1968

Heusler, Andreas — Institutionen des Deutschen Privatrechts, 1. Bd., Leipzig 1885

Henze, Werner — Grundzüge der Geschichte des Sparkassenwesens
Grundriß für die Sparkassenarbeit Tl. 1, Stuttgart 1969

von Herrnritt, R.H. — Grundlehren des Verwaltungsrechts, 1921

Heyen, Erk Volkmar — Otto Mayer, Studien zu den geistigen Grundlagen seiner Verwaltungsrechtswissenschaft, Berlin 1981

Heymann, Wilhelm — Wesen und Notwendigkeit der öffentlichen Anstalt, Berlin 1950

Heyne, Moritz — Deutsches Wörterbuch, Erster Band, (A bis G), 2. Aufl., Leipzig 1905

von Hippel, Th.G.
Kord-Ruwisch, Wilhelm
Schmidt, Franz — Die öffentlich-rechtlichen Kreditinstitute, ihr Aufbau, ihre Funktion und ihre Geschichte, Berlin 1927

Höpker, H. — Die deutschen Sparkassen und ihre Entwicklung und ihre Bedeutung, Zeitschrift des Preußischen Statistischen Landesamtes (ZSLAP) 63, 1923

Hoffmann, Walter — Artikel: "Sparkassen" in: Handwörterbuch der Staatswissenschaft, hrsg. von Elster, Weber und Weiser, Bd. 7, 4. Aufl., Jena, 1926

Huber, Ernst Rudolf — Wirtschaftsverwaltungsrecht, I. Bd., 2. Aufl., Tübingen 1953; II. Bd., 2. Aufl., Tübingen 1954

Hurst, Karl — Gemeindeeinrichtungen, in: Peters, Handbuch der kommunalen Wissenschaft und Praxis (HKWP), Bd. II, Berlin,

Göttingen, Heidelberg, 1957, S. 833 ff, herausgegeben in Verbindung mit den kommunalen Spitzenverbänden im Auftrage des Forschungsinstitutes für Sozial- und Verwaltungswissenschaften an der Universität Köln von Hans Peters
zit.: Hurst, HKWP

Imboden, Max — Das Gesetz als Garantie rechtsstaatlicher Verwaltung, Basel und Stuttgart, 1954

Jahn, Karl — Die öffentlich-rechtlichen Beziehungen der selbständigen Sparkassen zu den Stadtgemeinden im Gebiete der preußischen Städteordnung für die östlichen Provinzen auf Grund des neuen Sparkassenrechts. Ein Beitrag zum Recht der selbständigen Gemeindeanstalt, jur. Diss. Greifswald, 1935

Jecht, Hans — Die öffentliche Anstalt, Wandlungen und gegenwärtige Struktur, Berlin 1963

Jellinek, Georg — System der subjektiven öffentlichen Rechte, 2. Aufl., Tübingen 1919, im unveränderten Nachdruck Aalen, 1969
zit.: G. Jellinek, System

ders. — Allgemeine Staatslehre, 3. Aufl., 7. Neudruck, Darmstadt 1960
zit.: G. Jellinek, Allgemeine Staatslehre

ders. — Allgemeine Staatslehre, 4. Neudruck der 3. Aufl., durchgesehen und ergänzt von Walter Jellinek, Berlin 1922
zit.: G. Jellinek, Staatslehre

Jellinek, Walter — Verwaltungsrecht, 3. Aufl., Berlin 1931, mit Nachtrag von 1950 in unverändertem Neudruck, Bad Homburg v. d. Höhe, Berlin, Zürich, 1966
zit.: W. Jellinek, VerwR

Jerusalem, Franz W. — Das Recht der öffentlichen Anstalt, in: Frank, Hans, Deutsches Verwaltungsrecht, S. 282 f, München, 1937
zit.: Jerusalem in Frank, Dt. VerwR.

Kelsen, Hans — Hauptprobleme der Staatsrechtslehre, 2. Aufl., Tübingen, 1923, in unverändertem Neudruck, Aalen, 1960

Kierstein, Hans	Probleme der Beziehungen zwischen den Muttergemeinwesen und den von ihnen errichteten rechtsfähigen Anstalten, jur. Diss. Marburg 1967
Kleiner, Ernst-Eberhard	Die öffentlichen Sparkassen als private Unternehmungen, als unselbständige und als selbständige öffentliche Anstalten, jur. Diss., Berlin/Heidelberg 1930
Klüber, Johann Ludwig	Öffentliches Recht des teutschen Bundes und der Bundesstaaten, 4. Aufl., Frankfurt 1840
von Knebel-Doeberitz, H.	Das Sparkassenwesen in Preußen, Berlin, 1907
Koch, Arwed	Banken und Bankgeschäfte unter besonderer Berücksichtigung der Rechtsverhältnisse, Jena, 1931 zit.: Koch, A., Banken
Koch, Christian Friedrich	Allgemeines Landrecht für die Preußischen Staaten, herausgegeben mit Kommentar in Anmerkungen von C.F. Koch, Zweiter Theil, Zweiter Bd., Erste Abtheilung, 3. Aufl., Berlin, 1863 zit.: Koch ALR
von Köhler, Ludwig	Grundlehren des Deutschen Verwaltungsrechts, 1935
Köttgen, Arnold	Gutachten zur Frage der Notwendigkeit von Bezirksregierungen im Lande Rheinland-Pfalz, in: Verwaltungsvereinfachung in Rheinland-Pfalz, herausgegeben im Auftrage der Landesregierung des Landes Rheinland-Pfalz, Mainz, 1966, S. 302 ff zit.: Köttgen (Gutachten)
ders.	Die Organisationsgewalt in: VVDStL, Bd. 16, S. 154 ff
ders.	Die erwerbswirtschaftliche Betätigung der öffentlichen Hand, Tübingen, 1928 zit.: Köttgen, öffentliche Hand
ders.	Verwaltungsrecht der öffentlichen Anstalt in:VVDStL 6, 105 ff zit.: Köttgen, VVDStL 6, S. ...
ders.	Gemeindliche Daseinsvorsorge und gewerbliche Unternehmerinitiative im Bereiche der Wasserversorgung und Abwässerbeseitigung, Göttingen 1961 zit.: Köttgen, Daseinsvorsorge

ders.	Artikel: "Selbstverwaltung", in: Handwörterbuch der Sozialwissenschaften, Stuttgart/Tübingen/Göttingen 1956, Bd. 9, S. 220 zit.: Köttgen, Selbstverwaltung
ders.	Die rechtsfähige Verwaltungseinheit, in: Verwaltungs-Archiv, Bd. 44, Berlin, 1939, S. 1 ff zit.: Köttgen, Rechtsfähige Verwaltungseinheit
Kormann, Karl	Erhebung öffentlicher Abgaben für die Kostendeckung "gewerblicher Unternehmungen" von Gemeinden und Kommunalverbänden, in: Preußisches Verwaltungsblatt 1913 (Bd. 34), S. 395 ff zit.: Kormann, PrVerwBl.
ders.	Kormanns Einführung in die Praxis des Deutschen Verwaltungsrechts, 2. Aufl., bearbeitet und vollendet von Friedrich List, Tübingen, 1930 zit.: Kormann/List, Dt. VerwR.
Kreittmayr, Wigulaeus Xaverius Aloysius Frhr. v.	Anmerkungen über den codicem Maximilianeum Bavaricum civilem, München, 1758
Kutsch, Hermann von Krakewitz, Eberhard	Übernahme des Begriffs "service public" ins Deutsche Recht? In: AöR, Bd. 79 (1970), S. 431 ff
Laforet, Wilhelm	Deutsches Verwaltungsrecht, München, 1937
Laband, Paul	Buchbesprechung (Otto Mayer: "Französisches Verwaltungsrecht") in: AöR Bd. 2, S. 311 ff zit.: Laband, AöR
ders.	Deutsches Reichsstaatsrecht, 5. Aufl., Tübingen, 1909 zit.: Laband, Reichsstaatsrecht
Laspeyres, E.	Artikel "Sparkassen" in: Bluntschli, J.C und Brater, K., Deutsches Staats-Wörterbuch, Stuttgart, Leipzig 1855 - 1869
Linckelmann, Karl	Zum staatsrechtlichen Lehrbegriff der mittelbaren Staatsverwaltung, in: DÖV 1959, S. 561 ff; 813 ff
Loening, Edgar	Lehrbuch des Deutschen Verwaltungsrechts, Leipzig, 1884

Marperger, Paul Jacob	Beschreibung der Banquen, Halle und Leipzig 1717
Martens, Wolfgang	Öffentlich als Rechtsbegriff, Berlin 1969
Maunz, Theodor Dürig, Günter	Grundgesetz, Kommentar München, 1983 Bd. I, Art. 1 - 15, Lieferungen 1-22; Bd. II, Art. 16 - 82, Lieferungen 1-22 zit.: Maunz-Dürig - Bearbeiter
Maurenbrecher, Romeo	Grundsätze des heutigen deutschen Staatsrechts, Frankfurt 1837
Maurer, Hartmut	Allgemeines Verwaltungsrecht, 2. Aufl., München 1982
Mayer, F.F.	Grundsätze des Verwaltungsrechts, Tübingen 1862
Mayer, Franz	Allgemeines Verwaltungsrecht - eine Einführung, 2. Aufl., Stuttgart/München/Hamm, 1971
Mayer, Otto	Theorie des französischen Verwaltungsrechts, Straßburg 1886 zit.: Theorie des Frz. VerwR
ders.	Die juristische Person und ihre Verwertbarkeit im öffentlichen Recht, in: Festgabe für Paul Laband, 1908, Bd. I, S. 3 ff zit.: Otto Mayer, Festgabe Laband
ders.	Deutsches Verwaltungsrecht Bd. I, 1. Aufl., Leipzig, 1895 2. Aufl., München und Leipzig, 1914 3. Aufl., München und Leipzig, 1924 Bd. II, 1. Aufl., Leipzig, 1896 2. Aufl., München und Leipzig, 1917 3. Aufl., München und Leipzig, 1924 zit.: Otto Mayer, dt. VerwR, Bd., Auflage
Merkl, Adolf	Allgemeines Verwaltungsrecht, Wien und Berlin 1927
Meyer, Georg	Lehrbuch des Deutschen Verwaltungsrechts, Teil I, Allgemeine Lehren. Innere Verwaltung. Zweite Auflage, Leipzig 1893
ders. Dochow, Franz	Lehrbuch des Deutschen Verwaltungsrechts, 3. Aufl., Leipzig 1910 zit.: Meyer/Dochow

Müller, Friedrich-Wilh. / Möhl, R. — Selbstverwaltung und Interessenteneinfluß bei den Anstalten des öffentlichen Rechts, jur. Diss. Göttingen 1959

Mura, Jürgen — Historische Dokumentation. Zur Geschichte des deutschen Sparkassenrechts von den Anfängen bis 1945, in: Sparkasse 1983, S. 69 ff

ders. — Zur Geschichte des deutschen Sparkassenrechts seit 1945: Sparkasse 1983, S. 260 ff

Nebinger, Robert — Verwaltungsrecht, allgemeiner Teil, 2. Aufl., 1949

Nobel, Peter — Anstalt und Unternehmen, Diessenhofen (Schweiz), 1978

Nöll, F. / Freund, F. — Das Kommunalabgabengesetz vom 14. Juli 1893 nebst Ausführungsanweisung vom 10.5.1894, Ergänzungsgesetzen und Mustersteuerordnungen, 7. Aufl., Berlin 1910

Oeckinghaus, Hans Alfred — Errichtung von Kreissparkassenzweigstellen in Kreisangehörigenstädten und Gemeinden mit eigener Sparkasse, in: Sparkasse 1962, S. 83 f

Ossenbühl, Fritz — Grundfragen zum Rechtsstatus der Freien Sparkassen, Berlin, 1979
zit.: Ossenbühl, Freie Sparkassen

ders. — Die Erfüllung von Verwaltungsaufgaben durch Private in: VVDStRL 29 (1970), S. 137 ff
zit.: Ossenbühl, VVDStRL 29, S. ...

ders. — Rechtliche Probleme der Zulassung zu öffentlichen Stadthallen - zur Dogmatik der Gewährung öffentlicher Leistungen. In: DVBl. 1973, S. 269 ff

Perdelwitz, Johannes / Fabricius, Paulus / Kleiner, Ernst-Eberh. — Das Preußische Sparkassenrecht, 2. Auflage von Marquardt-Perdelwitz, unveränderter Nachdruck, Berlin/Köln 1955

Peters, Hans — Grenzen der kommunalen Selbstverwaltung in Preußen, Berlin 1926

ders. — Lehrbuch der Verwaltung, Heidelberg 1949

Peters, Johannes — "Gleiches Recht für alle" - Auch im Kreditgewerbe!, Rechtlicher Status der "öffentlich-rechtlichen" Sparkassen ist verfassungswidrig und untragbar - Auf dem Weg zur "kalten Sozialisierung"?, nicht veröffentlicht, 1960

Pfeifer, K. — Die Lehre von den juristischen Personen nach gemeinem und württembergischen Rechte, Tübingen, 1847, Nachdruck 1970

Pleimes, Dieter — Irrwege der Dogmatik im Stiftungsrecht, Münster/Köln, 1954
zit.: Pleimes, Irrwege

ders. — Weltliches Stiftungsrecht. Geschichte seiner Rechtsformen, 1938
zit.: Pleimes, Weltliches Stiftungsrecht

Pohl, Ulf — Der Begriff der öffentlichen Anstalt als dogmengeschichtliches Problem der Funktionsverteilung staatlicher Verwaltung - dargestellt am Begriff der öffentlichen Anstalt von Arnold Köttgen, jur. Diss., Marburg 1970

Popitz, Johannes — Gemeindefinanzen und Wirtschaft, Düsseldorf 1932

von Poschinger, Heinrich — Bankgeschichte des Königreichs Bayern, 1498 bis 1876, Lieferung 1 bis 4 (alles erschienene), unveränderter Neudruck der Ausgabe Erlangen, 1874 bis 1864, Vaduz (Lichtenstein), 1977
zit.: Poschinger, Bankgeschichte Bayern

Poullain, Ludwig — Die Sparkassenorganisation, Stuttgart 1972

Regelsberger, Ferdinand — Pandekten, Bd. 1, Leipzig 1893

Röper, Burkhard — Die Wettbewerbsfunktion der deutschen Sparkassen und das Subsidiaritätsprinzip, Volkswirtschaftliche Studien, Bd. 198, 1973

Rosin, Heinrich — Recht der öffentlichen Genossenschaften, Freiburg 1886

Roth, Paul — Über die Stiftungen, in: Gerbers und Iherings Jahrbücher, Bd. 1, S. 189 ff

Rothe, Karl-Heinz — Sparkassengesetz für das Land Nordrhein-Westfalen, Kommentar, Siegburg 1970

von Rotteck, Carl
Welcker, Carl (Hrsg.) — Das Staats-Lexikon der sämmtlichen Staatswissenschaften für alle Stände, neue, durchaus verbesserte und vermehrte Auflage, 12. Bd., 1848

Rüfner, Wolfgang — Formen öffentlicher Verwaltung im Bereich der Wirtschaft, Berlin 1967

Russell, Claire — Reich und Kreditwesen, in: Zeitschrift für die gesamte Staatswissenschaft, Bd. 96, S. 175 ff

Sänger, F. — Die Entwicklung der Sparkassen zu Banken, jur. Diss., Freiburg 1926

von Savigny, Friedrich-Carl — System des heutigen Römischen Rechts, 8 Bände, 1840 bis 1849, Registerband 1851, Nachdruck 1956
zit.: Savigny, System

Schikorski, Felix — Die Auseinandersetzung um den Körperschaftsbegriff in der Rechtslehre des 19. Jh., Berlin 1978

Schlierbach, Helmut — Das Sparkassenrecht in der Bundesrepublik Deutschland und Berlin/West, Stuttgart 1981

ders. — Kommentar zum Hessischen Sparkassengesetz, 2. Aufl., 1970

Schmutzler, Hansjörg — Die freien öffentlichen Sparkassen im Wettbewerb - ihre Entwicklung sowie ein rechtlicher und rechtstatsächlicher Vergleich zu den öffentlich-rechtlichen Sparkassen und privaten Großbanken des örtlichen Wettbewerbs, 1980

Schnur, Roman — Die Krise des Begriffs der services publics im französischen Verwaltungsrecht, in: AöR, Bd. 79 (1970), S. 418 ff

Schoen, Paul — Das Recht der Kommunalverbände in Preußen (Ergänzungsband zu: Das Staatsrecht der preußischen Monarchie, von Ludwig von Rönne), Leipzig, 1897
zit.: Schoen, Recht der Kommunalverbände

ders. — Deutsches Verwaltungsrecht, Allgemeine Lehren und Organisation, in: Enzyklopädie der Rechtswissenschaft, 7. der neubearb. 2. Aufl., Bd. IV., 1897
zit.: Schoen, Dt. VerwR

Schönborn, Theodor — Ursprung und geschichtliche Entwicklung des Sparkassenwesens in Europa, in: Jahrbuch für Gesetzgebung, Verwaltung und Volkswirthschaft im Dritten Reich, Hrsg. von Gustav Schmoller, 8. Jahrgang, Leipzig 1844, S. 157 ff

Scholz, Rupert — Das Wesen und die Entwicklung der gemeindlichen öffentlichen Einrichtungen, Berlin 1967

Schröder, Jan — Zur älteren Genossenschaftstheorie. Die Begründung des modernen Körperschaftsbegriffs durch Georg Beseler, in: Quaderni Fiorentini, Per la storia del pensiero giuridico moderno, 11/12 (1982 - 1983), Itinerari moderni della persona giuridica, Mailand, 1983

Simons, Tula — Der Aufbau der Kohlenwirtschaft nach dem Kohlenwirtschaftsgesetz, Bonn und Köln 1931

Spiethoff, Bodo — Ungewollt zur Größe, die Geschichte der Bayerischen Sparkassen, München 1958

von Stengel, Karl, Frhr. (Hrsg.) — Wörterbuch des deutschen Verwaltungsrechts, in zwei Bänden, 1889

Stern, Klaus — Die Gemeindewirtschaft. Recht und Realität. Zum staats- und kommunalverfassungsrechtlichen Standort der kommunalen Wirtschaft. Stuttgart u.a., 1965

Stern, Klaus / Burmeister, Joachim — Die kommunalen Sparkassen, Stuttgart u.a., 1972 (Schriften des Vereins für Kommunalwissenschaft, Bd. 34)

Stier-Somlo — Handbuch des kommunalen Verfassungs- und Verwaltungsrechts in Preußen,
Erster Band - Das Verfassungsrecht der Kommunen in Preußen, Oldenburg i.G.r., 1919
Zweiter Band, I. Hauptteil - Das Recht der inneren Verwaltung, Oldenburg i.G.r. 1916
zit.: Stier-Somlo, Handbuch

Strube, H. — Geschichte des Sparkassenwesens und der Sparkassen in Kurhessen, 1819 bis 1866, Stuttgart 1873

Surén, Friedrich-Karl — Das Preußische Kommunalabgabengesetz, Kommentar, Berlin 1944

Svarez, Carl Gottlieb — Vorträge über Recht und Staat, herausgegeben von Conrad, Hermann und Kleinheyer, Gerd, Köln und Opladen 1960

Terpitz, Werner — Die Zuordnung der öffentlich-rechtlichen Sparkassen zur nicht-hoheitlichen öffentlichen Verwaltung, in: DÖV 1969, S. 740 ff

Trende, Adolf — Deutschlands älteste Sparkasse, in: Sparkasse, 1955, S. 85 ff

ders. — Geschichte der deutschen Sparkassen bis Anfang des 20. Jh., Stuttgart 1957

Tuor, P. — Das Schweizerische Zivilgesetzbuch, eine systematische Darstellung, Zürich 1953

Twiehaus, Uwe — Die öffentlich-rechtlichen Kreditinstitute, Göttingen 1965

Unger, Josef — System des österreichischen allgemeinen Privatrechts, Bd. 1, 2. 3. Aufl., Leipzig 1868

Vormbaum, T. — Die Rechtsfähigkeit der Vereine im 19. Jh., Berlin u.a., 1976

Wächter, Carl Georg —
1. Bd., 1. Abt. Stuttgart 1839
   2. Abt. Stuttgart 1842
2. Bd., 1. Abt., Allg. Lehren, 1842
   2. Abt., Von den Privatrechten
   3. Abt., Erwerb und Verlust der Privatrechte

Weber, Werner — Die Körperschaften, Anstalten und Stiftungen des öffentlichen Rechts, München/Berlin, 1940 (2. Aufl. 1943) zitiert nach der 2. Auflage mit Weber, Werner, Körperschaften

ders. — Juristische Personen des öffentlichen Rechts, in: Handwörterbuch der Sozialwissenschaften, Bd. 5, 1956, S. 449 ff zit.: Weber, Werner, juristische Personen

ders. — Staats- und Selbstverwaltung in der Gegenwart, Göttingen 1953

ders. — Der nicht staatsunmittelbare öffentliche Organisationsbereich in: Juristen-Jahrbuch (Jur. Jb.), 8. Bd., 1967/68
zit.: Weber, Werner, Jur. Jb., 8. Bd.

Welcker, Carl — Artikel: "Stiftungen, milde und fromme", "Stiftungsvermögen", in: Rotteck/Welcker, Staatslexikon, 12. Bd., Altona 1848

Weiske, Julius — Rechtslexikon für Juristen aller teutschen Staaten, enthaltend die gesammte Rechtswissenschaft, Bd. 1, 2. Ausg., Leipzig 1844

Will, Helmuth — Die deutschen Sparkassen, Entwicklung-Organisation-Bedeutung, Stuttgart und Berlin 1942

Windscheid, Bernhard — Lehrbuch des Pandektenrechts, 4. Auflage, Düsseldorf 1875
Kipp, Theodor — 9. Aufl., unter vergleichender Darstellung des deutschen bürgerlichen Rechts bearbeitet von Theodor Kipp, in drei Bänden, Bd. 1, Frankfurt/Main, 1906, Neudruck Aalen 1963
zit.: Windscheid/Kipp

Wolff, Hans J. — Verwaltungsrecht II (Organisations- und Dienstrecht), 3. Aufl., 1970

ders.
Bachof, Otto — Verwaltungsrecht II - Organisations- und Dienstrecht, 4. Aufl., München 1976

Wysocki, Josef — Untersuchungen zur Wirtschafts- und Sozialgeschichte der deutschen Sparkassen im 19. Jh., Stuttgart 1980

Benutzte Quellen:

a.) Allgemeine Quellen

Badisches Gesetzes- und Verordnungs-Blatt	Großherzoglich Badisches Staats- und Regierungsblatt (ab 34: 1836 Staats- und Regierungsblatt).(ab 43 :1845 u.d.T.: Großherzoglich Badisches Regierungsblatt ab 1869 u.d.T.: Gesetzes- und Verordnungs-Blatt).(1902 und 1905 - 1911 Gesetzes- und Verordnungsblatt) für das Großherzogthum (ab 1903 Großherzogtum) Baden Ab 1918 u.d.T.: Badisches Gesetzes- und Verordnungs-Blatt. ab 1920 u.d.T.: Badisches Gesetz- und Verordnungsblatt
Bosse, Burkhard R.	Synoptische Darstellung der Sparkassengesetze der Bundesländer, in: Schlierbach, Das Sparkassenrecht in der Bundesrepublik Deutschland und in Berlin-West, Stuttgart 1981, S. 221-328
Bürgerliches Gesetzbuch für das Königreich Sachsen von 1863/65	In: Neudrucke privatrechtlicher Kodifikationenen und Entwürfe des 19. Jahrhunderts, Bd. 4, Aalen 1973
Chur-Bairische Landes-Verordnungen	Sammlung der Churpfalz-Baierischen allgemeinen und besonderen Landes-Verordnungen von Sr. Churfürstlichen Durchlaucht Maximilian Joseph IV in Justiz- Finanz-Landschafts- Mauth-Polizey-Religions- Militär- und vermischten Sachen, Erster Band, hrsg. von Georg Karl Mayr, München 1800; Zweiter Band, München 1802 (Jahre 1800 und 1801) Landesverordnungen zit.: Chur-Bair.-LandesVOen I und II
Drucksachen der II. Kammer	Sammlung sämmtlicher Drucksachen der Zweiten Kammer aus der dritten Session der II. Legislatur-Periode, 1851-1852, Band V., Nr. 233-293, Berlin, 1852, hier: Nr. 266:" Zweiter Bericht der Kommission zu Untersuchung der Geld-Kredit- Institute des Landes, das Sparkassenwesen betreffend."
Gesetz-Sammlung	für die Königlich-Preußischen Staaten, 1806 - 1945, zit.: GS, Jahr, Seite

Grotefend, G.A.	Die Gesetze und Verordnungen nebst den sonstigen Erlassen für den Preußischen Staat und das Deutsche Reich, (1806 -1883), 2. Auflage, Düsseldorf 1884.
Heyden (Hrsg.)	Die Sparkassengesetzgebung in Deutschland, Sammlung der das Deutsche Sparkassenwesen betreffenden Gesetze, Erlasse, Verfügungen etc., 2.Auflage, Essen 1892
von Kamptz, Karl Albert (Hrsg.)	Jahrbücher für die Preußische Gesetzgebung, Rechtswissenschaften und Rechtsverwaltung. Im Auftrage des Königlichen Justizministeriums, (1820 - 1845)
Malchus, C.A.,Frhr.v.	Die Sparcassen in Europa, Darstellung der statutenmäßigen Einrichtungen der großen Mehrzahl von solchen in Europa mit einer Nachweise des Betrages der in denselben aufgesammelten Ersparnisse Nebst Ansichten über die sach- und zweckmäßige Bildung der Einrichtungen für die Verwaltung solcher Anstalten, Heidelberg und Leipzig, 1838
Materialien	Materialien zu Erneuerung des Sparkassenrechts, herausgegeben von der Arbeitsgemeinschaft Deutscher Sparkassen- und Giroverbände und Girozentralen e.V.,Bonn, Stuttgart 1953
Ministerialblatt	Ministerial-Blatt für die gesammte innere Verwaltung in den Königlich Preußischen Staaten. Hrsg. im Ministerium des Inneren, (ab 1840), zit.: MBliV, Jahr, Seite
Mugdan, Benno	Die gesamten Materialien zum Bürgerlichen Gesetzbuch für das Deutsche Reich, Band 1, Einführungsgesetz und Allgemeiner Teil, Neudruck, Aalen, 1979 der Ausgabe Berlin 1899
Neue Sammlung Kurhessen	Neue Sammlung der Landes-Ordnungen, Ausschreiben und anderer allgemeinen Verfügungen, welche bis zum Ende des Oktobers 1806 für die älteren Gebietstheile Kurhessens ergangen sind. Cassel in der Hof- und Waisenhaus-Buchdruckerei, 1828 zit.: NSK, Band, Seite
Novum Corpus Constitutionum	Prussico - Brandenburgensium Praecipue Marchiarum, 14 Bände, 1751 - 1810, zit.: NCC, Band, Jahr, Seite

Preußisches Sparkassenreglement	vom 12.12.1838, abgedruckt bei Stoepel, Band, Seite
Raabe, H.W.F.	Gesetzsammlung für die Mecklenburg-Schwerinschen Lande, Zweite Folge, umfassend den Zeitraum vom Anfange dieses Jahrhunderts bis zum Jahre 1857, 6 Bände, Wismar und Ludwigslust,1849 - 1859
Sammlung Kurhessen	Sammlung von Gesetzen, Verordnungen, Ausschreiben und anderen Allgemeinen Verfügungen für Kurhessen, 17 Bde., 1813-1866
Sparkassenwesen (1864)	Das Sparkassenwesen in Deutschland und den außerdeutschen Landestheilen Österreichs und Preußens, hrsg. vom Centralverein in Preußen für das Wohl der arbeitenden Klasse in Deutschland von Schmidt und Brämer, 2 Bände, Berlin, 1864
Stier-Somlo	Sammlung preussischer Gesetze staats- und verwaltungsrechtlichen Inhalts, München, 1906, zit.:Stier-Somlo
Stoepel, Paul	Preußisch-Deutscher Gesetz-Codex Ein chronologisch geordneter Abdruck der in der Gesetz-Sammlung für die königlich-Preußischen Staaten von 1806 im Bundes-Gesetzblatt und im Reichs-Gesetzblatt von 1871 an bis auf die neueste Zeit enthaltenen Gesetze, Verordnungen, Kabinettsordres, Erlasse etc., mit Rücksicht auf ihre noch jetzige Gültigkeit und praktische Bedeutung, zusammengestellt von Paul Stoepel Band I, 1806-1845 Band II, 1846-1867 Band III, 1868-1873 Frankfurt/Oder, 1881
Walz	Das geltende Badische Recht, Zweiter Band, Die staatsrechtlichen Gesetze Badens einschließlicch der Kirchengesetzgebung, Heidelberg 1911, hrsg. von W.Schönborn und E.Walz zit.: Walz

b.) <u>einzelne Sparkassen</u>

Die Sparkasse in Bremen	1825 bis 195o, 125 Jahre Die Sparkasse in Bremen, 125 Jahre gemeinnütziges Wirken für die Freie und Hansestadt Bremen. Ein Jubiläumsbericht, erstattet von dem Vorstand der Sparkasse zu Bremen, Bremen,1950
Wysocki	Wysocki. Josef, Untersuchungen zu Wirtschafts- und Sozialgescchichte der deutschen Sparkassen im 19 Jahrhundert, Stuttgart, 1980, S. 197 ff: dort Abdruck der Sparkassenstatuten: Hamburg (1778), S. 198 Oldenburg (1786), S.199f Kiel (1796), S. 201 ff Altona (1801), S. 210 f Göttingen (1801), S. 212 Darmstadt (1808),S 215 f
Kreissparkasse Bielefeld 1846	Statuten der Kreissparkasse Bielefeld vom 23.12.1846, abgedruckt in: MbliV 187, S. 38 ff
Sparkasse des Rosenberger Kreises 1846	Statuten für die Sparkasse des Rosenberger Kreises vom 22.12.1846, abgedruckt in: MBliV 1847, S.121 ff
Kreissparkasse Herford 1845	Statut für die Kreis-Sparkasse zu Herford, vom 18.4.1845, abgedruckt in: MBliV 1850, 1. 144 ff
Sparkasse des Kreises Teltow 1873	Revidirtes Statut für die Sparkasse des Kreises Teltow vom 28-4-1873, abgedruckt in MBliV 1873, S. 295 ff

A.

Einleitung:

Der heutige Anstaltsbegriff geht zurück auf Otto Mayer. Nach wie vor wird als gültig angesehen, was er als Definition für die rechtsfähige Anstalt formulierte:

> "Eine öffentlich-rechtliche Anstalt ist ein zur Rechtsperson des öffentlichen Rechts erhobener Bestand von sächlichen und persönlichen Verwaltungsmitteln, welcher in der Hand eines Trägers öffentlicher Verwaltung einem besonderen öffentlichen Zweck dauernd zu dienen bestimmt ist".[1]

Man sagt zugleich, zuvor habe es keinen festen Anstaltsbegriff gegeben.

Als typisches Beispiel für öffentlich-rechtliche Anstalten gelten die öffentlich-rechtlichen kommunalen Sparkassen. Solche jedoch hat es schon vor Otto Mayer gegeben; die ersten entstanden schon zum Ende des 18. Jahrhunderts.

Die organisatorischen Anfänge des Sparkassenwesens sind zwar zumeist dem Privatrecht zuzuordnen. Solche Privat-Sparkassen waren - als Vereine oder Gesellschaften - eigene Vermögensträger und wurden als rechtlich selbständig angesehen. Mit der Übernahme des Sparkassengedankens durch die Gemeinden geriet im Verlauf des 19. Jh. das Sparkassenwesen jedoch unter öffentlich-rechtlichen Einfluß. Die dann erfolgte "Einverleibung" des Sparkassengedankens und -wesens in den Aufgabenbereich der Kommunen ist eine historische Tatsache.

In der vorliegenden Arbeit wird untersucht werden, wann und in welchem Umfang die Sparkassen sich dabei als Anstalten des öffentlichen Rechts verselbständigt haben.

Dabei bereitet es gewisse Schwierigkeiten, im geltenden Recht einen Ausgangspunkt für diese Untersuchung zu bestimmen. Die Verwaltung hat sich in den letzten Jahrzehnten "ständig zunehmend

---

1 Otto Mayer, Dt. VerwR, Bd. II, 1. Aufl., S. 318

ausdifferenziert"[2], so daß der Anwendungsbereich der öffentlichen Anstalt sich heute infolge ausdrücklicher Einzelregelungen in zahlreichen Gesetzen und Verordnungen einerseits vergrößert hat, andererseits aber wegen der Vielfalt der ausdrücklich geregelten Fälle die Handhabung eines allgemeinen Anstaltsbegriffs immer schwieriger wird. Deshalb liegt die Versuchung nahe, es heute mit Nipperdey zu halten und als öffentlich-rechtliche Anstalt all das anzusehen, was juristische Person des öffentlichen Rechts ist, jedoch keine körperschaftliche Struktur aufweist.[3] Dieser Ansatz ermöglicht es jedoch nicht, das eigenständige Wesen des Verwaltungsorganisationsmittels "Anstalt" zu erfassen. Andererseits muß heute wohl hingenommen werden, daß die Rechtsformen in der Leistungsverwaltung austauschbar sind.[4] Theoretische Unterscheidungen zwischen öffentlichem Recht und Privatrecht sind für die Praxis zumeist ohne Bedeutung, solange nur die Aufgaben, um deren Erfüllung willen die Verwaltung in wie auch immer gearteter Rechtsform tätig wird, erfüllt werden.

Die Sparkassenaufgabe, die sich im Laufe der Zeit gewandelt hat und auch heute noch ständig diskutiert wird,[5] war gleichwohl stets substantiell mit der kommunalen Sphäre verquickt. Dabei wird immer behauptet, die öffentlich-rechtlichen Sparkassen seien bis 1931, als sie durch die Notverordnungen rechtlich verselb-

---

2 Forsthoff, Bd. I, 10. Aufl., S. 129

3 Vgl. Enneccerus-Nipperdey, § 119, Bd. II, S. 737 m.w.N.

4 Forsthoff, 10. Aufl., S. 410

5 Vgl. Poullain, S. 41, der die These aufgestellt hat, "daß sich die konkreten Vorstellungen über den jeweils aktuellen öffentlichen Auftrag der Sparkasse an veränderte wirtschaftliche und gesellschaftliche Entwicklungen anpassen müssen"; vgl. auch die heftige Auseinandersetzung um Wettbewerbsfragen - vgl. Peters, Johannes, "Gleiches Recht für alle - auch im Kreditgewerbe", 1960, nicht veröffentlicht; Schober, in: "Die Aussprache", November 1958; Erwiderung (ohne Autor) "Vom Sparkassenstandpunkt:", "Eine Diskussionsrede, die nicht gehalten wurde, Sparkasse 1959, S. 134; "vom Sparkassenstandpunkt":, "Privatisierung der Sparkassen" in: Sparkasse 1959, S. 385; Stellungnahme des Rheinischen und des Westfälisch-Lippischen Sparkassen- und Giroverbandes zur Denkschrift von Peters, in: Sparkasse 1960, S. 107; vgl. auch schon etwa die Dissertation von Fritz, Bernhard: "Der Kampf zwischen den Sparkassen und den Banken", Würzburg 1927

ständigt wurden, "unselbständige kommunale Einrichtungen" gewesen[6]; von Seiten der Sparkassen ist diesbezüglich von "natürlicher Familienzugehörigkeit"[7] die Rede.

Gemeint ist damit die institutionelle Verbindung zwischen Sparkasse und Muttergemeinwesen (= Städten und Gemeinden), die nicht immer auf einen einheitlichen Nenner gebracht werden kann. Hierzu gibt es die allgemein gehaltene Arbeit von Kierstein[8], die die Vielfältigkeit dieser Beziehungen darstellt; in welchem Maße speziell die Sparkassen nach ihrer rechtlichen Verfassung im 19. Jh. von ihren Muttergemeinwesen abhängig oder unabhängig waren, ist bisher ausdrücklich nicht untersucht worden.

Dabei hat, worüber Einigkeit besteht, die Verbindung Sparkasse/Gemeinde eine dauerhafte und funktionsbestimmende Bedeutung für die Sparkassen erlangt[9].

Die Untersuchung wird zeigen, daß die Sparkassen in dieser Verbindung schon vor 1931, sogar vor dem Ende des 19. Jh., eine gesetzlich gefestigte eigenständige Stellung hatten, die sie aus der Abhängigkeit von den Gemeinden zwar nicht ganz befreite, sie aber doch zum Träger einer eigenen internen Willensbildung machte, so daß sie selbständige, wenn auch nicht rechtsfähige Anstalten waren.

Der Gang der Untersuchung wird dabei folgender sein:

Ausgehend von der allgemeinen Auffassung, daß der Begriff der öffentlichen Anstalt von Otto Mayer erstmals definiert wurde, wird zunächst die Entwicklung des Anstaltsbegriffs von Otto Mayer bis zur heutigen Zeit dargestellt (Teil B). Auf die Bildung eines eigenständigen umfassenden Anstaltsbegriffs wird dabei verzichtet; denn die Arbeit will keinen neuen Beitrag zur Entwicklung

---

6 Stern/Burmeister, S. 65

7 Hoffmann, Sparkasse 1963, S. 211 ff (213)

8 Kierstein, Probleme der Beziehungen zwischen dem Muttergemeinwesen und den von ihnenen errichteten rechtsfähigen Anstalten, Marburg 1967

9 Stern/Burmeister, S. 64; vgl. auch Materialien, S. 120

des gegenwärtigen Anstaltsbegriffs leisten. Sie beschränkt sich darauf, in der Betrachtung der rechtswissenschaftlichen Darstellungen seit Otto Mayer die Vielfalt der Ansätze zu einer Begriffsbildung aufzuzeigen.

Die Diskussion, die um den Anstaltsbegriff im Laufe der Jahrzehnte geführt wurde, ist zuletzt eher ohne Ergebnis beendet worden, um nicht zu sagen eingeschlafen, nachdem die meisten öffentlich-rechtlichen Anstalten durch Gesetze oder Verordnungen geregelt waren, als daß ein allgemeiner Konsens über einen fortentwickelten Begriff der öffentlich-rechtlichen Anstalt bestanden hätte. Aus diesem Grunde ist auch verständlich, daß nach wie vor auf die Definition Otto Mayers zurückgegriffen wird, obwohl zahlreiche Versuche der Begriffsbestimmung stattgefunden haben.

Nach der Zusammenfassung der jedenfalls als Begriffsmerkmale für die öffentliche Anstalt zu nennenden Einzelpunkte erfolgt dann eine Betrachtung von Beispielen für die Verwendung des Anstaltsbegriffs in der Zeit vor Otto Mayer (Teil C), wobei die Entstehung einer gewissen Begrifflichkeit beobachtet werden kann.

Die anschließend erfolgende Untersuchung der Entwicklung der öffentlichen Sparkassen zu öffentlich-rechtlichen Anstalten mit einer beträchtlichen Selbständigkeit (Teil D) ist unterteilt in die Betrachtung der rechtlichen Rahmenbedingungen, unter denen sich die Sparkassen im 19. Jh. entwickelten, wobei der Schwerpunkt der Betrachtung auf den Rechtsverhältnissen in Preußen liegt, sowie in eine Betrachtung der Umsetzung dieser Rahmenbedingungen in konkreten Ausgestaltungen der Sparkassenstatuten; hierbei werden auch die Verhältnisse in anderen deutschen Ländern untersucht, soweit hierüber ergiebiges Quellenmaterial zur Verfügung steht.

Im abschließenden Teil E werden die Ergebnisse zusammengefaßt und kurz gewürdigt.

B.

Die Entwicklung des Anstaltsbegriffs seit Otto Mayer und Otto von Gierke

1. Otto Mayer und Otto von Gierke

Die erstmalige präzise Beschreibung des Anstaltsbegriffs, die bis heute Geltung behalten hat, wird Otto Mayer zugeschrieben.

a) Mayers "französisches Verwaltungsrecht"

Der erste Ansatz zu einer Begriffsbildung findet sich in seinem Werk "Theorie des französischen Verwaltungsrechts" (1886), welches in der Zeit seiner Lehrtätigkeit in Straßburg entstand. Als "Berichterstatter über die Thaten der französischen Juristen"[1] "übersetzte"[2] er den im französischen Recht bekannten Begriff des "service public" mit "öffentliche Anstalt"[3].

Zu Beginn des Abschnitts über das "Recht der öffentlichen Anstalten" heißt es in der "Theorie des französischen Verwaltungsrechts":

> "Der Staat verfolgt öffentliche Zwecke nicht bloß als reine obrigkeitliche Gewalt, sondern er bedient sich für solche auch äußerlicher Mittel des wirthschaftlichen Lebens. Er verfügt dazu über sächliche Güter und Arbeitskräfte. Soweit diese Mittel in seiner Hand die

---

1 Otto Mayer, Theorie des Frz. VerwR, Vorwort, S. X

2 Ders. a.a.O., S. VIII

3 Von anderen Autoren (vgl. etwa Pohl, S. 12 ff; Jerusalem in Frank, Dt. VerwR, S. 283) ist m.E. nicht immer ausreichend berücksichtigt worden, daß Otto Mayers Werk über das französische Verwaltungsrecht nicht einfach mit den damaligen Vorstellungen des deutschen Verwaltungsrechts gleichgesetzt werden kann. Es finden sich Unterschiede zu der Darstellung des Deutschen Verwaltungsrechts, die beachtlich sind. So ist auch nach Ansicht von Heyen, S. 201, die Theorie des französischen Verwaltungsrechts eine deutsche Theorie Otto Mayers und nicht nur eine von Mayer bescheiden so bezeichnete Übersetzung.

allgemeine Natur von Geld und Geldeswerth haben, bestimmt, den öffentlichen Zwecken erst wieder durch die Aufopferung ihrer besonderen Gestalt zu dienen, erscheint der Staat in seiner Eigenschaft als Fiskus...

Zwischen diesem Standpunkt und der reinen obrigkeitlichen Gewalt liegt aber noch das zweite Gebiet, auf welchem der staatliche Zweck unmittelbar an seinen Mitteln erscheint, wo sächliche Güter und Arbeitskräfte mit ihrer B e s c h a f f e n h e i t der Befriedigung eines öffentlichen Interesses gewidmet werden. Dieselben gruppieren sich nach den einzelnen öffentlichen Interessen, denen sie dienen. S t a a t l i c h e M i t t e l, s ä c h l i c h e w i e p e r s ö n l i c h e, w e l c h e z u r E r f ü l l u n g j e e i n e s g e w i s s e n ö f f e n t l i c h e n Z w e c k e s b e s t i m m t u n d v e r e i n i g t s i n d, bilden je eine öffentliche Anstalt (service public)"[4].

Das klassische französische Verwaltungsrecht kannte drei Formen der services publics:

1. den service public en régie,
2. den établissement public und
3. den service public concédé.

"Der service public en régie entspricht unserem verwaltungseigenen Betrieb. Der établissement public ist nach der herkömmlichen Definition 'une mode de gestion du service public de caractère d'organisme public et décentralisé', während der service public concédé unserem beliehenen Unternehmen nahekommt. Mit diesen drei Grundformen kam das damalige französische Verwaltungsrecht aus. Eigentliche Regiebetriebe, Schulen, Museen, Krankenhäuser und beliehene Transportunternehmen bildeten die traditionellen services publics"[5].

---

4 Otto Mayer, Theorie des Frz. VerwR, S. 224 f

5 Schnur, AöR, Band 79, S. 420 mit zahlreichen weiteren Hinweisen in Note 5

Demnach ist der den Ausführungen Otto Mayers zum französischen Verwaltungsrecht zugrundeliegende Begriff des "service public" ein sehr weitreichender, dem der Charakter eines Überbegriffs für Organisationsformen der Tätigkeit des leistenden Staates zukommt.

Mit der Übersetzung dieses "service public" des französischen Rechts als "Anstalt" kann demnach von Otto Mayer eine Einengung des Begriffs in einem bestimmten organisatorischen Sinne nicht gemeint gewesen sein. Sie enthält jedoch nach Ansicht von Jecht im Kern eine deutliche Versachlichung des Anstaltsbegriffs,[6] wenn auch Pohl nachgewiesen hat,[7] daß auch hier noch die Tätigkeit bzw. die Handlung und nicht deren Gegenstand als wesentliches Begriffselement der Anstalt angesehen wurde. Der A n s a t z zur Versachlichung ist jedoch nicht zu bestreiten.

b) Mayer's "deutsches Verwaltungsrecht"

In seinem "Deutschen Verwaltungsrecht" definierte Otto Mayer sodann den Anstaltsbegriff als

> "Bestand von Mitteln, sachlichen wie persönlichen, welche in der Hand eines Subjekts der öffentlichen Verwaltung einem bestimmten öffentlichen Zweck dauernd zu dienen bestimmt sind."[8]

---

6 Vgl. Jecht, S. 15, vgl. auch Pohl, S. 16

7 Pohl a.a.O., s. auch unten Note 9

8 Otto Mayer, Dt. VerwR, Band II, 1. Aufl., S. 218

In der späteren Literatur ist dies schon als endgültige Versachlichung des Anstaltsbegriffs angesehen worden.[9] Erstmalig ist damit jedenfalls die organisatorische Verselbständigung unter eindeutigem Ausscheiden der synonymen Verwendung der Begriffe "Anstalt" und "Tätigkeit" ausgesprochen, die vor der Ausbildung der Begriffe durchaus üblich war.

Dennoch war für Otto Mayer selbst der Anstaltsbegriff auch noch nicht so klar entschieden, wie es angesichts dessen den Anschein hat, daß man den Mayer'schen Begriff unverändert auch heute noch verwendet.

Verständlich ist dies, weil schon im "Französischen Verwaltungsrecht" die "Begriffstrias" des service public scharfer Konturen entbehrte; dies wird z.B. auch deutlich aus Otto Mayers Worten: "... wenn man sich einmal daran gewöhnt hat, unter öffentlicher Anstalt schon eine juristische Person des öffentlichen Rechts mitzuverstehen, so ist die richtige Beurteilung des Falles sehr erschwert".[10]

Während sich hier der Gedanke an die juristische Person einer rechtsfähigen Anstalt in einem organisatorischen Sinne andeutet, ist an anderer Stelle bei Otto Mayer von "Fähranstalten" und "Fähreinrichtungen" noch synonym die Rede,[11] wobei unter Einrichtungen wieder alles das verstan-

---

[9] Pohl's Kritik (S. 16, Note 3) an Jecht (S. 15), der die Versachlichung unter Hinweis auf Ausführungen Mayers zum öffentlichen Eigentum (Otto Mayer, Theorie des Frz. VerwR, S. 230) begründet, ist berechtigt, weil die Begriffsbildung nicht abgeschlossen war. Dennoch ist durch die Aufnahme des "Bestandes" an Mitteln als Definitionsmerkmal ein entscheidender Schritt zur Versachlichung getan. Die lange geführte Diskussion um den Begriff der Anstalt zeigt jedoch, daß der Mayer'sche Begriff sich selbst auch erst noch festigen mußte. Die heutige Interpretation des Anstaltsbegriffs stützt sich zwar nach wie vor auf die Definition Otto Mayers, doch ist das Verständnis naturgemäß unter veränderten Umständen modifiziert worden.

[10] Otto Mayer, Dt. VerwR, Band II, S. 377, 1. Aufl., Note 3

[11] Ders., a.a.O., S. 247

den werden könnte, was im französischen Recht unter "service public" fällt. Aber auch dieser Befund ist unsicher, angesichts einer Formulierung an anderer Stelle: "Unter öffentlicher Anstalt versteht man m a n c h m a l[12] auch eine besondere Art von juristischen Personen".[13]

Diese Äußerungen sprechen dafür, daß die Vorstellungen Otto Mayers für das deutsche Verwaltungsrecht denen des französischen Verwaltungsrechts doch sehr ähnlich waren, zumindest der Anstaltsbegriff in seinem Kern noch weiter gefaßt war, als es auf den ersten Blick scheint.

Bei näherer Betrachtung kommt man aber doch zu dem Ergebnis, daß Otto Mayer sich mit dem Begriff der deutschen "Anstalt" von dem der "Übersetzung" des französischen service public insofern entfernt hat, als er die Vorstellung von der organisatorisch verselbständigten Einrichtung zumindest sprachlich durch Hinzufügung der Kriterien "ein Bestand" und "dauernd" verstärkt hat.[14]

Sein Anstaltsbegriff ist zwar sehr weit, aber er umfaßt das, was wir noch heute als für die Anstalt wesentlich ansehen, nämlich "Einrichtungen, die den einzelnen Vorteile gewähren und Dienste leisten".[15] Demgemäß widmete er sein Hauptaugenmerk auch den nutzbaren Anstalten - das entspräche unserer heutigen "Leistungsverwaltung" -, wenngleich nach seiner Definition auch das Heer und die Gerichte als Anstalten angesehen werden müßten, die im eigentlichen Sinne nicht "genutzt" werden.

---

[12] Sperrung vom Verfasser

[13] Otto Mayer, Dt. VerwR, Band II, 1. Auflage, S. 318, Note 1

[14] Rüfner, S. 113

[15] Otto Mayer, Dt. VerwR, Band II, 1. Aufl., S. 318 ff

c) Otto von Gierke - ein Wegbereiter Otto Mayers

Gleichzeitig mit dem "Deutschen Verwaltungsrecht" Otto Mayers erschien 1895 Otto von Gierkes "Deutsches Privatrecht". Auch Gierke behandelte die öffentlichen Anstalten ausdrücklich.

Dies war jedoch nicht das erste Mal, daß Gierke sich mit diesem Rechtsbegriff beschäftigte.

Schon 1873[16] hatte Gierke "Körperschaft und Anstalt" behandelt.

Parallel zur Entwicklung des in den Diskussionen der Rechtswissenschaft des 19. Jahrhunderts umstrittenen Körperschaftsbegriffes, durch welchen nach Gierke eine "sichtbare Gesammtheit" von Personen durch eine "unsichtbare Gesammtpersönlichkeit" ersetzt wurde,[17] entwickelte er zunächst einen Anstaltsbegriff auf der Grundlage seiner Erkenntnis, daß in einem Gemeinwesen "das Bedürfniß, ein abstraktes Rechtssubjekt an die Stelle der sinnlich wahrnehmbaren Träger des Verbandes zu setzen" entstehen mußte[18]. Diesem Begriff der Anstalt sei "charakteristisch, daß für ihn der sinnlich wahrnehmbare Herr zur Verkörperung einer als Person gesetzten unsichtbaren Einheit ..." geworden sei, "... deren Lebensquelle außerhalb der durch sie verbundenen Vielheit liege." Gierke stützte sich hierbei auf die begrifflichen Ursprünge des kanonischen Rechts, das den Anstaltsbegriff "zuerst und zwar in voller Einheit und Schärfe ausgeprägt" habe:[19]

---

16 Gierke, Genossenschaften, Band II, S. 958 ff; ders. Genossenschaftstheorie, S. 11

17 Gierke, Genossenschafen a.a.O., S. 959

18 Gierke, Genossenschaften, S. 961; vgl. Pohl, S. 9; die Lehre Gierkes von der Verbandspersönlichkeit des Staates findet sich in Holtzendorffs Enzyklopädie der Rechtswissenschaft, Band I, S. 211 ff sowie bei Gierke, Genossenschaften, Band II, S. 829 ff

19 Gierke, Genossenschaften, Band II, S. 959 f; S. 526 ff (§ 19)

"Am nächsten berührten sich der kirchliche und der weltliche Anstaltsbegriff in den öffentlichen Einzelanstalten, welche der seiner selbstbewußt gewordene öffentliche Wille für bestimmte Zwecke ins Leben rief und mit eigner Persönlichkeit austattete. Auf solcher Anstaltsstiftung beruhte seit alter Zeit die gesammte Ausbreitung der Kirche, ihre Zertheilung in Einzelkirchen, ihre Tätigkeit für religiöses Leben, für Unterrichtszwecke und für Humanität."[20]

Entsprechendes gelte für den Staat, seit dieser mit der Kirche um das öffentliche Kulturleben rivalisiere. Von öffentlichen Verbänden, von Ständekörpern, von Gemeinden usw. seien ähnliche "Anstaltsstiftungen" ausgegangen. Solche öffentlichen Anstalten "für die mannichfachsten Zwecke, für die Pflege von Wißenschaft und Kunst, für den Unterricht, für die Förderung von Verkehr, Handel und Gewerbe, für Wirthschaftsförderung, für Unterstützungs- und Wohltätigkeitszwecke und zum Theil auch für Erwerbszwecke"..."erscheinen, sofern sie überhaupt als Rechtssubjekte anerkannt sind, lediglich als Verselbständigungen eines von dem höheren öffentlichen Willen abgezweigten Theilwillens".[21]

Ansgesichts dessen lautete die erste Definition der Anstalt im Sinne Otto von Gierkes:

"Anstalt ist eine von außen für irgendeinen rechtlichen Verband konstituierte Einheit".[22]

In seinem Werk "Die Genossenschaftstheorie und die Deutsche Rechtsprechung" (1887) führte Gierke diesen Gedanken fort: "Die Genossenschaftstheorie bedarf hinsichtlich der Bildung eines allgemeinen Begriffs, aus welchem die Rechtspersönlichkeit ohne Zuhülfenahme der Fiktion verständlich wird, einer Ergänzung durch eine Anstaltstheorie. Den Körperschaften müssen die Anstalten als eine zweite Hauptgattung

---

[20] Gierke, Genossenschaften, S. 961 f

[21] Gierke, Genossenschaften, Band II, S. 962

[22] Gierke, Holtzendorfs Rechtslexikon, Band II, S. 422

socialer Verbandseinheiten zur Seite gestellt werden. Geschichtlich und dogmatisch müssen die anstaltlichen Einheiten in ihrem selbständigen Wesen gewürdigt und als reale Willensträger aufgezeigt werden, welche zu eigener Rechtssubjektivität befähigt sind."[23] Gierke stützte sich hierbei auf den Weg, den bereits Beseler[24] gewiesen habe. Im "Deutschen Privatrecht", also in einem nicht-öffentlichrechtlichen Werk, schrieb Gierke:

> "Eine öffentliche Anstalt ist eine solche, deren Sozialrecht einen Bestandtheil der öffentlichen Rechtsordnung bildet".[25] "Unter einer Anstalt verstehen wir einen als Verbandsperson anerkannten gesellschaftlichen Organismus, den fort und fort ein ihm von außen eingepflanzter einheitlicher Stiftungswille durchherrscht".[26]

"Soll die Einrichtung ganz auf sich selbst gestellt und das ihren Zwecken dienende Vermögen von allen sonstigen Vermögen vollkommen getrennt werden, so wird eine öffentliche Anstalt mit eigener Persönlichkeit errichtet".[27]

Gierke schloß hierbei nicht aus, daß die Sparkassen - als Gemeindeanstalten -generell als Anstalten mit eigener Rechtspersönlichkeit anzusehen seien.[28]

Bei der Erwähnung der Sparkassen hatte Gierke stets die ausdrücklich seit 1880 verselbständigten badischen Sparkassen vor Augen.[29]

---

23 Gierke, Genossenschaftstheorie, S. 11 f

24 Beseler, System, 1. Band, § 66

25 Gierke, Deutsches Privatrecht I, S. 635

26 Ders. a.a.O., S. 635

27 Ders. a.a.O., S. 636

28 Ders. a.a.O., S. 638, siehe dort insbesondere auch Note 20

29 Vgl. der a.a.O., S. 640, Note 32, 34, 35, S. 641, Note 40

Nach Gierkes Vorstellungen waren im einzelnen für die Annahme einer öffentlichen Anstalt folgende Merkmale zu erfüllen:

aa) Zur Entstehung bedurfte es der "Unvordenklichkeit" (bei vielen kirchlichen Anstalten) oder eines öffentlichrechtlichen Schöpfungsakts, vermöge dessen der Träger eines über den Individualwillen erhöhten öffentlichen Willens (etwa eine Kommune) von seinem eigenen Verbandsorganismus einen zu selbständigem Leben befähigten gesellschaftlichen Organismus abzweigen und "durch Einstiftung eines lebendigen Willens beseelen" mußte.[30]

Ganz deutlich wird hier der Gesichtspunkt, daß es sich bei der öffentlichen Anstalt darum handelt, daß eine Aufgabe des "Muttergemeinwesens" ausgegliedert wird, welche den Charakter der "öffentlichen Aufgabe" behält, so daß auch die Anstalt eine solche erfüllt.

Das Erfordernis eines eigenen Vermögens der Anstalt verneinte Gierke, was erstaunt, weil die rechtliche Verselbständigung eines Rechtssubjekts in der Regel zur Begründung eigener Vermögensfähigkeit benutzt wurde.

Gierke ist insofern jedoch einschränkend dahin zu interpretieren, daß er nur die Dotierung mit einem Anfangsvermögen für entbehrlich hielt, während ansonsten die rechtliche Verselbständigung gerade dazu dient, ein "vermögensfähiges Subjekt" ins Leben zu rufen.

Zur Entstehung bedurfte die Anstalt schließlich der staatlichen Genehmigung.

---

[30] Gierke, Deutsches Privatrecht I, S. 640

bb) Die Verfassung der öffentlichen Anstalt, d.h. die Satzung (die "sie zur rechtlichen Einheit organisierende Verfassung")[31] diente der Festlegung der Organe (nicht deren Beschaffenheit oder Zusammensetzung im einzelnen). Das Bestehen von Organen ist für die Annahme einer Anstalt wesentlich; sie werden entweder durch "Willensaktionen des der Anstalt übergeordneten Verbandes" oder durch Wahlen innerhalb der Anstalt selbst bestimmt.[32]

Deutlich wies Gierke darauf hin, daß eine mitgliedschaftliche Struktur der Anstalt wesensfremd sei, es gebe keine Mitglieder, sondern nur Destinatäre.[33]

cc) Die Rechtsfähigkeit - privatrechtlich gleichbedeutend mit Vermögensfähigkeit - macht die Anstalt zum selbständigen Personenvermögen, für welches u.U. (auch hier wieder ein Hinweis auf das Badische Sparkassengesetz von 1880) der übergeordnete staatliche oder körperschaftliche Verband "bürgschaftlich" haftet.[34]

dd) Handlungsfähig sollte die Anstalt durch ihre Organe sein, die im Rahmen der Z w e c k bestimmung der Anstalt handeln dürften, wobei der Einhaltung dieses Rahmens besonderer Aufsicht unterliegen sollte.

ee) Bedeutsam ist schließlich die von Gierke getroffene Unterscheidung zwischen der inneren Struktur und der äußeren Handlungsform der Anstalt. Deutlicher als selbst Otto Mayer sagte Gierke, der Charakter der Anstalt sei, wie die Beziehungen zwischen ihr und den Organen oder den an ihr beteiligten an- oder eingeglie-

---

[31] Gierke a.a.O., S. 641

[32] Ders. a.a.O., S. 641

[33] Ders. a.a.O., S. 641

[34] Ders. a.a.O., S. 642

derten Personen öffentlich-rechtlich,[35] während die Rechtsverhältnisse der Anstalt nach außen nach Privatrecht zu beurteilen seien, wenn die "Anstalt zwar in Erfüllung ihres "(ergänze öffentlich-rechtlichen)" Lebenszwecks, jedoch in den gewöhnlichen Formen des Privatrechts mit Genußsubjekten" handele.[36]

ff) Schließlich unterstrich Gierke unter dem Stichwort Veränderung und Beendigung noch einmal die Abhängigkeit der Anstalt von dem Verband, "dem ihr Leben entstammt"[37], der sie durch öffentlich-rechtliche Willensaktion" umgestalten oder aufheben könne.

Damit hat Gierke alle Merkmale des Mayer'schen Anstaltsbegriffs bereits belegt. Seine Darlegungen sind deshalb besonders bemerkenswert, weil er ein Zivilrechtler und nicht wie Otto Mayer bemüht war, ein aus dem tieferen Verständnis des öffentlichen Rechts entspringendes System zu finden.

Eine öffentlich-rechtliche Begründung für den Begriff der Anstalt lieferte Gierke aus diesem Grunde eigentlich nicht. Es steht ihm aber zu, zumindest neben Otto Mayer genannt zu werden als "Entdecker" eines präzisierten Anstaltsbegriffs.

Otto Mayer könnte aber zuzuschreiben sein, für das Verständnis der öffentlich-rechtlichen Anstalt die Verknüpfung des auch von Gierke hervorgehobenen Verselbständigungsgedankens mit einer bestimmten Tätigkeit (besonderer öffentlicher Zweck) erstmalig deutlich

---

[35] Ders. a.a.O., S. 642

[36] Ders. a.a.O., S. 643, Note 46

[37] Ders. a.a.O., S. 643

vorgenommen zu haben[38] (unabhängig davon, daß Otto Mayer den Anstaltsbegriff nicht wie Gierke von der Verbandspersönlichkeit her verstand[39]).

Aber auch hier ist die Darstellung Gierkes der Otto Mayers nicht unähnlich. Bei Gierke heißt es ebenfalls schon:

> "Der Staat, die Kirche oder eine andere dazu befugte Allgemeinperson schafft einen Anstaltskörper, beseelt ihn mit dem eignen in bestimmter Richtung von nun an gebundnen Willen, gibt ihm durch eine Verfaßung eine unabhängige Lebensordnung, vermöge deren bestimmte Organe als Funktionäre des besonderen Anstaltslebens konstituiert werden, und erklärt die so zum Sonderleben befähigte Anstalt für eine rechts-, willens- und handlungsfähige Person".[40]

Im Ansatz enthält also auch die Gierke'sche Vorstellung eine Zweckbestimmung der Anstalt, die angesichts der Beispiele für nicht kirchliche Anstaltszwecke[41] auch öffentliche Zwecke im Sinne Otto Mayers sein könnten.

Bei genauer Betrachtung zeigt sich aber dann doch, daß diese Zweckbindung im Sinne Gierkes nicht Bestandteil der B e g r i f f s bestimmung "öffentliche Anstalt" ist. Insofern muß man es doch Otto Mayer zuschreiben, den "eigentlichen" herrschend gewordenen Anstaltsbegriff entwickelt zu haben, zumal bei Gierke die Abgrenzung der "Anstalt" zur "Stiftung" letztenendes unklar bleibt, so daß man Zweifel haben muß, ob Gierkes Darlegungen tatsächlich auf eine Begriffsbestimmung im modernen Sinne abzielten. Er stellte Stiftung und Anstalt ausdrücklich gegenüber, sagte aber gleichzei-

---

38 Vgl. Pohl, S. 10

39 Vgl. Pohl, S. 11

40 Gierke, Genossenschaften, Band II, S. 962; hiergegen Otto Mayer, Dt. VerwR., Band II, 1. Aufl., S. 380 f, Fußn. 7

41 Gierke, Genossenschaften, Band II, S. 962

tig, daß jede Stiftung im Rechtssinne eine Anstalt sei[42], daß "die Stiftungen ... sich dann von selbst als eine besondere Form der Anstalten heraus(stellen)".[43]

Um im Zusammenhang mit der hier untersuchten Entwicklung der Sparkassen als rechtsfähige Anstalten (juristische Personen) des öffentlichen Rechts, welche öffentlich-rechtliche Aufgaben in Privatrechtsform erfüllen, die Ausführungen Gierkes richtig zu bewerten, ist der Umstand zu berücksichtigen, daß zunächst in der Rechtswissenschaft die Vorstellung von der juristischen Person im Privatrecht entstanden ist. Auch die Gemeinden, Korporationen, waren um der Eigenschaft als Vermögensträger willen als juristische Personen anerkannt; ihre Eigenschaft als "Privilegierte Corporationen" i.S.v. ALR II 8 §§ 86 ff meinte nichts anderes als ihre Rolle als Privatrechtssubjekt.[44]

Nun aber trennte Gierke wie schon etwa bei den Städten zwischen der Rechtsfähigkeit im öffentlichen Recht und im Privatrecht.[45]

---

42 Gierke, Deutsches Privatrecht, S. 645, Note 2

43 Gierke, Genossenschaftstheorie, S. 12, Note 2; unklar auch derselbe Deutsches Privatrecht, S. 635 ff (Anstalt); S. 665 (Stiftung), insbesondere dort Note 2; Deutsches Privatrecht, Band I, S. 635, Note 3: Zur Abgrenzung der öffentlichen zu den privaten Anstalten: Anstalt bedeute nicht unbedingt öffentlich-rechtlich, eine als "Stiftung" bezeichnete "Anstalt" könne aber auch eine öffentliche sein; unklar ist die Abgrenzung allerdings auch bei Otto Mayer, Deutsches Verwaltungsrecht, Band II, 1. Aufl., S. 378; die Unterscheidung ist jedoch auch heute noch schwierig, vgl. z.B. W. Weber, Jur. Jb. 1967/68 (Bd. 8), S. 150 f mit dem Hinweis auf die "Stiftung Preußischer Kulturbesitz", die "eher die Züge einer leistenden Anstalt" zeige. Im Schweizerischen Recht wird die Stiftung als "privatrechtliche Anstalt" angesehen, vgl. Tuor, Das Schweizerische Zivilgesetzbuch, S. 97 (Art. 59, ZGB)

44 Gröttrup, S. 100; Scholz, S. 38 m.w.N.; Loening, S. 185 f

45 Gierke, Genossenschaften, S. 748

Insofern ist die Trennung, wie Gierke sie vorgenommen hat, bemerkenswert, indem er im Inneren der Anstalt öffentliches Recht, nach außen - als Handlungsform - Privatrecht erkannte und bei dieser Konstellation von einer juristischen Person der öffentlichen Anstalt sprach.

Auf dem Wege zur Entwicklung eines öffentlich-rechtlichen Anstaltsbegriffs, der zu den Handlungsformen des Staates in Beziehung gesetzt wurde, waren die Ausführungen Gierkes auch deshalb von großer Bedeutung, weil sie die Erkenntnis vermittelten, daß die bisher in der Rechtssprache auch unter dem Begriff "Anstalt" verstandene Tätigkeit des Staates als Begriffsmerkmal ausscheiden mußte.[46] Was im einzelnen eine Anstalt ausmachte, war bis dahin nämlich "ganz verschwommen" geblieben.[47]

d) Der Anstaltsbegriff Otto Mayers im einzelnen

Zum Begriff der Anstalt ist bei Otto Mayer das "öffentliche Unternehmen" der Überbegriff,[48] was zu verstehen ist im Sinne der einleitenden Worte des Abschnitts "Das öffentliche Sachenrecht":[49]

---

46 Vgl. Pohl, S. 10; Kelsen, Hans, S. 84

47 G. Jellinek, System, 1. Aufl., (1905), S. 256, Note 2; G. Jellinek unerschied im übrigen zwischen "staatlicher Anstalt" und "öffentlicher Anstalt" wobei letztere selbständiges Rechtssubjekt sei, welches dem französischen "établissement public" entspreche. Der von Gierke entwickelte Anstaltsbegriff dürfe auf die staatlichen Anstalten nicht übertragen werden, die wesentlich "Ämter sine imperio" seien. Worin hier genau der Unterschied liegt, bleibt jedoch unklar (vgl. G. Jellinek, a.a.O., S. 224, insbes. Note 1).

48 Otto Mayer, Dt. VerwR, Band II, 2. Aufl., S. 468, wo diese Einordnung erstmalig erfolgt; in der 1. Aufl. fehlt der Hinweis auf das "öffentliche Unternehmen" noch, obwohl Ansätze zu einer solchen Begriffsbildung schon im französischen Verwaltungsrecht Otto Mayers enthalten waren.

49 Otto Mayer, Dt. VerwR, Bd. II, 2. Aufl., S. 1

> "In Polizeigewalt und Finanzgewalt stand der Staat über dem Wechsel und der Mannigfaltigkeit des Lebens der Gesellschaft, diesem folgend mit seinen Maßregeln und sich ihm anschließend, um es in Ordnung zu halten und um die Geldmittel daraus zu ziehen, die es ihm greifbar macht. Jetzt tritt er selbst in dieses Leben der Gesellschaft ein, mitten unter die Einzelnen, als "(einer)" der wie sie, und doch nicht wie sie G e s c h ä f t e b e s o r g e n will, ä u ß e r l i c h e M i t t e l f ü r d i e s e Z w e c k e a u f s t e l l t u n d v e r w e n d e t, sächliche und persönliche, und dabei in allerlei Berührung kommt mit seinen Untertanen, die er in ihrem Dasein und Wirtschaften bald fördert, bald in Anspruch nimmt. Er wird der große U n t e r n e h m e r für alle Nützlichkeiten, die für das Gemeinwohl, 'im öffentlichen Interesse' geschaffen und besorgt werden sollen, der ... intendant général, wie ihn die französische Rechtswissenschaft bezeichnet. Diese seine Wirksamkeit zerfällt nach den bestimmten e i n z e l n e n Z w e c k e n die da zu verfolgen sind, in die verschiedenen öffentlichen U n t e r n e h m u n g e n".[50]

Eine solche ist auch die öffentliche Anstalt.[51] Mithin liegt der begriffsnotwendige "bestimmte öffentliche Zweck" der Anstalt in "Nützlichkeiten", die für das Gemeinwohl "im öffentlichen Interesse besorgt werden".

Was aber kommt nun bisher "brauchbares dabei heraus"?[52]

Zunächst war damit die Erkenntnis gewonnen, daß Anstalten öffentliche Unternehmungen sind. Mit diesen Merkmalen ist aber für die hier mit Blick auf die Sparkassen interessierende selbständige, vom Muttergemeinwesen losgelöste Anstalt noch nicht ausreichend konkretes gesagt. Otto Mayer erkannte jedoch darüber hinaus, daß es verschiedene Arten von Anstalten gibt. So beschrieb er "untergeordnete juristische Personen des öffentlichen Rechts, die Selbstverwaltungskörper"[53], die - wie jede juristische - Person

---

50 Otto Mayer, Dt. VerwR, Bd. II, 2. Aufl., S. 1

51 Otto Mayer, Dt. VerwR, Bd. II, 2. Aufl., S. 2; vgl. auch Otto Mayer, Festgabe Laband, S. 68/69

52 So die Formulierung Otto Mayers, Dt. VerwR, Bd. I, 1. Aufl., S. 142, Note 8

53 Otto Mayer, Dt. VerwR, Bd. II, 1. Aufl., S. 376

den Zweck "(haben)", Wünschen zu dienen für ihre Interessen. Die Bezeichnung dieses Zweckes durch ihre Verfassung gibt ihnen ihre Individualität".[54] Ein solcher Selbstverwaltungskörper konnte nach Otto Mayer neben öffentlichen Genossenschaften und Gemeinden als drittes auch eine öffentliche Anstalt mit juristischer Persönlichkeit sein.[55]

Diese unterschied Otto Mayer von den "unmittelbaren Anstalten" des Staates oder eines allgemeineren Selbstverwaltungskörpers, einer Gemeinde[56], denen die juristische Persönlichkeit fehle.

Eine solche selbständige Anstalt mit juristischer Persönlichkeit war jedoch nach der Vorstellung Mayers nicht der Regelfall, vielmehr "versteht man unter öffentlicher Anstalt" nur "manchmal auch eine besondere Art von juristischen Personen".[57]

Diese Vorstellung hängt damit zusammen, daß die Bildung juristischer Personen ohne staatliche Genehmigung gerade im öffentlichen Recht nicht bekannt war.

Doch war auch diese Anstalt nicht selbst die juristische Person, sondern Mayer unterschied zwischen der Anstalt einerseits und der juristischen Person, mit welcher die Anstalt versehen war, andererseits. Diese stünden derart zueinander, daß der Zweck der juristischen Person der Betrieb der Anstalt (im Sinne der Unternehmung) sei,[58] die ihrerseits begriffsnotwendig wieder einem bestimmten öffentlichen Zweck dauernd zu dienen bestimmt sei. Die damals schon gebräuchliche Ausdrucksweise, solche juristischen Personen selbst "öffentliche Anstalt" zu nennen, war

---

[54] Otto Mayer, Dt. VerwR, Bd. II, 1. Aufl., S. 376; bei der Anstalt bedeutet dies "Anstaltszweck"

[55] Otto Mayer, Dt. VerwR, Bd. II, 1. Aufl., S. 377

[56] Otto Mayer, Dt. VerwR, Bd. II, 1. Aufl., S. 378

[57] Otto Mayer, Dt. VerwR, Bd. II, 1. Aufl., S. 318, Note 1

[58] Otto Mayer, Dt. VerwR, Bd. II, 1. Aufl., S. 377

nach Mayers Ansicht nur verwirrend, denn nach seiner Darstellung waren genaugenommen Anstalt und juristische Person zweierlei.[59]

Mayer machte deutlich, daß mit Hilfe der juristischen Persönlichkeit die Anstalt vom Muttergemeinwesen verselbständigt werde, daß sie der Anstalt "die Entfremdung" ermögliche.[60]

Eine Abgrenzung der selbständigen Anstalt von der schon damals bekannten "Stiftung" fand aber ebensowenig wie bei Gierke in deutlicher Form statt. Stattdessen erfolgte eine Gleichstellung beider Begriffe: "Man gebraucht für solche juristischen Personen wohl auch den Ausdruck 'öffentliche Stiftung'".[61]

Dies macht deutlich, daß bei Mayer das Begriffsverständnis selbst noch nicht abgeschlossen war, daß sein Begriff darauf abzielte, bestimmte öffentlich-rechtliche Handlungsformen einem handelnden Subjekt zuzuordnen, nicht aber mit dem Anstaltsbegriff eine bestimmte Organisationsform zu beschreiben. Bei der Erörterung der "Verfassungsgrundlagen" der Anstalt versuchte Mayer jedoch eine Erläuterung der Zweckbestimmung der juristischen Personen anhand sachlicher und räumlicher Merkmale, hauptsächlich jedoch anhand des Personenkreises, "für welchen der Selbstverwaltungskörper da ist, um deren Willen dieses Stück öffentlicher Verwaltung gerade ... durch eine gesonderte juristische Person des öffentlichen Rechts geführt werden soll".[62] Diesen

---

59 Otto Mayer, Dt. VerwR, Bd. II, 1. Aufl., S. 377, Note 3

60 Otto Mayer, Dt. VerwR, Bd. II, 1. Aufl., S. 378; vgl. auch Otto Mayer, Festgabe Laband, S. 3 ff

61 Otto Mayer, Dt. VerwR, Bd. II, 1. Aufl., S. 378; vgl. auch S. 380; ders. a.a.O., S. 378, Note 4 mwN: Auch andere Autoren teilten diese Ansicht; sie findet sich auch bei Fleiner, 2. Aufl., S. 99; 8. Aufl., S. 107; vgl. aber Otto Mayer, Festgabe Laband, S. 67 ff, S. 74

62 Otto Mayer, Dt. VerwR, Bd. II, 1. Aufl., S. 376 f; vgl. auch S. 378, Note 5

Personenkreis nannte er nach dem Vorbild der Staatsangehörigen "Angehörige".[63] Hierbei handelt es sich um diejenigen, "welchen die Anstaltsthätigkeit zugute kommt".[64]

In erster Linie sind es diejenigen, die an dem Zwecke der Anstalt "derart teilnehmen, daß sie ihr 'zum Zwecke' öffentlicher Wohltätigkeit"[65] M i t t e l gewähren für ihren B e t r i e b", was auf die Sparkassen besonders paßt,[66] aber ebenso für eine Gesellschaft des Handelsrechts gelten könnte.

"Sie haben das Interesse, daß gerade diese Mittel für den Zweck der Anstalt erhalten bleiben, und die selbständige juristische Persönlichkeit sichert ihnen das zu". Diese Geber sind die "wahren Angehörigen der juristischen Person".[67] Auf diese Weise ziehe das Gemeinwesen seinen eigenen Nutzen aus der rechtlichen Trennung zwischen sich und dem Unternehmen. Am Beispiel einer Wohltätigkeitseinrichtung - hier liegt nach Mayers Vorstellung ohnehin das Schwergewicht der Bedeutung der rechtsfähigen Anstalt - machte er deutlich, was er damit meinte: Jemand, der Mittel für die Armenpflege hergibt, sollte sicher sein können, daß diese auch zu diesem Zweck und nicht anderweitig verwendet würden, und "seine Gabe" nicht etwa "nur eine Vermehrung der Schutzmannschaft zur Folge" habe.[68]

Hieraus wird auch deutlich, daß dem Anstaltsbegriff Mayers Vorstellungen zugrunde lagen, die sich nach heutigem Verständnis auf die Stiftung übertragen lassen, die im BGB als p r i v a t r e c h t l i c h e s Institut eine ausdrück-

---

[63] Otto Mayer, Dt. VerwR, Bd. II, 1. Aufl., S. 377, Note 1

[64] Otto Mayer, Dt. VerwR, Bd. II, 1. Aufl., S. 380

[65] Otto Mayer, Dt. VerwR, Bd. II, 1. Aufl., S. 380

[66] Diese werden sogar ausdrücklich erwähnt: a.a.O., S. 380

[67] Otto Mayer, Dt. VerwR, Bd. II, 1. Aufl., S. 380

[68] Otto Mayer, Festgabe Laband, S. 73

liche Regelung erfahren hat.[69] Auch heute ist im deutschen Stiftungsrecht ein solcher von Mayer angesprochener Bestandssicherungsgedanke[70] zu finden, zugleich aber immer noch eine prüfbare Unterscheidung zwischen Anstalt und Stiftung schwierig.[71]

Ein Punkt, in dem Otto Mayer zwischen Anstalt und Stiftung zu unterscheiden versuchte, war die Frage nach den Personen, die "hinter" der Anstalt stehen. Diese schienen ihm bei der öffentlichen Stiftung, deren "Eigentümlichkeit" man darin "fand", daß ihr "Substrat" ein Vermögen schlechthin sei, zu fehlen, im Gegensatz zur Körperschaft und Genossenschaft, welche zugleich einen "Verein natürlicher Personen hinter sich haben".[72]

Die Unterscheidung nahm Otto Mayer auch hier nach den "Gebern" vor, die er zum entscheidenden Personenkreis erklärte: Diese, nicht aber diejenigen, denen "die Anstalt" - wäre sie unselbständig - "gehören" würde, noch diejenigen, denen sie "ihre Leistungen macht", seien die "Angehörigen" der Anstalt.[73]

Dieser schwer nachvollziehbaren Unterscheidung liegt zugrunde, daß die Stiftung als Rechtssubjekt bereits anerkannt war, so daß hier eine dogmatische Rechtfertigung von Otto Mayer nicht gesucht wurde, während er sich gezwungen sah, für die Anstalt eine solche Begründung zu finden.

---

69 Im Schweizerischen Recht wird unter der Stiftung eine "zivilrechtliche Anstalt" verstanden, vgl. Jecht, S. 18, Fußn. 35; andererseits Otto Mayer, Festgabe Laband, S. 67 ff

70 Vgl. Ebersbach, Handbuch I 13.02, S. 187

71 Vgl. ders. a.a.O.; LVerwG Hannover, StiftRspr. Bd. I, S. 13 ff; hierzu Anm. S. 32 a.a.O.

72 Otto Mayer, Dt. VerwR, Bd. II, 1. Aufl., S. 378

73 Otto Mayer, Dt. VerwR, Bd. II, 1. Aufl., S. 378 ff

Mit dem Versuch, in die Erklärung des Anstaltsbegriffs die "Angehörigen" mit einzubeziehen, scheinen körperschaftliche Elemente wieder eingeführt zu werden, die bei der Anstalt doch gerade nicht vorliegen sollen. Aus dem Gesamtwerk Mayers wird aber deutlich, daß er den Anstaltsbegriff nicht korporativ aufgefaßt hat,[74] denn die Unterscheidung zwischen Anstalt und Körperschaft findet sich mehrfach ausdrücklich.[75]

Otto Mayers Anstaltsbegriff läßt sich insgesamt als ein in wesentlichen Zügen o r g a n i s a t o r i s c h e r verstehen.[76] Dieser Begriff war jedoch, wie Jecht[77] es bezeichnet hat, "unbürokratisch" aufzufassen, da auch etwa Land- und Wasserstraßen, der Meeresstrand und Brunnen als Anstalten gesehen wurden[78]. Hierbei handelte es sich um ein Rechtsinstitut, welches nach Mayer dann gegeben war, wenn der Staat in der Handlungsform des öffentlichen Unternehmens auftrat und diese Handlungsform dadurch gekennzeichnet werden konnte, daß ein durch den besonderen Zweck des öffentlichen Unternehmens abgegrenztes Stück öffentlicher Verwaltung organisatorisch verfaßt in der Rechtsbeziehung Bürger-Staat dem Bürger gegenübertrat.[79]

Gegenstand der eigentlichen "Entdeckung" Otto Mayers, die sich in seinen Überlegungen zum Anstaltsbegriff ausdrückte, war folgendes: Das Staatsrecht war sich im Verlaufe des 19. Jahrhunderts seiner selbst bewußt geworden und hatte "auf

---

[74] Otto Mayer, Dt. VerwR, Bd. II, 1. Aufl., S. 382, Note 10, 11

[75] Otto Mayer, Dt. VerwR, Bd. II, 1. Aufl., S. 383 ff, 385

[76] Pohl, S. 9; Jecht, S. 20; so auch heute beim service public des französischen Rechts, vgl. Schnur, S. 419 ff

[77] Jecht, S. 18

[78] In der weiteren Entwicklung des Begriffs änderte sich dieses Verständnis jedoch dahin, daß man mit der Vorstellung von der Anstalt stets auch eine bürokratische Organisation verband.

[79] Vgl. Pohl, S. 19

seine Autonomie gepocht"[80], nachdem es sich bis dahin am Privatrecht orientiert hatte. Im Bereich des "leistenden Staates" konnte die öffentliche Anstalt dazu dienen, in öffentlich-rechtlicher Rechts- und Organisationsform in einem Bereich tätig zu werden, dessen Handlungsformen "mit dem Privatrecht" in den Betrachtungsraum gleicher materieller Problemlagen[81] einzuordnen waren, der aber materiell dem Verwaltungsrecht angehörte.

e) Anstalt und Anstaltsgewalt

Der so verstandenen öffentlichen Anstalt wurde schon von Otto Mayer die sog. "Anstaltsgewalt" zugesprochen, welche sie im "besonderen Gewaltverhältnis" gegenüber dem Bürger innehabe[82] und die sie von Privatrechtssubjekten unterscheide.

Nach Ansicht von Pohl leitete Otto Mayer die Anstaltsgewalt aus dem Rechtsstaatsbegriff her, da die Anstalt eine rechtsstaatlich verfaßte Rechtsbeziehung zwischen Staat und Bürger darstellte.[83] Diese Ansicht Pohls erscheint jedoch zweifelhaft, da Otto Mayer ausdrücklich die Frage der "Rechtfertigung" des "Zustandes verminderter Freiheit" im Verhältnis Anstalt-Benutzer ansprach und zur Rechtfertigung nicht rechtsstaatliche Gründe zitierte, sondern als Grund die "Tatsache des Eintritts des Gegenstands anstaltlicher Behandlung in den Bannkreis der Anstalt" und deren "Hausrecht" nannte, welches ausdrücklich "ohne gesetzliche Grundlage" bestehe[84]. "Der verfassungsmäßige Vorbehalt des

---

80 Nobel, S. 214

81 Nobel, S. 214; vgl. auch Baur, JZ 1963, 41 ff

82 Otto Mayer, Dt. VerwR, Bd. II, 3. Aufl., S. 285, Bd. I, 3. Aufl., S. 101 ff; Pohl, S. 21; vgl. auch Forsthoff, 10. Aufl., S. 126 ff (mit vielen weiteren Nachweisen: S. 128, Note 1; v. Münch in: Erichsen/Martens, S. 47, Note 85, ebenfalls mit weiteren Nachweisen

83 Pohl, S. 20 f

84 Otto Mayer, Dt. VerwR., Bd. II, 1. Aufl., S. 335 f; 3. Aufl., S. 285 ff

Gesetzes zum Schutz von Freiheit und Eigentum weicht zurück, soweit dieses Hausrecht der öffentlichen Anstalt reicht".[85]

"So pflegt denn auch der Anstaltsgewalt eine Art Selbstverständlichkeit zugesprochen zu werden".[86]
Geht man mit Mayer davon aus, daß dem Rechtsinstitut "Anstalt" als Rechtsbeziehung zwischen Staat und Bürger die "Anstaltsgewalt" innewohnt, die ihrerseits das "besondere Gewaltverhältnis" legitimiert, so liegt h i e r i n eine formale Rechtfertigung in den Kategorien des Rechtsstaatsbegriffs, jedoch ist dies keine materielle Begründung.[87]

Jedenfalls wird "auf diese Weise ... eine T r e n n u n g v o n i n n e n u n d a u ß e n[88] erreicht und die Anstalt damit zur echten Institution des öffentlichen Rechts erhoben".[89]

Für die hier vorgenommene Untersuchung der Sparkassen ist allein das "Außen" wichtig, soweit "Innen" das besondere Gewaltverhältnis meint. Denn dieses hat bei den Sparkassen nie eine Bedeutung besessen, weil hoheitliche Befugnisse der kommunalen Geldinstitute im Verhältnis zu ihren Benutzern - quasi aus der Natur der Sache heraus - nicht in

---

85 Otto Mayer, Dt. VerwR., Bd. II, 1. Aufl., S. 336

86 Otto Mayer, Bd. II, 3. Aufl., S. 286, dort Note 4 n.w. Hinweisen auf verwaltungsrechtliche Rechtssprechung

87 Bullinger, VVDStRL 21, S. 249, zitiert Krüger, der die Anstalten hinsichtlich des "besonderen Gewaltverhältnisses" als "vorrechtsstaatlichen Urwald" bezeichnet habe; vgl. Pohl, S. 3, Note 1

88 Sperrung vom Verfasser, im Original kursiv

89 Jecht, S. 22; Forsthoff, 10. Aufl., S. 494

Betracht kamen. Aus diesem Grunde soll die Problematik des besonderen Gewaltverhältnisses an dieser Stelle auch nicht weiter vertieft werden.[90]

f) Fortentwicklung des Begriffs - rechtsfähige Anstalt -

In der dritten Auflage des Mayer'schen "Deutschen Verwaltungsrechts" (1924) findet sich ein selbständiger Abschnitt über "Die rechtsfähige öffentliche Anstalt"[91]. Im Unterschied zu dem allgemeinen (weiten) Anstaltsbegriff handelt es sich hierbei um eine solche, die "einer besonders dafür geschaffenen juristischen Person des öffentlichen Rechts, der Anstaltspersönlichkeit, zugehört"[92].

Mayer stellte hier eine allgemeine "öffentliche Anstalt (Anstalt schlechthin, öffentliches Unternehmen)" einer "besonderen juristischen Persönlichkeit, der diese Anstalt zu eigenem Rechte gehören soll" gegenüber.[93]

Nachträglich wird hieraus deutlich, daß Otto Mayer ursprünglich mit den Begriffen "öffentliches Unternehmen" und "service public" gleichermaßen Anstalt im weitesten Sinne meinte, also vielfältige Ausdrucksformen des Staates umfaßte.[94] Die Feststellungen Mayers zur "rechtsfähigen An-

---

90 Da die Sparkassen im Zusammenhang mit dem besonderen Gewaltverhältnis unproblematisch waren, sind sie in der wissenschaftlichen Diskussion aus dem Blickfeld des Anstaltsbegriffs geraten, obwohl gerade sie eine typische Form der öffentlichen Anstalt darstellen.

91 Otto Mayer, Dt. VerwR., Bd. II, 3. Aufl., S. 331 ff

92 Otto Mayer, Dt. VerwR, Bd. II, 3. Aufl. S. 331 ff

93 Otto Mayer, Dt. VerwR., Bd. II, 3. Aufl., S. 333

94 Es erscheint daher fraglich, ob man aus der Mayer'schen Wortwahl im "Deutschen Verwaltungsrecht": "öffentliches Unternehmen" als Überbegriff statt "öffentliche Anstalt" wie im französischen Verwaltungsrecht so weitgehende Schlüsse ziehen kann, wie Pohl (S. 15 ff, insbes. S. 16: "Es liegt im Deutschen Verwaltungsrecht ein grundsätzlich anderer Begriff des Rechtsinstituts vor") und Jecht (S. 17 ff) es getan haben, denn in beiden Fällen handelt es sich um einen Überbegriff, der verschiedene Erscheinungsformen umfassen soll.

stalt" stellten jedoch in der dritten Auflage eine Weiterentwicklung seiner anfänglichen Beobachtung dar, wonach bestimmte Anstalten mit einer juristischen Person versehen sind.[95]

Denn nun wurde deutlich, daß nur die rechtlich von der ursprünglichen "Unternehmerschaft" ("Muttergemeinwesen")[96] getrennte Einrichtung, welche ein Stück öffentlicher Verwaltung führen sollte und dadurch in ihrem Wesen das öffentlich-rechtliche Gepräge erhielt, rechtsfähige Anstalt und damit juristische Person des öffentlichen Rechts sein sollte. Bei den Anstalten, die fremde Gelder verwalten, war aber die eigentliche Rechtfertigung Mayers die Zweckmäßigkeitsüberlegung, daß die Einleger mehr Vertrauen zu der rechtlich selbständigen Anstalt als zu dem Muttergemeinwesen haben. Es waren also eigentlich tatsächliche, weniger rechtliche Überlegungen, mit denen die Rechtsfähigkeit der Anstalt gerechtfertigt wurde.

Mit tatsächlichen Abgrenzungskriterien wiederholte Mayer auch hier den Versuch, Anstalt und Stiftung voneinander abzugrenzen: Ein Unterschied sollte sich daraus ergeben, daß der Einfluß des die Anstalt gründenden öffentlichen Gemeinwesens auf die Anstalt anders sei als der des Stifters, denn letzterer schaffe die Stiftung durch seinen schöpferischen Willen, jenes schaffe die öffentliche Anstalt, die dem öffentlichen Wohle dienen solle. Der privatrechtliche Stifter gebe mit dem Stiftungsakt seinen Einluß auf die juristische Person auf; der Stifter sei sterblich, während der Anstaltsgründer - das Muttergemeinwesen - fortbestehe und das "Unternehmen, das namens der juristischen Person betrieben wird, kräftig in seiner Hand" habe[97].

---

[95] Mayer verwies auf andere Formulierungsvorschläge: "Selbständige öffentliche Anstalten" (Kormann); "öffentliche Anstalten i.e.S. (Sortorius): Otto Mayer, a.a.O., S. 331, Note 1

[96] Otto Mayer, Festgabe Laband, S. 70

[97] Otto Mayer, Festgabe Laband, S. 71

"Die Scheidung: Rechtsfähige Stiftung für das bürgerliche, rechtsfähige Anstalt für das öffentliche Recht, findet denn auch mehr und mehr Anklang"[98].

Die von Otto Mayer gegebene Definition der rechtsfähigen Anstalt lautete schließlich:

> Eine rechtsfähige Anstalt des öffentlichen Rechts ist "ein zur Rechtsperson des öffentlichen Rechts erhobener Bestand von sächlichen und persönlichen Verwaltungsmitteln, welcher in der Hand eines Trägers öffentlicher Verwaltungen einem besonderen öffentlichen Zweck dauernd zu dienen bestimmt ist"[99].

g) <u>Kritik am Anstaltsbegriff Otto Mayers</u>

Die am Anstaltsbegriff Otto Mayers geübte Kritik, der Begriff sei zu weit gefaßt, hat sich im Laufe der folgenden Jahrzehnte z.T. dadurch erledigt, daß der Begriff stillschweigend auf die nutzbaren Einrichtungen verengt wurde[100]., ohne daß an der Definition selbst Korrekturen angebracht wurden.[101]

Auch in anderer Beziehung ist die Begriffsbildung Otto Mayers kritisiert worden. Rüfner[102] hat bemängelt, daß der Begriff Mayers einen absolutistischen Zug aufweise[103] und daß seine Lehre polizeistaatlich und rechtsstaatfeindlich gewesen sei[104].

---

98 Otto Mayer, Dt. VerwR, Bd. II, 3. Aufl., S. 332, Note 2; so auch schon Gierke, Dt. PrivR, S. 645, Note 2; Otto Mayer ging nie ausführlich auf den von Gierke bereits gebildeten Begriff ein, obwohl er den Begriff kannte, s. Otto Mayer, Dt. VerwR, Bd. II, 1. Aufl., S. 378, Note 5; S. 377, Note 3 am Ende (S. 378) und nicht nur "gekannt haben dürfte" (vgl. Jecht, S. 17, Note 31)

99 Otto Mayer, Dt. VerwR, Bd. II, 3. Aufl., S. 331

100 Rüfner, S. 292

101 Vgl. Köttgen, VVDStRL 6, S. 111 f

102 Rüfner, S. 115 ff

103 Rüfner, S. 117

104 Rüfner, S. 122

Nach Rüfners Kritik an Mayers Anstaltsbegriff müßte man vermuten, daß der Begriff sich nicht durchgesetzt hätte. Er hat es gleichwohl getan, vielleicht gerade weil er so allgemein formuliert war, andererseits hat er sich aber nicht so durchgesetzt, wie Mayer es beabsichtigte. Zwar hat er geglaubt, den Staat von privatrechtlichen Handlungsformen ganz entfernen zu können und öffentlich-rechtliche Tätigkeit allein in den Formen des öffentlichen Rechts wahrnehmen lassen zu können. Doch ist die Rechtsentwicklung anders verlaufen. Ohne damit der weiteren Darstellung vorzugreifen, läßt sich schon hier sagen, daß insbesondere die Handlungsformen des Staates in vielen Bereichen der Leistungsverwaltung privatrechtlich geblieben oder es erst geworden sind, auch unterstützt durch traditionelle zivilrechtliche Vorstellungen[105], die sich in etwa wieder einer Art Fiskustheorie annähern. Mayer hatte gesagt: "... die Tätigkeit des Staates für seine Zwecke ist von Natur öffentliche Verwaltung. Die Anwendung des Zivilrechs ist demgemäß die Ausnahme".[106] Doch die alte Abgrenzung zwischen öffentlichem und privatem Recht nach Befehl und Zwang war schon mit der Fiskuslehre ins Schwanken geraten[107], so daß ein Zurück zur ausschließlichen Anwendung des öffentlichen Rechts auf juristische Personen des öffentlichen Rechts kaum möglich war.

Trotz dieser Enwicklung ist das von Mayer beschriebene Phänomen der öffentlich-rechtlich organisierten selbständigen Rechtspersönlichkeit "Anstalt" geblieben. Soweit heute Anstalten des öffentlichen Rechts bestehen, wird gerade diese Organisationsform als der Bedeutung der von ihnen wahrgenommenen öffentlich-rechtlichen Aufgaben allein

---

105 Rüfner, S. 121

106 Otto Mayer, Dt. VerwR, Bd. II, 3. Aufl., S. 320

107 Rüfner, S. 114

gerecht werdend bezeichnet (Rundfunk, Sparkassen).[108] Man ist gerade in diesen Bereichen heute noch der Mayer'schen Auffassung, daß die Rechtsform entscheidend - auch politisch betrachtet - für die öffentlich-rechtliche Handlungsfähigkeit ist.

Wenn heute angesichts der meist privatrechtlichen Handlungsformen solcher Anstalten am Mayer'schen Anstaltsbegriff Kritik geübt wird, so wird ein alter Fehler bei der Betrachtung der öffentlich-rechtlichen Anstalten fortgesetzt. Schon im Rahmen der Diskussion um den Umfang und die Rechtfertigung der Anstaltsgewalt ist in der Vergangenheit der Akzent stets verschoben und über diesem Streit um die Rechtfertigung der H a n d l u n g s form die O r g a n i s a t i o n s form vernachlässigt worden. Dies hängt damit zusammen, daß die Anstalt von Otto Mayer als Organisationsform definiert wurde, er damit aber in seiner Hoffnung, die gesamte Verwaltungstätigkeit dem öffentlichen Recht unterstellen zu können, letztlich eine Handlungsform konzipiert hatte[109].

Es stellt sich immer wieder die Frage, ob ein Rechtssubjekt, das privatrechtlich handelt, nicht auch privatrechtlich organisiert sein könnte. Bei solchen Fragen ist voranzustellen, daß die Existenzberechtigung des Instituts der rechtsfähigen öffentlichen Anstalt nicht zu bestreiten ist, weil sie eine typische Organisationsform der leistenden Verwaltung ist, und daß sie gerade dort auch ihr typisches Betätigungsfeld hat. Auffällig ist, daß die meisten Banken im Bereich des öffentlichen Rechts als Anstalten organisiert sind. Dennoch könnte - auf den ersten Blick betrachtet - auch ein Privatrechtssubjekt dasselbe tun, was jetzt Subjekte des öffentlichen Rechts tun.

---

108 Gerade in Sparkassenkreisen werden Versuche, sich einer Privatisierung zu nähern, als indiskutabel zurückgewiesen, allerdings aus politischen Gründen, wie man vermuten muß.

109 Vgl. Rüfner, S. 291

Mangels genauer gesetzlicher Definitionen des Anstaltsbegriffs muß man sich aber an dem Machtwort des Gesetzgebers im Einzelfall orientieren. Was er als Anstalt des öffentlichen Rechts bezeichnet, muß natürlich auch so behandelt werden.

Das bedeutet aber nicht, daß jegliche abstrakte Begriffsbildung entbehrlich wäre.

Um einen heute gültigen Begriff der rechtsfähigen öffentlichen Anstalt zu ermitten, ist daher die Entwicklung des Begriffs auf der Grundlage der Definition von Otto Mayer in der Folgezeit zu untersuchen.

2. Der Anstaltsbegriff bei Paul Schoen (1897)

Im Lehrbuch zum Deutschen Verwaltungsrecht von Paul Schoen (1897) fehlt das Merkmal "in der Hand eines Subjekts der öffentlichen Verwaltung" zunächst.

> "Unter einer öffentlichen Anstalt verstehen wir im modernen Verwaltungsrecht einen zu einer Einheit zusammengefaßten Komplex von sachlichen und persönlichen, einem bestimmten Verwaltungszwecke dienenden Mittel, wie er uns z.B. im Landheer und in der Flotte, in den Strafanstalten, den Verkehrsanstalten, Versicherungsanstalten, Unterrichtsanstalten, Kunstinstituten, Kreditanstalten, Krankenanstalten entgegentritt".[1]

Mit einer gewissen Einschränkung wird das Merkmal jedoch nachgeschoben. Soweit die Anstalt nicht "verpersönlicht"[2] ist (gewöhnlich sei sie das nicht), steht "als Subjekt ... hinter der Anstalt der Staat, die Gemeinde oder ein anderer öffentlicher Verband"[3].

Gegenstand der Tätigkeit ist öffentliche Verwaltung, ihr Zweck kann entweder ein nur staatlich zu erfüllender sein (wie bei Heer und Strafanstalt), oder aber ein ebenso durch private Unternehmer realisierbarer sein. Jedoch bleibt der Zweck auch bei privatrechtlicher Handlungsform ein "öffentlicher Zweck", denn die Tätigkeit, die von der Anstalt ausgeht, ist öffentliche Verwaltung[4] (z.B. bei Verkehrs-, Wasserversorgungs-, Unterrichts-, Krankenanstalten).[5]

---

1 Schoen, Dt. VerwR, S. 281; zu den Rechten der Bürger auf Benutzung der Gemeindeanstalten in den preußischen Staaten, vgl. Schoen, Recht der Kommunalverbände, S. 84 f; 91; 94; 168, Note 3; 170

2 Schoen, Dt. VerwR, S. 281

3 Schoen, Dt. VerwR, S. 281

4 Schoen, Dt. VerwR, S. 281

5 Schoen, Dt. VerwR, S. 281

Über diese Beispiele hinaus wird eine Verallgemeinerung des Begriffs nicht vorgenommen. Es kann jedoch gefolgert werden, daß allem Anschein nach das sonst übliche Merkmal "in der Hand eines Subjekts der öffentlichen Verwaltung" nur für die nicht rechtsfähige Anstalt gelten soll, während für die rechtsfähige Anstalt - die im übrigen nicht näher erläutert wird -, die Beziehung zum Muttergemeinwesen keine nähere Beschreibung erfährt.

Zugleich findet der Begriff des "öffentlichen Zweckes" Verwendung, ohne daß diesem zunächst näherer Inhalt gegeben wird. Schoen weist zwar auf die Möglichkeit der Konkurrenz der Anstalten mit Privatunternehmen hin, verfolgt diesen Ansatz jedoch nicht weiter bis zu einer begrifflichen Trennung, sondern verweist lediglich darauf, daß in vielen Fällen die (tatsächlich) mögliche Privatkonkurrenz durch Rechtssatz ausgeschlossen sei, ohne für die Zulässigkeit eines solchen Ausschlusses eine Rechtfertigung zu geben außer der, daß "der Staat der Ansicht" sei, daß diese Unternehmungen im Gemeininteresse am besten von ihm oder den Gemeinden als öffentliche Anstalten betrieben werden.[6]
Dem Gemeininteresse dienten die Anstalten nach Schoen entweder unmittelbar (wie das Heer) oder mittelbar, indem sie Leistungen "prästieren oder sonstige Vorteile zuführen", deren Gewährung im Interesse der Allgemeinheit liege. Dementsprechend gehörte zu den Bürgerrechten nach den verschiedenen preußischen Städteordnungen das Recht auf "Mitbenutzung der öffentlichen Einrichtungen und Anstalten ..."[7];(dies zeigt im übrigen, daß nach dem Gesetzestext "Anstalt" und "Einrichtung" zweierlei war).

Unter diesem Aspekt erfolgte bei Schoen - allerdings ohne nähere Begründung - eine Beschränkung des Anstaltsbegriffs in der bereits erwähnten Weise auf "benutzbare" Einrichtungen. Zu solchen zählte Schoen auch die Sparkassen, deren privatrecht-

---

6 Schoen, Dt. VerwR, S. 281; der Begriff des Gemeininteresses wird jedoch nicht näher dargelegt

7 Vgl. Schoen, Recht der Kommualverbände, S. 380, für die kreisangehörigen, entsprechend für die Provinzialgemeinden S. 441

licher Betrieb aber auch ihm vorstellbar war.[8] Ob eine Einrichtung im Einzelfall privatrechtlich oder öffentlich-rechtlich war, entschied sich nach Schoens Ansicht nach dem "inneren Moment der Gewinnabsicht" oder "Gemeinnützigkeit".

Mit dem Merkmal der Gemeinnützigkeit als Abgrenzungskriterium in den Bereichen, in denen sowohl öffentlich-rechtliche als auch privat-rechtliche Tätigkeit in Betracht kommen, wurde der öffentliche Zweck präzisiert, dessen Verfolgung für die Annahme einer öffentlich-rechtlichen Anstalt erforderlich sei und der auch von den kommunalen Sparkassen verfolgt werde. Die Annahme der Gemeinnützigkeit werde nicht dadurch ausgeschlossen, daß eine Anstalt nebenher Gewinne abwerfe[9]; dies bleibt allerdings die einzige nähere Erläuterung des Begriffs der Gemeinnützigkeit. Ob andererseits eine öffentliche Anstalt, auf die "Gewerbeordnung und auch das Bürgerliche Recht grundsätzlich keine Anwendung"[10] finden, dennoch dem Zivilrecht unterstellt werden solle, liege in der Kompetenz des Gesetzgebers.

Mit dieser Art der Begriffsbildung ist bei Schoen die Zuordnung zum öffentlichen Recht abschließend erfaßt: Alle anderen Gesichtspunkte, die anderweitig teilweise als Kriterium für die Begründung der öffentlich-rechtlichen Eigenschaft einer Anstalt genannt werden, zählt Schoen zu den A u s w i r k u n g e n der öffentlich-rechtlichen Rechtsform.[11]

Hierzu gehören der polizeiliche Schutz für die Anstalt, der sich aus dem öffentlichen Interesse an der Tätigkeit der Anstalt rechtfertigt[12], die Anstaltsgewalt, die das Recht auf eigenmächtige Beseitigung von Störungen und Gefährdungen des

---

8 Schoen, Dt. VerwR, S. 281

9 Schoen, Dt. VerwR, S. 282 unter Hinweis auf PrOVGE 25, 141

10 Schoen, Dt. VerwR, S. 282

11 Schoen, Dt. VerwR, S. 282: "Das eigenartige Rechtsleben der öffentlichen Anstalt im Gegensatz zu dem der privaten tritt in Erscheinung: ..."

12 Schoen, Dt. VerwR, S. 282 mit Hinweis auf PrOVGE 20, 403; 54, 271

Betriebes ohne besondere gesetzliche Ermächtigung beinhaltet, ferner das Nutzungsverhältnis, das Recht auf gleichen Zugang für alle, die öffentlich-rechtliche Natur des Entgelts.[13]

Hierin liegt - wenn auch verborgen - ein beträchtlicher Unterschied zu vielen anderen - auch späteren - Autoren. Trotz der Kürze der Darstellung Schoens und trotz aller Begründungsdefizite im einzelnen werden hier unter den bekannten Stichworten die Konsequenzen der Eigenschaft der Anstalt als juristische Person des öffentlichen Rechts als solche erkannt und behandelt, nicht aber Voraussetzungen und Folgen miteinander vermischt. Schließlich aber erfährt diese Wertung eine Einschränkung dadurch, daß unter der Überschrift "Die öffentlichen Anstalten" auch die "Beleihung Privater"[14] mit dem Betrieb öffentlicher Unternehmungen behandelt wird. Ein solches "verliehenes Unternehmen" entstehe durch Erteilung einer rechtsbegründenden Konzession seitens der vom Staat ermächtigten Staatsorgane. Hierdurch könne ein Privater "ein Unternehmen als öffentliche Anstalt betreiben,[15] mithin Träger einer Anstalt sein".[16]

Die Bedeutung Schoens für die Entwicklung des Anstaltsbegriffs darf nicht überschätzt werden, seine Darstellung hat keine weitreichende Bedeutung erlangt. Sie zeigt jedoch, daß die von Otto Mayer begonnene Begriffsbildung bereits kurze Zeit später Verbreitung fand und von anderen Autoren weiterentwickelt wurde.

3. Der Gebrauch des Anstaltsbegriffs bei Windscheid/Kipp (1909)

In der 9. Auflage des Pandektenrechts von Windscheid/Kipp (1906) sind als eine Art der juristischen Person genannt "Anstalten zur Verfolgung frommer oder sonst gemeinnütziger

[13] Schoen, Dt. VerwR, S. 282

[14] Schoen, Dt. VerwR, S. 283

[15] Schoen, Dt. VerwR, S. 283

[16] Vgl. dazu Wolff/Bachof, VerwR, II, § 98, S. 322

Zwecke, Armenhäuser, Hospitäler, Schulen usw." Bei der Stiftung als "Vermögensinbegriff" und damit als juristischer Person kann sich die Verfolgung des Stiftungszwecks "in einer Anstalt verkörpern",[17] wobei dann "mit der Personifizierung des Vermögens die Personifizierung der Anstalt konkurriere".[18] Unter Hinweis auf andere Schriftsteller weist Kipp darauf hin, daß die öffentliche Anstalt von der Stiftung abzugrenzen sei,[19] er geht aber darauf nicht weiter ein.

4. Der Anstaltsbegriff bei Fritz Fleiner (1911 ff)

In der 1. Auflage seines Lehrbuchs "Institutionen des Deutschen Verwaltungsrechts" (1911) definierte Fleiner die öffentliche Anstalt als eine Untergliederung eines einzelnen Verwaltungszweiges, welcher - als "Abteilung" - zur Besorgung ihrer Aufgaben eine Summe von sachlichen und rechtlichen Mitteln zur Verfügung gestellt sei. Ein solcher Bestand von Mitteln, technisch zu einer Einheit zusammengefaßt, sei eine öffentliche Anstalt.[20]

"In der öffentlichen Anstalt tritt somit regelmäßig ein fest umschriebenes Stück der öffentlichen Verwaltungstätigkeit in die Erscheinung".[21] Normalerweise besitzen solche Anstalten keine eigene Rechtspersönlichkeit; sie nannte Fleiner "unselbständige Anstalt".
"Hat aber das Gesetz für die Besorgung einer bestimmten Verwaltungsaufgabe einen Bestand von Mitteln derart aus der allgemeinen Verwaltungsorganisation ausgeschieden, daß er nicht nur technisch, sondern auch rechtlich ein besonderes Dasein mit eigener Rechtspersönlichkeit führen soll, so hat es

17 Windscheid/Kipp, § 57 I, 2, 3, S. 259 f

18 Windscheid/Kipp, § 57 I, 3, S. 261

19 Windscheid/Kipp, § 57, I, 3, S. 260, Note 8 am Ende unter Hinweis auf Gierke, Dt. PrivR, Bd. I, § 77

20 Fleiner, 1. Aufl., S. 262

21 Fleiner, a.a.O., S. 261

eine selbständige Anstalt ins Leben gerufen".[22] Deutlich erkannte Fleiner, daß die "juristische Selbständigkeit oder Unselbständigkeit einer Anstalt ... in erster Linie von zivilrechtlicher Bedeutung"[23] ist; dagegen seien unselbständige und selbständige Anstalt in gleicher Weise Träger öffentlicher Verwaltung.[24]

In der von Fleiner gegebenen Begriffsdefinition der Anstalt fehlt in den ersten Auflagen das Merkmal, daß der Bestand von Mitteln einem besonderen öffentlichen Zwecke dauernd zu dienen bestimmt sein muß.[25] Bei der von Fleiner vorgenommenen Unterscheidung zwischen Gewerbebetrieben, für die das Privatrecht anwendbar sein soll, und den öffentlichen Anstalten wird jedoch zur Unterscheidung auf den Zweck des "Unternehmens" abgestellt,[26] und zwar in der Weise, daß die öffentliche Verwaltung mit ihrer Tätigkeit "öffentliche Fürsorge" wahrnimmt.[27]

Der Anstaltsbegriff Fleiners lehnt sich daher stark an den Otto Mayers an.

Ausgehend davon, daß "der Staat in Deutschland ein Monopol auf die öffentliche Verwaltung" besaß,[28] konnten auch nicht staatliche Organisationen öffentliche Verwaltungsfunktionen ausüben, u.a. staatlich begründete, aus der unmittelbaren Staatsverwaltung ausgegliederte Organisationen, unter ihnen die Anstalten des öffentlichen Rechts.

---

[22] Fleiner, a.a.O., S. 262; unter Hinweis auf Gierke, Dt. PrivR, Bd. I, S. 635; Regelsberger, Pandekten, I, S. 341

[23] Fleiner, a.a.O., S. 262

[24] Fleiner, a.a.O., S. 262

[25] Dieses Merkmal ist enthalten in Fleiner, 8. Aufl., 1928, jedoch nicht in den ersten drei Auflagen

[26] Fleiner, a.a.O., 1. Aufl., S. 263; 3. Aufl., S. 301

[27] Fleiner, a.a.O., 1. Aufl., S. 263; 3. Aufl., S. 302, 8. Aufl., S. 324

[28] Fleiner, a.a.O., 2. Aufl., S. 91 ff; 8. Aufl., S. 99; für die Zeit der Weimarer Verfassung vgl. Art. 14, 18, 127 WRV; vgl. auch Pohl, S. 29, vgl. auch den Hinweis Fleiners auf verschiedene Länderverfassungen in der 8. Aufl., S. 103, Note 11

Nach Fleiners Verständnis war dabei die Bezeichnung "öffentlich-rechtlich" nur für solche "Verbände oder Anstalten ('Selbstverwaltungskörper')" berechtigt, die mit "staatlichem Herrschaftsrecht (imperium), mit Befehlsgewalt" belehnt seien,[29] so daß nicht alle Verbände, "die der Sprachgebrauch verschwenderisch als öffentlich-rechtliche Korporationen oder Anstalten bezeichnet(e)",[30] dem öffentlichen Recht zugehörten. Unter der Voraussetzung des Vorliegens einer solchen "Belehnung" verstand Fleiner in leichter Abwandlung des Mayer'schen Begriffs den Anstaltsbegriff o r g a n i s a t o r i s c h[31] als einen

> "Bestand von Personen und Mitteln, der technisch zu einer Einheit zusammengefaßt und einem besonderen öffentlichen Zweck dauernd zu dienen bestimmt ist."[32]

Wie sehr dieser Anstaltsbegriff Fleiners, der die "technische Einheit" umfaßt, von der Vorstellung Otto Mayers geprägt war, zeigt die Ähnlichkeit mit der bildhaften Formulierung Otto Mayers: "Die öffentliche Anstalt geht ihren eigenen Gang als große Maschine. Die benutzenden, die mit ihren Interessen, mit ihrer Person, ihren Sachen hineingegeben sind, sind nur Objekte für sie ohne bestimmende Einwirkung".[33]

Zur Rechtsfähigkeit der Anstalt gab Fleiner keine Erklärung außer der, daß das Gesetz die Rechtsfähigkeit bestimmen solle. Sie führe ein Dasein für die Besorgung einer bestimmten Verwaltungsaufgabe mit eigener Rechtsfähigkeit, wobei hier die

---

29 Fleiner, a.a.O., 8. Aufl., S. 104

30 Fleiner, a.a.O., 8. Aufl., S. 104, Note 19

31 Vgl. Pohl, S. 31

32 Fleiner, a.a.O., 8. Aufl., S. 322; es wird hier der Begriff aus der 8. Aufl. Fleiners zugrundegelegt; auch wenn es anfangs nicht ausdrücklich enthalten war, so ergibt sich das Erfordernis doch aus der von Fleiner gegebenen Begründung; dieser Anstaltsbegriff wurde im übrigen herrschende Meinung, vgl. Pohl, S. 31, Note 2

33 Otto Mayer, Dt. VerwR, Bd. II, 1. Aufl., S. 329; Rüfner spricht in diesem Zusammenhang (S. 248) von der "unpolitischen technischen Funktion" der Anstalt

Vorstellung Gierkes von dem verselbständigten Teilwillen wieder auftaucht: Dieser Teilwille werde zum "spiritus rector der Anstalt".[34]

Allein rechtspositiv sei demnach festzustellen, ob juristische Selbständigkeit bestehe.

Neben dem organisatorischen Charakter des Begriffs trat der enthaltene funktionale[35] Zug des Begriffs zurück, daß mit der Anstalt stets ein festumschriebenes Stück der öffentlichen Verwaltungstätigkeit in Erscheinung trete.[36]

Für die Begriffsbildung von Bedeutung ist weiter, daß Fleiner die Frage, ob "öffentlich" gleichbedeutend sei mit "öffentlich-rechtlich", ausführlich behandelte. Er trennte zwischen der "öffentlich-rechtlichen Grundlage" - die unzweifelhaft sei - und der Frage, ob die Anstalt auch "in den übrigen Beziehungen dem öffentlichen Recht unterstellt"[37] sei.

Dies war gleichbedeutend mit der umstrittenen Frage, ob "wichtige Gebilde dieser Art" (u.a. Sparkassen) eigentlich "Gewerbebetriebe" seien, für die "demgemäß nach allen Richtungen das Privatrecht ... anwendbar" sein könne. Diese Frage ist nicht zu verwechseln mit der Frage nach dem Rechtscharakter der Nutzungsordnung. Fleiner beantwortete die Frage nach dem Zweck des Betriebes der Anstalt: Unternehmen Privater seien Mittel zur Gewinnerzielung, die öffentliche Verwaltung dagegen nehme öffentliche Fürsorge wahr, was von selbst zurückwirke auf das ganze Unternehmen, den Rechtscharakter des Unternehmens also im öffentlich-rechtlichen Sinne beeinflusse.[38]

[34] Fleiner, a.a.O., 2. Aufl., S. 99

[35] Pohl, S. 21

[36] Vgl. Pohl, S. 21

[37] Fleiner, a.a.O., 1. Aufl., S. 264; 8. Aufl., S. 324

[38] Fleiner, a.a.O., 8. Aufl., S. 324

Später nannte Fleiner Unternehmen der öffentlichen Gemeinwesen, die in Privatrechtsform - im privaten Gesellschaftsrecht - gegründet oder erworben wurden, "öffentliche Anstalt in Privatrechtsform".[39]

Mit der Anerkennung dieser Möglichkeit wird klar, daß nach Fleiner "öffentlich" nicht "öffentlich-rechtlich" gleichzusetzen war.

Nach der anfänglichen Zuordnung des Begriffs der öffentlichen Anstalt zum öffentlichen Recht wurde der Fleiner'sche Begriff hier also erweitert und nicht mehr selbstverständlich nur dem öffentlichen Recht zugeordnet.

Andererseits war aber der Anknüpfungspunkt für die Tätigkeit der Anstalt auch für Fleiner unzweifelhaft die Verwaltungstätigkeit, wobei die begrifflichen Unterschiede zwischen Anstalt und Behörde nicht immer zu erkennen sind. Seine Anstaltsdefinition ließe es ohne weiteres zu, hierunter jede öffentlich-rechtliche Verwaltungseinheit überhaupt[40] zu fassen, und zwar einschließlich "eine(r) in der Hand einer öffentlichen Körperschaft befindliche(n) privatrechtliche(n) Gesellschaft ceteris paribus".[41] Öffentlich-rechtlich sei jedoch eine Anstalt nur dann, wenn im Einzelfall bei der Begründung der Anstalt die Erwägung ausschlaggebend war, es sei eine Sache der öffentlichen Verwaltung, eine bestimmte Aufgabe zu erfüllen.[42] Wenn eine solche Anstalt tätig werde, um Gewinne zu erzielen, handele es sich um ein Erwerbsunternehmen, wenn ein Gewinn nur ein zufälliges Nebenprodukt der Tätigkeit sei, ohne daß es in der Hauptsache darauf ankomme, liege ein gewerbliches Unternehmen vor.[43]

---

39 Fleiner, a.a.O., 8. Aufl., S. 125

40 Pohl, S. 33; Fleiner, a.a.O., 8. Aufl., S. 322

41 Kierstein, S. 26 m.w.N.; Fleiner, a.a.O., 8. Aufl., S. 125

42 Vgl. Fleiner, a.a.O., 8. Aufl., S. 324, 325

43 Fleiner, a.a.O., 8. Aufl., S. 325

Aber auch Unternehmen, die in diesem Sinne kein Gewerbe betreiben, müßten nicht unbedingt öffentlich-rechtlichen Charakter tragen. Es sei, so Fleiner, allein Sache der Gesetzgebung, auch eine nicht gewerbliche Anstalt dem Privatrecht zu unterstellen. Auch eine solche Anstalt könne daher öffentliche Anstalt sein, ohne öffentlich-rechtliche Anstalt zu sein.

Auch Fleiner beteiligte sich an der Diskussion um die Gestaltung des Benutzungsverhältnisses der Anstalt. Fleiner war wie Otto Mayer der Hoffnung, daß die nicht gewerblichen Unternehmungen des Staates und der öffentlich-rechtlichen Verbände unter die Herrschaft des öffentlichen Rechts gedrängt werden könnten.[44] Aus diesem Grund sah Fleiner bei der öffentlich-rechtlichen Anstalt auch nur die Möglichkeit, das Benutzungsverhältnis zu dieser Anstalt öffentlich-rechtlich zu gestalten.[45] In diesem Zusammenhang stehen auch die Ausführungen Fleiners über das besondere Gewaltverhältnis,[46] hierin folgte Fleiner im wesentlichen Otto Mayer, doch wies er ausdrücklich darauf hin, daß "Fundamente und Grenzmauern eines jeden besonderen Gewaltverhältnisses ... vom Gesetzgeber her (stammen)",[47] während andererseits die G r e n z e n der Befugnis zur Einschränkung der Freiheiten des Einzelnen im besonderen Gewaltverhältnis sich aus dem "besonderen öffentlichen Zweck" der Anstalt ergäben: "... sie dürfen nie über das Maß dessen hinausgehen, was die im öffentlichen Gewaltverhältnis verkörperte Aufgabe verlangt."[48]

Die Vertretung der Anstalt nach außen sollte durch ihre Organe erfolgen, die der Aufsicht des Muttergemeinwesens unterstehen sollten.

---

44 Fleiner, a.a.O., 3. Aufl., S. 303

45 Fleiner, a.a.O., 3. Aufl., S. 311 f

46 Fleiner, a.a.O., 1. Aufl., § 11; § 18, S. 272

47 Fleiner, a.a.O., 8. Aufl., S. 165 f

48 Fleiner, a.a.O., 8. Aufl., S. 167

Insgesamt muß der Anstaltsbegriff Fleiners als eine Erweiterung gegenüber dem Begriff Otto Mayers angesehen werden, da die bei Mayer vorhandenen Ansätze zur Bildung einer festen Kontur des Begriffs aufgeweicht wurden und so als Kern des Begriffs nur noch die "Verwaltungseinheit"[49] übrig blieb, die in technisch-organisatorischer Hinsicht eine Abgrenzung von der unmittelbaren Staatsverwaltung ermöglichen sollte. Diese Einheiten waren, wie schon in Gierkes Idee von der Verselbständigung eines Teilwillens angedeutet wurde, als "institutionelle Verkleidung einer behördlichen Verfügungsermächtigung"[50] zur Erfüllung einer Verwaltungsaufgabe anzusehen.

Im übrigen sah Fleiner in der öffentlichen Anstalt einen Selbstverwaltungskörper, für den charakteristisch sei, daß ihm durch historische Entwicklung oder durch den Auftrag eines Gesetzes ein bestimmter W i r k u n g s k r e i s "übertragen"[51] werde. Außerdem sei dieser Selbstverwaltungskörper wegen der Wahrnehmung staatlicher Aufgaben der S t a a t s a u f s i c h t[52] unterworfen. Letzteres diene der Kontrolle, daß der Wirkungskreis nicht überschritten werde, weiter der Kontrolle der Aufgabenerfüllung sowie auch der finanziellen Kontrolle.[53]

Zur Durchführung dieser Aufsicht bestünden Beanstandungskompetenzen und das Recht zur Zurücknahme oder Aufhebung gesetzeswidriger Akte, Zwangsetatisierung und die kommissarische Funktion zur Übertragung sowie das Recht zur Verhängung von Ordnungsstrafen.[54]

---

49 Pohl, S. 31 ff, 32

50 Imboden, S. 14

51 Fleiner, a.a.O., 2. Aufl., S. 106

52 Fleiner, a.a.O., 2. Aufl., S. 101; S. 112 n.w.N., Note 45

53 Fleiner, a.a.O., 2. Aufl., S.112

54 Fleiner, a.a.O., 2. Aufl., S. 113, 114

Die Darstellung Fleiners fand starke Verbreitung (das Lehrbuch erschien bis zur 8. Auflage 1928) und galt als der herrschende Anstaltsbegriff.[55]

Zwischen der 1. Auflage der "Institutionen" (1911) und der 8. Auflage (1928) veränderten sich die politischen Verhältnisse in Deutschland durch die Einführung des parlamentarischen Systems, der demokratischen Staatsform der Weimarer Verfassung. Dabei kam es zu einer stärkeren Betonung der wirtschaftlichen Verhältnisse auch im Leben des Staates, was ein stärkeres Eindringen von Reich, Ländern und Gemeinden in das wirtschaftliche Leben bewirkte,[56] und mit dem Beginn neuer Tätigkeiten der öffentlichen Verwaltung bildeten sich auch neue Verwaltungsformen aus.[57]

Es fanden tatsächliche Entwicklungen statt, die (nachträglich) auch rechtsdogmatisch eine Rechtfertigung suchten. Hier ist der Satz Köttgens zutreffend: "Wenn auch aus methodischen Rücksichten zwischen Sein und Sollen streng unterschieden werden muß, so ist doch andererseits nicht zu verkennen, daß das Sollen in hohem Maße durch das Sein bedingt ist."[58]

Die auch damals finanziell stark belasteten öffentlichen Verwaltungen hatten begonnen, zwischen "Hoheitsverwaltung" und "öffentlicher Verwaltung wirtschaftlicher Angelegenheiten (Betriebsverwaltung)" zu unterscheiden.[59]

In der Gesetzgebung, etwa der Gemeinde- und Kreisordnung für Thüringen vom 8.7.1926, § 26, Abs. 1, auf den Fleiner[60] hinwies, wurde erstmals zwischen "gemeinnütziger" und "werbender" Tätigkeit getrennt. An diesen Veränderungen zerbrach jedoch

---

[55] Vgl. Pohl, S. 31, Note 2

[56] Vgl. Fleiner, a.a.O., 8. Aufl., S. 121

[57] Fleiner, a.a.O., 8. Aufl., S. 121

[58] Köttgen, Öffentliche Hand, S. 8

[59] Fleiner, a.a.O., 8. Aufl., S. 121

[60] Fleiner, a.a.O., 8. Aufl., S. 326

der Mayer'sche Anstaltsbegriff in der Fassung Fleiners nicht. Vielmehr kam zu dem schon früher existenten Wunsch von Staat und Gemeinden, Wirtschaftsbetriebe nach privatwirtschaftlichen, elastischen kaufmännischen Grundsätzen zu betreiben, der politische Wunsch hinzu, die Anstalten von parteipolitischen Einflüssen zu befreien, sie zu "entpolitisieren".[61] Der Fleiner'sche Anstaltsbegriff konnte hier ohne weiteres auch unter gewandelten Verhältnissen weiter verwendet werden, da er schon sehr weit gefaßt war.

Starke Betonung erfuhr die Untersuchung des Benutzungsverhältnisses, welches aber für die Bestimmung des Anstaltsbegriffs selbst von keiner entscheidenden Bedeutung war, allerdings hatte sie nach Fleiners Vorstellung indizielle Bedeutung insofern, als eine öffentlich-rechtliche Nutzungsordnung auch einen öffentlich-rechtlichen Charakter der Anstalt nahelegte.

Aus dem öffentlich-rechtlichen Charakter der Anstalt folgerte Fleiner, daß sie die Befugnis hatte, ohne weiteres zwangsweise die "Anstaltspolizei" auszuüben, ohne daß es hierzu einer besonderen Kompetenzübertragung bedurfte. Allerdings seien Anordnungen von Anstalten ohne eigene Zwangsmittel von den ordentlichen staatlichen Organen zu vollstrecken, wobei sich die Grenzen dieser Befugnisse mit denen der allgemeinen Polizei deckten.[62]

Dies ist zu verstehen, wenn man die Beispiele für "Anstalten" zugrundelegt, die Fleiner in diesem Zusammenhang nennt: Zoll, Feuerwehr, Notstandsmaßnahmen, Militär.

5. Der Anstaltsbegriff bei Karl Kormann (1913 ff)

Im Anschluß an Mayer und Fleiner wurde von vielen Schriftstellern versucht, dem Anstaltsbegriff zu klaren Konturen zu verhelfen.

---

61 Fleiner, a.a.O., 8. Auflage, S. 121; Forsthoff, 10. Aufl., S. 411

62 Fleiner, a.a.O., 8. Aufl., S. 330

Karl Kormann untersuchte 1913 die umstrittene Frage, wie "gewerbliche Unternehmungen" von öffentlich-rechtlich betriebenen Unternehmungen der Gemeinden und Kommunalverbände voneinander abgegrenzt werden könnten.[63]

Die Frage war von Bedeutung für die Möglichkeit der Umlegung der Kosten dieser Unternehmen nach den Vorschriften des Kommunal- und Kreisabgabengesetzes. Kormann versuchte die Abgrenzung auch in den folgenden Jahrzehnten stets am Beispiel der §§ 3, 4 des Preußischen Kommunalabgabengesetzes.

Kormann unterstrich, daß bis dahin die preußisch-rechtliche Auffassung die Neigung hatte, möglichst viele Dinge dem Privatrecht zuzuweisen, was jedoch schon vom sächsischen OVG als veraltet bezeichnet worden sei.[64] Begrifflich unterschied Kormann zwischen "Veranstaltung", was nach dem natürlichen Sprachgebrauch ein Wort von außerordentlich "gemeinem und weitem Sinne" sei, worunter man jede zu einem bestimmten Zwecke hergerichtete Gesamtheit von Mitteln sachlicher und persönlicher oder gemischter Art meine. Dieser Begriff umfasse "Anlagen, Anstalten und Einrichtungen", wie sich auch aus § 4 des Kommunalabgabengesetzes und § 4 des Kreisabgabengesetzes ergebe. Unter diesen Veranstaltungen seien gewerbliche Unternehmen und öffentliche Anstalten zu trennen. Nach der herrschenden Meinung sei das materielle Kriterium der Gewinnerzielungsabsicht entscheidend,[65] welches bei der öffentlichen Anstalt fehle.

Hiergegen erhob Kormann jedoch Bedenken, da "die Verwendung materieller Zweckmomente für die juristische Begriffsbildung immer etwas Mißliches" habe.[66]

---

[63] Kormann, PrVerwBl. 1913, S. 393 ff

[64] Vgl. Jahrbuch des sächsischen OVG, Bd. 11, S. 165, besonders S. 169; Kormann, PrVerwBl 1913, S. 394

[65] Kormann, PrVerwBl 1913, S. 395; unter Hinweis auf Nöll - Freund, KAG-Kommentar, Anm. 2 zu § 3

[66] Kormann, PrVerwBl 1913, S. 395

Kormann wollte dagegen die Unterscheidung nach formellen Kriterien treffen und stellte hierzu auf den rechtlichen Charakter der gemeindlichen Leistungen ab, welcher zu bemessen sei nach der Rechtsnatur des Nutzungsverhältnisses: "Die Formel des privatrechtlichen Verhältnisses lautet: 'Gewerbliche Leistung gegen privatrechtliche Gegenleistung (Vergütung)', die Formel des öffentlich-rechtlichen Verhältnisses: 'Öffentliche Anstaltsnutzung gegen öffentlich-rechtliche Gebühr'".[67]

Innerhalb der "Veranstaltungen", die danach nicht "gewerbliche Unternehmungen" waren, unterschied Kormann sodann zwischen "öffentlichen Anstalten" und "öffentlich-rechtlichen Anstalten" in dem Sinne, daß beide zwar öffentlich-rechtlich organisiert seien, im Geschäftsverkehr aber die "öffentlich-rechtlichen" privat-rechtlich genutzt würden (z.B. öffentlich-rechtliche Kreditinstitute, etwa die Reichsbank, provinzielle kommunale Pfandbriefämter, die für den ländlichen Grundbesitz geschaffenen alten landschaftlichen und ritterschaftlichen Kreditinstitute usw.), während "öffentliche Anstalten auch öffentlich-rechtlich genutzt" würden.[68]

Damit wurde auch hier die Nutzungsordnung zum Unterscheidungskriterium erhoben, jedoch nun nicht in dem sonst verwandten Sinne, daß nur öffentlich-rechtlich genutzte Anstalten als öffentlich-rechtlich anzusehen seien; vielmehr ließ sich die öffentlich-rechtliche Organisation der Anstalt nach Kormanns Verständnis auch dann bejahen, wenn das "Nutzungsverhältnis" privatrechtlich organisiert war (Beispiel Reichsbank).[69]

---

67 Kormann, PrVerwBl 1913, S. 396

68 Kormann/List, Dt. VerwR, 2. Aufl., S. 43 (Kormanns Einführung in die Praxis des Dt.VerwR wurde in der 2. Aufl. von Friedrich List fortgeführt, der aber den die Anstalten betreffenden Teil des Buches unverändert ließ, s. S. 67 a.a.O., Note 2, zitiert wird hier nach der 2. Auflage)

69 Kormann/List, Dt. VerwR, S. 43

Andererseits aber vermischte Kormann unmittelbar darauf diese Begriffe selbst wieder, indem er anschließend die Behauptung aufstellte:

> "Noch nach einer anderen Richtung ist die Organisation[70] der ö f f e n t l i c h - r e c h t l i c h e n Anstalt für ihren Begriff unerheblich, nämlich in der Frage der Rechtsfähigkeit ... so sehen wir, daß es ö f f e n t l i c h e Anstalten mit und ö f f e n t l i c h e Anstalten ohne Rechtsfähigkeit gibt ..."[71],

ohne die von den "öffentlichen" Anstalten soeben noch getrennten "öffentlich-rechtlichen" Anstalten wieder zu erwähnen, obwohl gerade diese vorzugsweise mit Rechtsfähigkeit ausgestattet wurden. Eine nächste Unterscheidung erfolgte sodann: "Es gibt Anstalten im engeren oder eigentlichen Sinn"[72], nämlich "nutzbare öffentliche Anstalten"[73] und die "öffentliche Anstalt im weiteren Sinn".[74]
Letzteres hatte wieder die nicht juristisch unterlegte Bedeutung "Veranstaltung" und meinte z.B. sowohl das Heer wie auch Teile davon, selbst einzelne militärische Veranstaltungen (im heutigen Sprachverständnis), aber auch Behörden, Sitzungen der Behörde oder eine gesetzgebende Körperschaft usw. Der weitere Begriff war demnach weder juristisch noch organisatorisch klar gefaßt.

Kormanns "öffentliche Anstalt im eigentlichen Sinn" war somit "eine Veranstaltung - rechtsfähig oder nicht -, die für einen ziffernmäßig nicht bestimmten Kreis von Interessenten (Destinatären) Nutzungen gewährt, aber nicht in den Rechtsformen des Privatrechts, sondern in eigenartigen öffentlich-

---

70 Es wird nicht ganz deutlich, ob Kormann hier die Organisation nach außen oder nach innen meint

71 Kormann/List, Dt. VerwR, S. 41; Sperrungen vom Verfasser

72 Kormann/List, Dt. VerwR, S. 41

73 Kormann/List, Dt. VerwR, S. 41

74 Kormann/List, Dt. VerwR, S. 41

rechtlichen Formen",[75] was u.a. die Unterwerfung unter ein "besonderes Gewaltverhältnis" und den Ausschluß von der Zuständigkeit der Zivilgerichte zur Folge habe.[76]

Zur näheren Präzisierung der "Nutzbarkeit der Anstalt" blieb Kormann jedoch die Darlegung der für den praktischen Umgang mit diesem Begriff wichtigen näheren Abgrenzungsmerkmale schuldig. Was "Nutzung" bedeutet, läßt sich - wie später Köttgen einwandte - sowohl individuell wie kollektiv bestimmen[77], wie das Beispiel des Gerichts zeigt: Der Nutzen für den rechtssuchenden Einzelnen ist hier evident, gleichwohl sähe aber - heute wie früher - niemand - auch Kormann selbst nicht - das Gericht als "öffentliche Anstalt" an. Weil damit das eigentliche Kriterium für die Abgrenzung nicht deutlich wurde, waren die Kormann'schen Ansätze, zu einer organisationsbezogenen Erfassung der öffentlich-rechtlichen Anstalt zu gelangen, ohne durchgreifenden Erfolg. Ein mit klaren Konturen versehener "Anstaltsbegriff Kormanns" kam daher auch nicht zur Entfaltung. Vielmehr zeigt sein Beispiel, daß es vielfach nicht gelang, den Begriff der Anstalt, obwohl ständig verwendet, einer genauen Definition, die über die Begriffsbildung Otto Mayers hinausging, zuzuführen.

6. Der Anstaltsbegriff bei Adolf Merkl (1927)

Adolf Julius Merkl, ein Schüler Hans Kelsens, befaßte sich in seinem Verwaltungsrechtslehrbuch in einem besonderen Kapitel mit der "Verwaltungsorganisation" des Staates[78].

Auf der Grundlage des von ihm entwickelten "Stufenbaus der Rechtsordnung" und der Trennung von Staat und Gesellschaft begriff er als "Staat im Rechtssinne" eine "qualifizierte Organisation", nämlich die "Rechtsorganisation", d.h., "den

---

75 Kormann/List, Dt. VerwR, S. 41

76 Kormann/List, Dt. VerwR, S. 52

77 Köttgen, VVDStRL 6, S. 112

78 Merkl (1927), S. 290 ff

Inbegriff der Organe, die der Verwirklichung der Rechtsordnung dienen".[79] Erklärte Zielrichtung war damit die rechtliche Erfassung der Verwaltungsorganisation. Demgemäß war für Merkl keine Verwaltungsfunktion denkbar, die nicht zugleich Funktion des Staates "im weitesten Sinne des Wortes wäre, denn dieser Staat bedeute ... den Inbegriff der Rechtsfunktionen, und die Verwaltung besteht, wie bekannt, nur aus Rechtsfunktionen."[80]

In diesem Funktionsbereich der Verwaltung enthalten sei der Bereich der "zwangsfreien, zwangsvermeidenden"[81] Verwaltung, welche - unzweifelhaft der Verwaltung zugehörig -[82] als "wirtschaftliche und kulturelle Verwaltung"[83] bezeichnet würde, irreführend, wie Merkl meinte, da auch obrigkeitliche Verwaltung auf Kultur und Wissenschaft bezogen sei. Im Anschluß an Kelsen, der zwischen mittelbarer und unmittelbarer Verwaltung unterschied, schlug Merkl vor, hier von "freier oder privater Verwaltung" zu sprechen. Erläuternd sprach er auch von "nicht behördlicher" Verwaltung für die staatliche "Eigentätigkeit".[84] Solche staatliche "Eigentätigkeit" als "unmittelbarer Erzeuger materieller und inmaterieller Güter"[85] bezeichnete er als "verstaatlichte Wirtschaft" und "verstaatlichte Gesellschaft" in dem Sinne, daß g e s e l l s c h a f t l i c h e[86] Funktionen in die Eigentätigkeit des Staates überführt würden.[87]

Unter diesen Vorzeichen kritisierte Merkl den für die öffentliche Anstalt von Otto Mayer geprägten Begriff aus verschiedenen Gründen: Abgesehen davon, daß ihn die per definitionen

---

79 Merkl, a.a.O., S. 291

80 Merkl, a.a.O., S. 292

81 Merkl, a.a.O., S. 300

82 Merkl, a.a.O., S. 300

83 Merkl, a.a.O., S. 301

84 Merkl, a.a.O., S. 301, 302

85 Merkl, a.a.O., S. 301

86 Sperrung vom Verfasser

87 Merkl, a.a.O., S. 302

Otto Mayers zugemessene Zuordnung der Universitätslehrerschaft als "persönliches Mittel" für Verwaltungszwecke - gleichgeordnet mit den "sachlichen Mitteln" des Universitätsgebäudes und der Universitätseinrichtung - störte,[88] rügte er die Vernachlässigung des organisatorischen Moments in der Anstaltslehre Mayers. Er sah in der Anstalt primär einen "Verwaltungsorgantypus"[89] (Kollektivorgan) in Abgrenzung zu der mit Befehls- oder Zwangsgewalt (imperium) ausgestatteten Behörde[90].

"Die Anstalten sind der für den Staatssozialismus charakteristische Organtypus, in dem die Anstalten die vom Staatssozialismus geforderte unmittelbare kulturelle und zivilisatorische, im weitesten Sinne wirtschaftliche Tätigkeit des Staates prästieren".[91]

Anstalten standen demnach für den Funktionstyp der "freien oder privaten Verwaltung" im Unterschied zu der "obrigkeitlichen oder Hoheitsverwaltung"[92]. Beiden ist gemeinsam, daß sie V e r w a l t u n g s aufgaben[93] wahrnehmen, nur mit unterschiedlicher Zielrichtung.

Offen blieb aber, welche Gründe es rechtfertigen können, daß der Staat gewisse Tätigkeiten in Anstaltsform entfaltet, ebenso wie offen blieb, welche Kriterien eine Tätigkeit überhaupt zur Verwaltungstätigkeit machen.

Insgesamt war der Begriff der Anstalt im Sinne Merkl's sehr fortschrittlich, da er sowohl organisations- als auch aufgabenbezogen war.

---

[88] Merkl, a.a.O., S. 307

[89] Merkl, a.a.O., S. 306

[90] Merkl, a.a.O., S. 306

[91] Merkl, a.a.O., S. 307 (prästieren = veralteter Ausdruck für "leisten")

[92] Merkl, a.a.O., S. 306

[93] Sperrung vom Verfasser

7. Der Anstaltsbegriff bei Julius Hatschek (1919)

Im Vergleich dazu war der bereits 1919 von Hatschek erläuterte Begriff der öffentlichen Anstalt stärker an Otto Mayer angelehnt. Charakteristisch für die Anstalt sei die Sachnutzung, d.h. der Vorteil, welchen sie leiste[94] (nutzbare Anstalt).

Im engeren Sinne Anstalt sei jedoch nur eine solche, die Vorteile gewähre, wo ein solcher Vorteil fehle, liege eine öffentliche Anstalt im weiteren Sinne vor. Das Merkmal des "Bestandes" von sachlichen und persönlichen Mitteln verstand Hatschek - ganz wie Otto Mayer - nicht funktional-organisatorisch, so daß auch eine (fertige) Straße als eine "dauernde" Einrichtung als öffentliche Anstalt anzusehen sei, "wenngleich dieser Charakter hinter dem als öffentlicher Sache zurücktritt".[95]

"In der Hand eines Subjekts der öffentlichen Verwaltung" zu stehen bedeutete hier, Organen der Gemeinde oder des Staates zu unterstehen, wobei ein gegenüber diesen unselbständiger, durch Dienstaufsicht kontrollierter und geleiteter Wille vorliege.[96]

Anders dagegen unterlägen mit Hoheitsrechten ausgestattete Private, die eine "Anstalt" betrieben, nur der Staatsaufsicht; um eine "öffentliche" Anstalt handele es sich dann nicht[97].

---

94 Hatschek, S. 503

95 Hatschek, S. 504

96 Hatschek, S. 504

97 Hatschek, S. 504, 407 ff

Kriterien für die genaue Abgrenzung zwischen diesen unterschiedlich beaufsichtigten "privaten" und "öffentlichen" Anstalten[98] sollte die Art und Weise der inneranstaltlichen Willensbildung sein, welche sich bei "gemeinnützigen" Privatunternehmen "rechtlich gesichert selbständig" vollziehe, während durch die rechtlich unbeschränkte Dienstaufsicht der Anstaltswille der öffentlichen Anstalt staatlich beeinflußt sei. Die Beeinflussung der Willensbildung war demnach Ausdruck des Umstandes, daß sich die Anstalt in der Hand der öffentlichen Verwaltung befand.

Da diese Abgrenzung sich letztlich an der faktischen, nicht nur der rechtlichen Direktions- und Leitungsgewalt[99] der staatlichen Organe orientierte, war sie in ihrem positivistischen Ansatz zur rechtlichen Abgrenzung kaum geeignet, denn nach diesem Kriterium wären die in eindeutig privatrechtlicher Form geführten Unternehmen dem öffentlichen Recht zuzuordnen gewesen, wenn der Staat als (Allein-)gesellschafter die i n n e r gesellschaftliche Willensbildung bestimmt hätte.

Daran änderte nichts, daß mit dem darüber hinaus genannten Merkmal der öffentlichen Zweckbestimmung auf das bekannte Mayer'sche Kriterium zurückgegriffen wurde. Denn die so getroffene Unterscheidung in private Gewerbeunternehmen und "dem öffentlichen Gemeininteresse dienende Anstalten" unterstrich nur die "Januskörpfigkeit des Herren der öffentlichen Anstalt als Hoheitsperson und Fiskus".[100]

Zur Ermittlung des öffentlichen Zwecks nannte Hatschek die Fragen nach dem Zulassungszwang, dem Rechtscharakter des Benutzungsentgelts sowie Anstaltsgewalt und Anstaltsdisziplin

---

[98] Die Unterscheidung in dieser Deutlichkeit findet sich bei Hatschek nicht, jedoch lassen seine Ausführungen (S. 503 ff) diese Polarisierung ohne weiteres zu. Mit "privater" Anstalt meinte Hatschek jedoch offenbar keine besondere Organisationsform, sondern allgemein gemeinnützige Privatunternehmen.

[99] Am Beispiel der Reichsbank von Hatschek (S. 408 f) dargelegt

[100] Hatschek, S. 505

(welche ein Privatunternehmen niemals besitze)[101] als Kriterien. Wie die meisten anderen Autoren untersuchte auch Hatschek das besondere Gewaltverhältnis. Es entstehe innerhalb der Anstaltsordnung aufgrund eines Verwaltungsakts auf Unterwerfung. Die Anstaltsordnung bedürfe zu ihrem Erlaß keiner gesetzlichen Ermächtigung, müsse sich selbst aber "intra legem" halten. Sie dürfe daher nicht aufgrund eines Verwaltungsakts auf Unterwerfung die Möglichkeit gewinnen wollen, über die Schranken des Gesetzes hinaus den sich hier Unterwerfenden in seinen verfassungsmäßig gewährleisteten und gesetzlich ausgestalteten Freiheitsrechten zu beschränken.[102] Im Außenverhältnis zu Nicht-Benutzern und gegenüber anderen Anstalten dagegen könne die öffentliche Anstalt ebenso gut privat-rechtlich wie öffentlich-rechtlich handeln.

Schließlich hielt Hatschek eine Befugnis zur Ausübung eigener Anstaltspolizei zur Abwendung von Störungen durch die Außenwelt nicht für gegeben, hielt jedoch die Polizei in solchen Fällen für verpflichtet einzuschreiten.

Hiermit trat Hatschek mit W. Jellinek in Gegensatz zu Otto Mayer, Fleiner, Kormann und Schoen[103], die eigene polizeiliche Maßnahmen der öffentlichen Anstalt befürworteten und für gerechtfertigt hielten, wohl aber infolge der nicht klaren Trennung zwischen anstaltlichen und behördlichen Funktionen.

Schließlich behandelte Hatschek gesondert noch einmal die Gemeindeanstalten[104] und unterschied auch hier zwischen öffentlichen Anstalten der Gemeinden und ihren Privatunternehmungen. Zu letzteren zählte er allein an die bürgerliche Rechtsordnung gebundene "Gasanstalten, Fabriken, Straßenbahnen, Sparkassen u.a.m."[105]

---

[101] Hatschek, S. 506

[102] Hatschek, S. 508

[103] Hatschek, S. 510, W. Jellinek, VerwR, S. 278, vgl. dort weitere Nachweise in Note 49

[104] Hatschek, S. 518

[105] Hatschek, S. 518

Die Nennung der Sparkassen in diesem Zusammenhang darf nicht verwundern, obwohl gerade sie auch zu Hatscheks Zeiten als Anstalten bezeichnet zu werden pflegten, denn dies ist nur konsequent angesichts der Überbetonung des "besonderen Gewaltverhältnisses", welches bei der Sparkasse ohne Bedeutung war, so daß der Fehlschluß vom Nichtvorliegen des besonderen Gewaltverhältnisses auf die Nicht-Anstaltseigenschaft hier überdeutlich wird.

8. Der Anstaltsbegriff bei Werner Bühler (1929)

In einer grundlegenden Untersuchung über den Anstaltsbegriff in Deutschland und in der Schweiz bezeichnete Bühler die öffentliche Anstalt (die Wörter "öffentliche" und "öffentlichrechtliche" Anstalt werden synonym verwendet) als "Mittel der Gliederung und Differenzierung der öffentlichen Verwaltung, als eine funktionelle Abspaltung einer Verwaltungsaufgabe aus dem allgemeinen Triebwerk der Verwaltung."[106] Voraussetzung hierfür sei, daß der Staat eine allgemeine Verwaltungskompetenz habe.

Die Anstalt sah er als technische Einheit des Staates an, die mit Hilfe eines Substrats von Personen und Sachen Hoheitsrechte als Anstalt im technischen Sinne ausübte. Er gab zu, daß bei der Verwendung des Begriffs "Anstalt" vielgestaltige Vorstellungen im Spiel seien. Eine homogener Inhalt des Begriffs könne nicht festgestellt werden. Schon der Begriff "öffentlich" konnte nach seiner Ansicht sowohl ein Hinweis auf die allgemeine Zugänglichkeit einer Unternehmung als auch auf den Umstand sein, daß der Staat oder ein anderer Verwaltungsverband Eigentümer derselben sei.[107] Trotz der Vielfalt der

[106] Bühler, S. 2

[107] Bühler, S. 7; auf S. 8 nennt Bühler Fundstellen zahlreicher zeitgenössischer Darstellungen: Schlottner, K., Das Rechtsverhältnis bei Benutzung der Postanstalt, Diss. 1917; S. 17; Otto Mayer, Bd. II, 2. Aufl., S. 468; Stengel, Lehrbuch des Verwaltungsrechts, 1886, 2. Aufl., Bd. III, S. 1 (Kormann); Bd. III, S. 675 (Anschütz); Bd. III, S. 707, Art. "Verwaltungsrecht" (Kaufmann); Kormann, in: Annalen des Deutschen Reichs, 1912, S. 195 ff (= Grundzüge eines allgemeinen Teils des öffentlichen Rechts, hier: 1911, S. 859 ff; Jellinek, W., System der subjektiven öffentlichen Rechte, 1892, S. 213; Fleiner, Institutionen, 4.

Begriffe und Interpretationsmöglichkeiten war nach den Feststellungen Bühlers jedoch zu beobachten, daß der Gesetzgeber gewisse staatliche und kommunale Einrichtungen nach den selben Prinzipien behandelte. Hier sei ein "subsidiärer Gesetzeswille" feststellbar, wenn auch ein einheitlicher Begriff nicht entstanden sei.[108] Die Definition Bühlers lautete: "Öffentliche Anstalt ist eine Gesamtheit von Mitteln persönlicher und sächlicher Natur in der Hand eines Trägers öffentlicher Verwaltung, vereinigt zu einer technischen Einheit und bestimmt, dauernd einer bestimmten Verwaltungsaufgabe zu dienen."[109] Das Wesentliche der öffentlichen Anstalten bestand nach Bühler darin, daß ihre Rechtsbeziehungen zu den mit ihr in Beziehung tretenden Rechtssubjekten, also namentlich den Privaten, grundsätzlich nach öffentlichem und nicht nach Privatrecht zu beurteilen sei.

Ob die Verwaltung öffentliche Interessen verfolge, hänge von ihrer subjektiven Haltung ab. Nicht die Verkehrsanschauung, sondern der Staatswille sei ausschlaggebend dafür, ob ein öffentliches Interesse vorliege. Dagegen sei das Bestehen objektiven öffentlichen Interesses Voraussetzung für die Anwendung der öffentlich-rechtlichen Machtmittel überhaupt, Nicht aber sei das objektive öffentliche Interesse Voraussetzung des Anstaltsbegriffs. Objektiv müsse sich der Betrieb einer Gemeindeanstalt im zugewiesenen Kreis der Gemeinde-Verwaltungsaufgaben halten.[110] Eine öffentliche Anstalt mußte nach seiner Vorstellung frei zugänglich sein, doch sei dieser Grundsatz nur bei nutzbaren Anstalten anwendbar.[111]

Aufl., 1919, S. 299; Herrnritt, Grundlehren des Verwaltungsrechts, 1921, S. 229; Hatschek, Lehrbuch, 2. Aufl., 1922, S. 432; Kormann, Einführung in die Praxis des Verwaltungsrechts, 1914, S. 49; F.F. Mayer, Grundsätze des Verwaltungsrechts, 1862, S. 231)

108 Bühler, S. 8

109 Bühler, S. 9

110 Bühler, S. 11

111 Bühler, S. 12 f

Nach den Begriffen Bühlers bedeutete Selbständigkeit für die Anstalt die Eigenschaft einer juristischen Person, Unselbständigkeit dagegen das Fehlen dieser Eigenschaft. Andererseits unterschied sich nach Bühlers Ansicht eine selbständige öffentliche Anstalt von der unselbständigen zwar in verschiedenerlei Hinsicht, doch für den Begriff der öffentlichen Anstalt sei diese Trennung ohne Bedeutung. Der Unterschied zwischen beiden Arten öffentlicher Anstalten bestehe lediglich im Bestehen oder Nichtbestehen der Eigenschaft als juristische Person..[112] Ein Unterschied zwischen beiden bestehe allerdings hinsichtlich der Staatsaufsicht: Bei selbständigen öffentlichen Anstalten bestehe diese unabhängig von der Staatsaufsicht über das Muttergemeinwesen, während die Unselbständigen der Aufsicht im gleichen Umfange wie die Muttergemeinwesen der Aufsicht unterstünden.

9. Der Anstaltsbegriff bei Walter Jellinek (1931)

Die öffentliche Anstalt stellte nach W. Jellinek eine "Verbindung von sachlichen und persönlichen Mitteln" dar, "durch die der Staat oder ein sonstiger Träger öffentlicher Gewalt seine Zwecke öffentlich-rechtlich erfüllt".[113]

Jellinek gebrauchte noch die Bezeichnung "Veranstaltungen" synonym mit "Einrichtung"[114], wenn er von "Veranstaltungen der Post- und Telegraphenverwaltung" sprach.

Die Anstalt konnte nach seiner Vorstellung frei - ohne Gesetz - errichtet werden, und auch die Unterhaltung erforderte im Grundsatz keine gesetzliche Grundlage.[115]
Abgrenzungskriterien für öffentlich-rechtliches/privat-rechtliches Handeln wurden anhand des Gebührenbegriffs dargestellt, jedoch blieb es hier bei der Betrachtung äußerlicher Umstände und der Abgrenzung nach den Merkmalen "vertragliche Pflicht

---

[112] Bühler, S. 256

[113] W. Jellinek, VerwR, S. 513

[114] W. Jellinek, VerwR, S. 514, 387

[115] W. Jellinek, VerwR, S. 514

gleich Privatrecht", "gesetzliche Pflicht gleich öffentliches Recht"[116]. Eine genaue Begrifflichkeit hat Jellinek jedoch nicht ausgeprägt. Mögliche Träger der öffentlichen Anstalten sollten "Reich, Länder, Kommunalverbände, sonstige juristische Personen des öffentlichen Rechts und öffentliche Unternehmer" sein können. W. Jellinek warf die Frage auf, ob Sparkassen überhaupt als öffentliche Anstalten angesehen werden könnten[117], ohne auf diese Frage jedoch selbst eine Antwort zu geben. Zwar war es auch Walter Jellinek, der im Bereich der hoheitlichen Verwaltung die Differenzierung zwischen obrigkeitlicher und schlicht - hoheitlicher Verwaltung einführte.[118] Doch erst die neuere Verwaltungsrechtslehre hat erkannt (oder wiederentdeckt?), daß vielfach die Vorsorge für die Bedürfnisse des Lebens besser mit privaten als mit hoheitlichen Mitteln bewältigt werden kann.[119]

10. Der Anstaltsbegriff von Franz W. Jerusalem (1937)

Im Verwaltungsrechtslehrbuch von Frank wies Jerusalem darauf hin, daß zur öffentlichen Anstalt zunächst gehöre, daß sie ein Stück der staatlichen Verwaltungsorganisation bilde[120]. Es handele sich danach um staatliche Organisationsbereiche, die sich dadurch auszeichneten, daß "Anstaltsgewalt geübt" werde.[121]

Zur Wahrnehmung dieser Anstaltsgewalt führte Jerusalem die Anstalt auf die Form der Gemeinschaft des Hauses als der kleinsten Gemeinschaft des germanischen Volksstaates zurück. Auf diese Weise wurde in die Anstalt das Führerprinzip einge-

---

116 W. Jellinek, VerwR, S. 387 f

117 W. Jellinek, VerwR, S. 514

118 Walter Jellinek, VerwR, S. 20 f

119 Vgl. Terpitz, DÖV 1969, S. 741

120 Jerusalem in Frank, Dt. VerwR, S. 284

121 Jerusalem in Frank, Dt. VerwR, S. 285

führt und etwa "das Nutzungsrecht des Gemeindegenossen an den Gemeindeveranstaltungen, das auf einer ganz anderen Grundlage" beruhe,[122] als nicht zum Anstaltsrecht gehörig ausgeschieden.

Da das Moment der Hausgewalt wesentlich sein sollte, kam es für Jerusalem hauptsächlich auf den Amtsträger an, welcher die Anstaltsgewalt innehatte. Anschließend wurde der Begriff der Anstalt unter den Begriff der "Behörde (im weitesten Sinne)" gefaßt. Die herrschende Lehre, welche die Anstalt "etwa als einen technisch zur Einheit zusammengefaßten Bestand von Personen und Mitteln definiert(e)"[123], werde damit ihrem Wesen nicht gerecht.

Dafür hielt Jerusalem aber die sog. "privatrechtliche Verwaltung" für möglich. Soweit der Staat als Fiskus, d.h. als Privatrechtssubjekt verwalte, komme Anstaltsrecht nicht in Betracht.

Die dem Staat allein angemessene Form der Verwaltung sei diejenige, die in öffentlich-rechtlichen Formen vollzogen werde[124].

So gelangte Jerusalem schließlich zu dem Ergebnis, daß eine allgemeine Abgrenzung zwischen dem öffentlich-rechtlichen und privat-rechtlichen Charakter einer staatlichen Verwaltung nicht möglich sei, vielmehr müsse jede einzelne juristische Form für sich geprüft und ihre Zugehörigkeit zum öffentlichen oder privaten Recht festgestellt werden. Zur Abgrenzung dürfe man auch hier nicht materielle Kriterien wie etwa den Zweck, der z.B. im Gewinnstreben zum Ausdruck komme, benutzen, sondern man dürfe lediglich formell darauf abstellen, wie die staatliche Verwaltung "in concreto gestaltet" sei. Damit folgte Jerusalem dem Vorschlag von Kormann, der eine formelle Abgrenzung suchte, jedoch war es Jerusalem auf diese Weise nicht möglich, einen festen Anstaltsbegriff zu bilden, da er

---

[122] Jerusalem in Frank, Dt. VerwR, S. 285

[123] Jerusalem in Frank, Dt. VerwR, S. 285

[124] Jerusalem in Frank, Dt. VerwR, S. 286

sich mit der Beschränkung auf die Bestimmung des Rechtscharakters "in concreto" die Möglichkeit der Ausbildung von Kriterien selbst versagte.

11. Der Anstaltsbegriff bei Arnold Köttgen (1928 ff)

Den von Merkl benutzten Ansatz zu einer mehr organisationsbezogenen als funktionellen Betrachtungsweise griff Arnold Köttgen wieder auf. Der auf Vorstellungen des liberalen Rechtsstaats beruhende Anstaltsbegriff Otto Mayers erschien Köttgen nicht mehr geeignet, den "veränderten Verwaltungsbedürfnissen" zu genügen.
Bei seiner Suche nach einem konkreten Rechtsbegriff der öffentlichen Anstalt war er der Ansicht, daß die aus dem Rechtsstaatsideal folgende Notwendigkeit, auch für die dem unmittelbaren Zugriff des Gesetzgebers entzogenen Beziehungen zwischen Bürger und Staat eine juristische Formel zu besitzen, der Verwaltungsrechtswissenschaft in Gestalt der öffentlichen Anstalt ein besonderes Rechtsinstitut aufgezwängt habe.[125]

Die aus diesem Ansatz folgende Problematik des Rechts der Anstalts n u t z u n g[126] hielt Köttgen (1929) für weniger wichtig. Die Frage nach dem Rechtscharakter der Anstaltsnutzung hatte, wie bereits erwähnt, den Blick auf die eigentliche Rechtsnatur der Anstalt bis dahin behindert.
Wichtiger war nach Köttgens Ansicht die Beurteilung der Anstalt als verwaltungsrechtlicher Organisationstyp zur Bewältigung der neuen Verwaltungsaufgaben. Diese Aufgaben waren "im Banne der Sozialpolitik"[127] der Weimarer Verfassung und "in Abkehr von den Prinzipien des Liberalismus"[128] entstanden. Insbesondere betonte Köttgen, daß die "deutschen öffentlichen Körperschaften" dazu übergegangen waren, wirtschaftliche Aufgaben zu übernehmen und sich nicht mehr nur auf hoheitliche

---

[125] Köttgen, VVDStRL 6, S. 108 f

[126] Hervorhebung vom Verfasser

[127] Köttgen, VVDStRL 6, 108 f

[128] Köttgen, VVDStRL 6, 109

Tätigkeiten zu beschränken,[129] und hierbei auch in privatrechtlichen Organisationsformen tätig zu werden, sei es durch Gründung privatrechtlicher Institute, sei es durch öffentliche Anstalten.[130]

Der Mayer'sche und Fleiner'sche Anstaltsbegriff erschien Köttgen als ein für die praktische Anwendung unbrauchbarer "indifferenter Sammelbegriff"[131], da er es auch ermöglichte, eine in der Hand einer öffentlichen Körperschaft befindliche "privatrechtliche Gesellschaft ceteris paribus" als öffentliche Anstalt anzuerkennen,[132] so daß unter Zugrundelegung dieses Begriffs die Organisation der neuen Verwaltungsaufgaben in ihrer Eigenart nicht erfaßt werden könne. Insbesondere die rein funktionale Betrachtungsweise, die sich nach dem besonderen öffentlichen Zweck der Anstalt richtete, hielt Köttgen für verfehlt. Dadurch lasse sich nur alles das als "Nicht-Anstalt" ausscheiden, was eine "erwerbswirtschaftliche Note" habe, der gesamte Rest unterfalle jedoch dem Begriff der Anstalt.

Köttgen sah dagegen in der öffentlichen Anstalt einen eigenen verwaltungsrechtlichen Organisationstyp.

Ziel seiner Überlegungen war dabei "der Wunsch nach Angleichung des Rechtsstoffes" - also der theoretischen Grundlagen der Verwaltungsorganisation - "an die Wirklichkeit moderner Verwaltung".[133]

---

[129] Köttgen, VVDStRL 6, S. 110

[130] Vgl. hierzu Russell, Claire, Reich und Kreditwesen, Zeitschrift für die gesamte Staatswissenschaft, Bd. 96, S. 175 ff

[131] Köttgen, VVDStRL 6, S. 110

[132] Köttgen, VVDStRL 6, S. 110

[133] Köttgen, VVDStRL 6, S. 110, Note 7

Zur Verdeutlichung dieser Zielrichtung schied er vorab "privatrechtliche Gebilde jeglicher Art aus dem Anstaltsbegriff"[134] aus und beschränkte sich ausschließlich auf "öffentlich-rechtliche Verwaltungseinheiten".[135]

Damit wurde bei Köttgen die generelle Frage nach alternativen Möglichkeiten privatrechtlicher Organisation verwaltungsrechtlicher Aufgaben wieder verschüttet. Die so begrifflich eingeengte öffentlich-rechtliche Anstalt sollte jedoch nicht mehr identisch mit jeder öffentlich-rechtlichen Verwaltungseinheit sein, was nach Fleiner und Mayers Definition angenommen werden konnte, wogegen Köttgen gerade zu Felde zog.[136] Köttgen versuchte, die in der verwaltungsrechtstheoretischen Diskussion stillschweigend vorgenommene Verengung des Anstaltsbegrifffs auf nutzbare Anstalten unter Ausschluß von Gericht, Polizei, Finanz.. usw. nunmehr auch dogmatisch zu untermauern.

Zur "Eingruppierung wirtschaftlicher Aufgaben in den Bereich der Verwaltung" sollte die öffentliche Anstalt als eine besondere Art von "Verwaltungseinheit" den neuen Bedürfnissen "dienstbar gemacht werden"[137].

Zur Bewältigung der "materiellen Verwaltungsaufgaben", die die Verwaltung nicht hoheitlich, sondern leistend erfüllte, bedürfe der Staat nun einer entsprechend differenzierten Verwal-

---

134 Köttgen, VVDStRL 6, S. 111; hiermit sind Gewerbeunternehmen der öffentlichen Hand gemeint.

135 Köttgen, VVDStRL 6, S. 111; "Die rechtsfähige Verwaltungseinheit" ist dementsprechend auch der Titel seines Beitrages in: Verwaltungsarchiv, Bd. 44, S. 1 ff

136 Dieser Ansatz Köttgens ist insofern zutreffend, als privatrechtliche Gebilde im Zweifel keine öffentlich-rechtliche Nutzungsordnung haben, andererseits verengt er den Blick unnötig, weil er die (heute anerkannte) Möglichkeit der Erfüllung von Verwaltungsaufgaben durch privatrechtliche Subjekte, deren Rechtsverhältnisse nach außen privatrechtlich gestaltet sind, überhaupt nicht in Betracht zieht. Erstaunlich ist dies deshalb, weil solche privatrechtlichen Rechtssubjekte von Verwaltungsträgern gerade in der Zeit nach dem Ersten Weltkrieg in besonders großer Zahl gegründet worden waren, so daß eine Auseinandersetzung Köttgens damit zu erwarten gewesen wäre.

137 Köttgen, VVDStRL 6, S. 111

tungsorganisation.[138] Ausgangspunkt dieser Betrachtungsweise war die sachliche Beurteilung der von der Anstalt wahrzunehmenden Aufgaben als Verwaltungsaufgaben. Damit wurde in die organisationsrechtlichen Überlegungen wieder ein aufgabenbezogenes Element in den Begriff einbezogen, was in sich als Widerspruch zu der eigenen These von der Ungeeignetheit des Abgrenzungsmerkmals "Öffentlicher Zweck" anzusehen ist.[139]

In diesem Zusammenhang stellte sich das Problem der Abgrenzung der so verstandenen öffentlichen Anstalt gegenüber den "privatrechtlichen" Gewerbeunternehmen der öffentlichen Hand[140], welches Köttgen lösen wollte.

Auf der Basis des Mayer'schen Anstaltsbegriffs sollte die Abgrenzung noch mittels der für die Anstalt zwingenden Bindung an einen öffentlichen Zweck erfolgen; diesem Leitbild entsprach ein kommunales Gewerbeunternehmen nicht. Gegen diese Art der Unterscheidung richtete Köttgen seine Angriffe: In der funktionell einheitlichen Verwaltung liberaler Prägung[141] konnte nach seiner Ansicht die Entscheidung, ob eine bestimmte Unternehmung öffentliche Anstalt sei oder nicht, noch allein anhand des Kriteriums: "Einem öffentlichen Zweck dienen" gefällt werden, wobei "vorerst einmal dunkel" geblieben sei[142], was überhaupt unter einem öffentlichen Zweck zu verstehen sein sollte.

Der Zweck sei, so Köttgen, die antizipierte Vorstellung des Handelns[143].

---

[138] Köttgen, VVDStRL 6, S. 113

[139] Vgl. zur Begriffsbildung bei Köttgen: Pohl, S. 38 ff

[140] Köttgen, VVDStRL 6, S. 114

[141] Vgl. Köttgen, VVDStRL 6, S. 111; vgl. Pohl, S. 37

[142] Köttgen, VVDStRL 6, S. 112

[143] Köttgen, VVDStRL 6, S. 115; vgl. auch Pohl, S. 40 mit Hinweis auf Kelsen, S. 84 ff; Laband, Buchbesprechung in AöR Bd. 2, S. 317

Köttgen dagegen wollte einen präzisen, nicht mehr zweckorientierten Begriff der öffentlichen Anstalt finden und überprüfte das Abgrenzungskriterium der "Gemeinnützigkeit" der Anstalt auf seine Tauglichkeit. Ausgehend von der Vorstellung des herrschenden Staates, der im Sinne G. Jellineks sein Wesen und seine Rechtfertigung in der Innehabung und dem Besitz der Herrschaft finde, aber nicht ausschließlich auf sie beschränkt sei"[144], war Köttgen der Ansicht, man müsse zunächst feststellen, was unter Gemeinnützigkeit zu verstehen sei, "wenn der moderne korporative Staat, der doch bereits begrifflich dem Allgemeinwohl verhaftet zu sein (scheine), hier und dort noch speziell für das Allgemeinwohl in Anspruch genommen (werde)"[145].

Der Staat verfolge stets die Interessen der Allgemeinheit, handele dabei aber nicht altruistisch, sondern verfolge aufgrund der Identifikation von Staatsvolk und Staat eigene Interessen.[146] Um eine gemeinnützige Handlungsweise des Staates demnach begründen zu können, unterschied Köttgen zwischen der Allgemeinheit im Sinne des lebenden Volkes und der "Allgemeinheit" im Sinne des Volkes, das "im Strom der Geschichte ... das persönliche Staatselement" bilde.[147]

Gemeinnützigkeit in diesem Sinne zeige der Staat, indem er auf die Interessen der lebenden Generation genügend Rücksicht nehme.[148]

Die Bindung des Staates an das Allgemeinwohl sei ein "Sicherheitsventil im Interesse des Individuums", welches durch "die Potenzierung der Macht des Staates" erforderlich sei.[149]

---

144 G. Jellinek, Staatslehre, S. 622

145 Köttgen, VVDStRL 6, S. 117

146 Köttgen, VVDStRL 6, S. 118

147 Köttgen, VVDStRL 6, S. 118

148 Köttgen, VVDStRL 6, S. 119

149 Köttgen, VVDStRL 6, S. 119

Trotz der Bejahung der generellen Möglichkeit gemeinnützigen staatlichen Handelns hielt Köttgen die Gemeinnützigkeit nicht für ein taugliches Kriterium zur Bestimmung der öffentlich-rechtlichen Anstalt; da das "Eigeninteresse des Staates mit dem Nationalinteresse identisch" sei und gleichzeitig "das dem Staat speziell ans Herz gelegte Allgemeininteresse dasjenige der lebenden Staatsbürgergeneration" sei, werde "eine reinliche Scheidung der beiden konzentrischen Interessenkreise kaum möglich sein".[150]

Auch weitere Abgrenzungskriterien, die von anderen Autoren genannt wurden, lehnte Köttgen ab, da sie ebensogut erst als Konsequenz aus der öffentlich-rechtlichen Eigenschaft folgen könnten, wie etwa die Nutzungsordnung: "Wenn von einem Unternehmen einzig und allein deswegen, weil es mit einer öffentlich-rechtlichen Nutzungsordnung arbeitet, behauptet wird, daß es öffentlichen Zwecken diene, um es daraufhin als öffentliche Anstalt bezeichnen zu können, so ist dies doch alles andere als bewiesen".[151]

Hinsichtlich der Sparkassen konnte dieses Kriterium ohnehin nicht weiterhelfen, weil ihr Verhältnis zu ihren Kunden traditionell zivilrechtlich gestaltet war.

Den Ansatz, vom Vorliegen des "Gewinnstrebens" her zu differenzieren, verfolgte Köttgen nicht weiter. Da der Anstalt einerseits ein gewisses Maß an Gewinnerzielung gestattet werden müsse, daß Gewinnstreben andererseits keine vorherrschende Bedeutung erlangen dürfe,[152] entstehe auch hier wieder die Notwendigkeit einer Abgrenzung. Mangels eines sicheren Maßstabes hierfür, d.h., wann solches Gewinnstreben mit dem Charakter der öffentlichen Anstalt noch vereinbar sei und wann nicht mehr, entfalle die Möglichkeit, auf dieser Grundlage eine objektive Entscheidung zu treffen. Schwierigkeiten hatte

---

[150] Köttgen, VVDStRL 6, S. 119

[151] Köttgen, VVDStRL 6, S. 120

[152] Köttgen, VVDStRL 6, S. 126 unter Hinweis auf PrOVGE, Bd. 75, S. 254 f; vgl. auch RGZ 99, S. 96 (99 f)

Köttgen dann aber bei der Behandlung der öffentlichen Kreditinstitute, die zu den Anstalten mit privatrechtlicher Nutzungsordnung zählen. Als "Schönheitsfehler"[153] paßten sie eigentlich nicht in den Anstaltsbegriff, doch meinte Köttgen, man müsse hinnehmen, daß bei manchen Verwaltungszweigen eine öffentlich-rechtliche Nutzungsordnung unerwünscht sei. Es muß daher festgestellt werden, daß durch den von Köttgen vorgeschlagenen Anstaltsbegriff Zweifel daran bestehen müßten, ob die kommunalen Sparkassen überhaupt Anstalten sein sollten. Es besteht aber kein Anlaß zu der Annahme, daß Köttgen ernsthaft die Sparkassen als Nicht-Anstalten qualifizieren wollte. Vielmehr war er zumindest bereit, sie als Zwischengebilde hinzunehmen, um mit dem reinen Anstaltsbegriff die Mehrzahl der Anstalten erfassen zu können.[154]

Letztlich fand Köttgen seinen Anstaltsbegriff derart, daß er als öffentliche Anstalt "Verwaltungseinheiten innerhalb der öffentlich-rechtlichen Verwaltungsorganisationen" ansah, "deren Aufgaben überwiegend durch den Realakt charakterisiert werden und die, soweit sie überhaupt in Erfüllung ihrer Aufgaben in unmittelbare rechtliche Beziehungen zu dem privaten Publikum treten, sich hierbei einer öffentlich-rechtlichen Nutzungsordnung bedienen".[155]

12. Der Anstaltsbegriff bei Werner Weber (1940)

Zusammen mit dem von Köttgen gebildeten Begriff, der trotz aller Schwächen die Entwicklung des Anstaltsbegriffs in eine organisationsbezogene Betrachtungsweise steuerte, fand der Anstaltsbegriff durch Werner Weber eine weitergehende Präzisierung.[156] Eine umfassende Darstellung des gesamten Rechts der

---

[153] Köttgen, VVDStRL 6, S. 123

[154] Vgl. Köttgen VVDStRL 6, S. 124 f

[155] Köttgen VVDStRL 6, S. 125

[156] Weber, Werner, Die Körperschaften, Anstalten und Stiftungen des öffentlichen Rechts, München 1940 (zitiert nach der 2. Aufl. 1943)

öffentlichen Körperschaften, Anstalten und Stiftungen des öffentlichen Rechts gab Werner Weber, der den "großen Komplex rechtsfähiger Verwaltungseinheiten oder selbständiger Verwaltungsträger, der im Quantum dem .... unmittelbaren Behördenwesen wenig nachsteh(e), dieses ergänz(e) und in mancher Weise mit ihm konkurrier(e)"[157] ausführlich untersuchte.

Die Vorstellung von der Rechtsfähigkeit im Zivilrecht umfasse zum einen die Rechtsverkehrsfähigkeit, zum anderen die Vermögensfähigkeit, weiterhin die Handlungsfähigkeit, welche in der Vertretung durch Organe zum Ausdruck komme. Weber war der Ansicht, daß diese zivilrechtlichen Vorstellungen allzu vorbehaltlos auf juristische Personen des öffentlichen Rechts übertragen worden seien.[158] Hierzu verleite u.a. § 89 BGB, der jedoch nur die Beteiligung an privatrechtlichen Verkehrsvorgängen betreffe, aber nichts grundsätzliches über die juristische Person des öffentlichen Rechts aussage.

Das Wesen der juristischen Person des öffentlichen Rechts sei vom Zivilrecht her nicht zu erfassen.

Weber versuchte die Erfassung vom Begriff der Verwaltungseinheit her, für die das Sonderrecht des öffentlichen Rechts mit all seinen Eigenarten deshalb gelte, weil auch sie Träger hoheitlichen Waltens seien.[159]

---

157 Weber, Der nicht staatsunmittelbare öffentliche Organisationsbereich, JurJb 1967/68 (8. Bd.), S. 137 f

158 Weber, Werner, Körperschaften, S. 11

159 Weber, Werner, Körperschaften, S. 20

Die Entstehung (auch) der Anstalten des öffentlichen Rechts geschehe aufgrund von Gesetzen durch Verwaltungsakt.[160]

Die Hauptproblematik der Bestimmung des Rechtscharakters solcher juristischer Personen des öffentlichen Rechts lag nach Weber in der Hauptsache bei Konstruktionen, bei denen eine genaue Bezeichnung des Rechtscharakters fehle.[161] Hierbei liege es in der Hand des Gesetzgebers, wie er Körperschaften und Verbände gestalten wolle, dort, wo er ausdrücklich Privatrechtsform bestimmt habe, scheide das öffentliche Recht gänzlich aus.[162]

Die Entscheidung über das "Öffentliche" sei daher eine staatliche Entscheidung.[163]

Das Kriterium für die Eingliederung in das öffentliche Recht sei die organisatorische und funktionelle Einbeziehung eines Verbandes in die staatliche Ordnung.[164]

Damit wählte Weber die Kombination beider Einordnungsmöglichkeiten, nämlich die nach der Organisation und die nach der Funktion, so daß private Rechtsform und Anstaltscharakter sich auf das strengste ausschlossen.[165]

---

[160] Eine Kuriosität teilt Weber, Werner, Körperschaften, S. 29 mit: Dem Generalinspektor für Wasser und Energie sei in Abschnitt III, Abs. 2 des Führererlasses vom 29. Juli 1941 (RGBl I, S. 467) die allgemeine Ermächtigung zuteil geworden, "zur Erfüllung seiner Aufgaben Körperschaften oder Einrichtungen öffentlich-rechtlicher Art oder Gesellschaften des Handelsrechts oder anderer Einrichtungen unter Verwendung neuer Rechtsformen zu schaffen". Dies zeigt, wie uferlos die Begriffsbildung im Zusammenhang mit Körperschaften und Anstalten des öffentlichen Rechts auch zu dieser Zeit noch war.

[161] Weber, Werner, Körperschaften, S. 66

[162] Weber, Werner, Körperschaften, S. 68

[163] Weber, Werner, Körperschaften, S. 69; vgl. Forsthoff, Die öffentliche Körperschaft im Bundesstaat, Tübingen 1931, S. 21 ff, 27

[164] Weber, Werner, Körperschaften, S. 69; vgl. Simons, Tula, Der Aufbau der Kohlenwirtschaft nach dem Kohlenwirtschaftsgesetz, Bonn und Köln 1931, S. 32 ff, 75, 77, 81

[165] Weber, Werner, Körperschaften, S. 69

Als einen Ausweg für die Lösung der damit verbundenen Probleme sah Weber die Möglichkeit von Zwischenbildungen, bei denen verschiedene Formen entstehen konnten. So sollte das Spannungsfeld zwischen privatrechtlichen Einschränkungen ("verwaltungsrechtliche Ohnmacht") einerseits, aber der Einbeziehung in die mittelbare Staatsverwaltung andererseits (Konsequenz: hoheitliches Recht gilt uneingeschränkt) dadurch neutralisiert werden, daß man z.B. mit der Rechtspersönlichkeit des Privatrechts "abgegrenzt und dosiert" Hoheitsrechte und Pflichtbindungen kombinieren könne.[166] Folge hiervon wäre, daß Rechtsgebilde entstünden, die mit Teilhoheitscharakter auf der Grundlage einer neutralen privatrechtlichen Organisationsform ausgestattet seien.[167]

Für die reinen Formen jedoch sollte der Sprachgebrauch genau zwischen Anstalten und Körperschaften trennen[168], da oft Verwechslungen vorkämen. Dies beruhte oftmals auf dem Irrtum, daß jede juristische Person des öffentlichen Rechts Körperschaft sei, und zum anderen, daß zwischen Anstalt und Körperschaft kein Unterschied bestehe.

Die Anstalt wirke nach außen, sie ruhe nicht, wie die Körperschaft, in sich selbst, sondern bedürfe immer der Anlehnung an ein Muttergemeinwesen und diene in dessen Auftrage einer sich ändernden Zahl von Benutzern und Betreuten, wobei ihre hoheitliche Stellung nicht Korporativ gebunden sei.[169]

Hieraus folgt die kurze Definition Webers für die rechtsfähige Anstalt: Sie ist eine "rechtsfähige Verwaltungseinheit nicht verbandsmäßiger Struktur".[170]

---

166 Weber, Werner, Körperschaften, S. 71

167 Weber, Werner, Körperschaften, S. 72

168 Weber, Werner, Körperschaften, S. 86

169 Weber, Werner, Körperschaften, S. 88

170 Weber, Werner, Körperschaften, S. 90

Wenn Weber meinte, bei bestimmten juristischen Personen des öffentlichen Rechts, die als Körperschaft bezeichnet würden, liege eine falsche Bezeichnung vor, in Wirklichkeit handele es sich vielfach um Anstalten,[171] so setzte dies voraus, daß der Begriff "Anstalt" eine feststehende Bedeutung hatte. Wenn sich der Begriff allein darauf erstreckte, daß die rechtsfähige Verwaltungseinheit "nicht verbandsmäßige Struktur" haben dürfe, so war damit nichts Neues, aber doch das Wesentliche festgestellt. Die anderen Verwaltungseinheiten Behörde und Körperschaft konnten nach dieser Definition eindeutig abgegrenzt werden. Behörden sind nicht rechtsfähig, Körperschaften haben verbandsmäßige Struktur. Der für die Anstalt verbleibende Begriff ist aber dann so weit, daß hierunter eigentlich auch privatrechtliche Gesellschaften fallen müßten, da die öffentlich-rechtliche Qualifizierung kein Begriffsmerkmal darstellt. Ein praktisches Problem bedeutet dies allerdings nicht, da eine privatrechtliche Gesellschaft als solche bezeichnet zu werden pflegt und kein Erfordernis besteht, solche privatrechtlichen Gesellschaften als öffentliche Anstalt zu qualifizieren.

Zusammenfassend konnte nun festgestellt werden, daß die rechtsfähige öffentliche Anstalt ihren Platz in der Verwaltungsorganisation dort hatte, wo bestimmte Verwaltungseinheiten zur Wahrnehmung bestimmter öffentlicher Aufgaben verselbständigt, d.h. mit Rechtsfähigkeit ausgestattet wurden, um so auf der Grundlage einer eigenen Willensbildung in dem ihr zugewiesenen Handlungsspielraum leistende Verwaltungstätigkeit zu entfalten. Die Besonderheit dieser Tätigkeit bestand gerade darin, "zwangsfrei", d.h. nicht hoheitlich mit den Mitteln des Verwaltungszwangs tätig zu sein.

Dem Anstaltsbegriff wohnten damit sowohl organisatorische als auch funktionelle Elemente inne, in deren Kombination Abgrenzungskriterien zu anderen öffentlich-rechtlichen Verwaltungseinheiten enthalten sind: Das funktionale Element ist der Zweck der Tätigkeit, welcher in der Wahrnehmung einer als öffentlich betrachteten Aufgabe liegt, während das

---

[171] Weber, Werner, Körperschaften, S. 16; S. 36

o r g a n i s a t o r i s c h e Element das Verhältnis der Anstalt zum Muttergemeinwesen betrifft, was Otto Mayer mit dem Merkmal "in der Hand der öffentlichen Verwaltung" beschrieb.

13. Der heutige Begriff der rechtsfähigen Anstalt

Mit den Arbeiten von Köttgen und Weber war eigentlich über die rechtsfähige öffentliche Anstalt alles gesagt. Gleichzeitig hat die Darstellung bis hierher aber verdeutlicht, daß die Findung des Anstaltsbegriffs außerordentlich schwierig war.

Die Auseinandersetzung mit dem Anstaltsbegriff hat nun deshalb nachgelassen, weil die in Betracht kommenden Institute gesetzlich geregelt sind, Zweifelsfragen über den Begriff also keine praktischen Auswirkungen haben.

Dies muß aber nicht bedeuten, daß die öffentliche Anstalt heute ein "Allerweltsbegriff"[172] ist. Andererseits ist festzustellen, daß im Rahmen der Daseinsvorsorge die Formen des öffentlichen und privaten Rechts in gewissem Umfang vertauschbar sind[173]. Wenn auch die eine oder andere Organisationsform besondere Vorzüge besitzt, so ist im allgemeinen für die Abwicklung der öffentlichen Aufgabe recht unbedeutend geworden, ob die eine oder andere Rechtsform gewählt wird.[174] Das heutige Verständnis der öffentlichen Anstalt ist dadurch beeinträchtigt, daß nach Forsthoffs Entwicklung des Begriffs der "Daseinsvorsorge"[175] endgültig die von der hoheitlichen Verwaltung geprägte Einteilung der Verwaltungsorganisation als den Erfordernissen der modernen Verwaltung nicht mehr gerecht werdend angesehen wurde. Heute ist die Betrachtungsweise eher wieder so, daß die Aufgabenstellung, nicht aber die Rechtsform

---

172 Forsthoff, 10. Aufl., S. 134

173 Forsthoff, 10. Aufl., S. 410

174 Forsthoff, 10. Aufl., S. 410, vgl. Nachweise dort (Note 1) Terpitz, DÖV 1969, S. 742; vgl. auch BGH NJW 1953, 778; BGH NJW 1956, 745

175 Forsthoff, 9. Aufl., S. 340 f

darüber entscheidet, ob öffentliche Verwaltung vorliegt oder nicht.[176] Es läßt sich jedoch die sichere Aussage treffen, daß eine öffentliche Anstalt als Rechtsform nur zur Erfüllung von Verwaltungsaufgaben gewählt wird, weil sich anderenfalls der öffentlich-rechtliche Status nicht rechtfertigen ließe, nur im umgekehrten Fall der Wahl einer privaten Rechtsform können Zweifel entstehen, ob eine Verwaltungstätigkeit vorliegt.

Da die Sparkassen als Anstalten des öffentlichen Rechts organisiert sind, muß davon ausgegangen werden, daß ihre Aufgabe eine Verwaltungsaufgabe ist. Dieser Vorstellung entspricht es, daß herkömmlich behauptet wird, die öffentliche Anstalt sei "in jedem Fall Träger von Hoheitsrechten".[177]

Dies wird meist erwähnt, um das Bestehen der Staatsaufsicht zu begründen, auf die sogleich einzugehen sein wird, doch steckt in dieser Formulierung auch die eindeutige Zuordnung des Anstaltsbegriffs zum öffentlichen Recht.

Nach Ansicht Forsthoffs soll sich der Anstaltsbegriff seit Otto Mayer stark gewandelt haben[178], doch wird auch in neueren Lehrbüchern noch immer die Definition Mayers wiedergegeben.[179]

1957 konnte Hurst zutreffend feststellen, daß mit Ausnahme von Rheinland-Pfalz in den Gemeindeordnungen der Bundesrepublik Deutschland der Begriff der Anstalt nicht mehr vorkam. Statt dessen hieß es, wie schon in § 17 DGO von 1935 (RGBl. 1, S. 49) ebenso wie in der Badischen Gemeindeordnung von 1948 (GVBl., S. 177) i.d.F. des Gesetzes von 1950 (GVBl., S. 277): "Öffentliche Einrichtungen".[180] Dasselbe galt für § 12 der revidierten DGO für die britische Zone von 1946 sowie für die

---

[176] Terpitz, DÖV, 1969, S. 741

[177] Kierstein, S. 61; Fleiner, 8. Aufl., S. 322; Jahn, S. 28 f

[178] Forsthoff, 10. Aufl., S. 54

[179] Zum Beispiel Maurer (1982) § 23, S. 46 ff; Rudolf in Erichsen/Martens, § 56 II, 2b, S. 539; Salzwedel in Erichsen/Martens, §§ 43, 44, insbes. S. 377;

[180] Vgl. Hurst, Karl, HKWP, S. 833

Gemeindeordnung von Württemberg-Hohenzollern von 1947 (RegBl. 1948, S. 1) i.d.F. der Gesetze von 1948 und 1951 (RegBl., S. 129 bzw. S. 108).
Den Begriff der Anstalt enthielten dagegen noch: § 13 des Preußischen Gemeindeverfassungsgesetzes vom 15.12.1938 (GS, S. 427), § 15 Abs. 1 der Thüringischen Gemeinde- und Kreisordnung von 1926 (GS, S. 235) i.d.F. von 1930 (GS, S. 123 und 143, Art. 15 Abs. 1 der Hessischen GO von 1931 (RegBl., S. 115), § 11 Abs. 1 der Badischen GO von 1921 GVBl. 1921, S. 344 und 1922, S. 183) i.d.F. von 1926 (GVBl., S. 169). Hier wurden nebeneinander die Begriffe "öffentliche Einrichtungen" und "öffentliche Anstalten" benutzt.

Nur der Begriff "Gemeindeanstalt" fand sich dagen in Art. 19 Abs. 2 Ziff. 4 der Bayerischen GO von 1869, Art. 44, Abs. 1 der Bayerischen GO vom 17.10.1927 (GVBl., S. 293), in § 3 der Preußischen Gemeindeordnung von 1850 (GS, S. 213), in § 4 der östlichen Städteordnung von 1853 (GS, S. 261), in § 4 der Rheinischen Städteordnung von 1856 (GS, S. 406) ebenso wie in § 4 der Westfälischen Städteordnung von 1856 (GS, S. 237) sowie auch schließlich in Art. 22 der Württembergischen GO von 1930 (RegBl., S. 45).

Hurst[181] unterschied i.Ü. zwischen der nach formellen Kriterien zu ermittelnden öffentlichen Einrichtung, die dann "öffentlich" sei, wenn sie dem öffentlichen Interesse diene, und deren Existenz nur dann gerechtfertigt sei, wenn eine Versorgungsaufgabe erfüllt werde (§ 67 DGO 1935), und den "nutzbaren Anstalten" (engerer Anstaltsbegriff):

---

181 Hurst, HKWP, S. 833 ff, 844

"Anstalten sind durch den gleichen öffentlichen Zweck zu einer Einheit verschmolzene Personen- und Sachgesamtheiten, die der Allgemeinheit oder bestimmten Teilen der Bevölkerung (auch einer Person des öffentlichen Rechts) zur Benutzung zur Verfügung gestellt werden".[182]

Schon Otto Mayer bezeichnete die Gewährung der Anstaltsnutzung ("gewährte Anstaltsnutzung") als die Erfüllung der eigentlichen Aufgabe der öffentlichen Anstalt.[183] Jedoch darf die Nutzbarkeit der Anstalt nicht als Begriffserfordernis gesehen werden, was auch Otto Mayer nicht getan hat. Der Typ der nutzbaren Verwaltungseinheit entspricht jedoch der öffentlichen Anstalt nach unserem heutigen Verständnis; wo auch immer die Grenze zu ziehen sein mag, bis zu der man eine Anstalt begrifflich noch annehmen kann, so bildet doch die nutzbare Anstalt den eigentlichen Kernbereich des Anstaltswesens. Es handelt sich dabei um solche Einrichtungen, die den Bürgern Vorteile gewähren, wie Krankenhäuser, Schulen, Sparkassen usw.

Die auf die Ausbildung festumrissener Rechtsbegriffe ausgerichtete heutige Rechtswissenschaft hat dem Gesetzgeber in vielen Bereichen - etwa durch das Verwaltungsverfahrensgesetz - solche Rechsbegriffe zu verdanken.

An der öffentlich-rechtlichen Anstalt ist dieses Bemühen bisher jedoch gescheitert oder vorübergegangen. Eine allgemeinverbindliche Kodifizierung existiert nicht. Dies ist dadurch zu erklären, daß nach heutiger Ansicht die Frage des "Wie" der Organisation von nicht hoheitlichen Verwaltungsaufgaben im Belieben der Verwaltung steht. Sie ist also nicht gezwungen, für solche Aufgaben die Rechtsform der öffentlichen Anstalt zu wählen. Ihren Begriff hält man dennoch für gebildet[184], und zwar im Sinne von Otto Mayer. Mit diesem Vorbe-

---

182 Hurst a.a.O., S. 844 unter Hinweis auf Peters, Hans, Lehrbuch der Verwaltung, 1949, S. 113; von Köhler, Ludwig, Grundlehren des Deutschen Verwaltungsrechts, 1935, S. 318; Nebinger, Robert, VerwR, Allg. Teil, 2. Aufl. 1949, S. 139 ff; Ulbrich: Öffentliche Rechte, S. 57 (zitiertnach Otto Mayer, Dt. VerwR, Bd. II, 3. Aufl., S. 269, Note 2); Glum, VVDStRL, Bd. 6 (1929), S. 146

183 Otto Mayer, Dt. VerwR, Bd. II, 3. Aufl., S. 268

184 Vgl. Maurer, § 23, Rd.-Nr. 46 ff

halt lassen sich die einzelnen Merkmale, die den heutigen Anstaltsbegriff ausmachen, gleichwohl feststellen, mit den folgenden weiteren Einschränkungen.
Die durch öffentlich-rechtliche Rechtssätze errichtete Anstalt des öffentlichen Rechts mit ihren Eigenheiten und ihren spezifischen Verwendungsmöglichkeiten zur Erfüllung bestimmter Verpflichtungen im Bereich der öffentlichen Verwaltung wird meist als "öffentliche Anstalt" oder ganz allgemein "Anstalt" genannt[185]. Eine begriffliche Festlegung wird jedoch deshalb nicht für erforderlich gehalten, weil nach dem Sprachgebrauch mit "Anstalt" jedenfalls nichts privatrechtliches bezeichnet zu werden pflegt, so daß keine Verwechslung erfolgen kann. Wesentlich dagegen ist die Unterscheidung von rechtsfähiger und nicht rechtsfähiger Anstalt.

Von Interesse als Betrachtungsobjekt ist hiervon die rechtsfähige Anstalt, die auch stets im Mittelpunkt der juristischen Erörterungen stand, da sie in der mittelbaren Staatsverwaltung einen eigenen Standort gewonnen hat[186], während die nicht rechtsfähige Anstalt in der Organisation des Muttergemeinwesens aufgeht. Der Begriff der öffentlichen Anstalt ist - anders als der service public des französischen Rechts - enger als der der "öffentlichen Einrichtung", der eine eigene Organisation nicht erfordert und als der der "öffentlichen Unternehmung", der auch privatrechtliche Organisationen erfaßt.[187] Es besteht keine Veranlassung, den Versuch, den Anstaltsbegriff näher zu umreißen, von vorneherein unter Hinweis auf die Vermischung der Rechtsformen nach öffentlichem und privatem Recht aufzugeben.[188]

Die öffentliche Anstalt bildet eine bestimmte Organisationsform. Dies kommt auch in Art. 87 II GG zum Ausdruck, der die Anstalten ausdrücklich erwähnt, wenn auch diese Nennung nicht ausschließt, daß der Bund statt dieser Organisationsform den

---

185 Wolff/Bachoff, VerwR II, 4. Aufl., § 98 Ia, 6, S. 365

186 Forsthoff, 10. Aufl., S. 495, insbes. Note 1

187 Wolff/Bachof a.a.O., § 91 Ib, S. 366

188 So die Tendenz von Forsthoff, 10. Aufl., a.a.O., S. 496 ff

Weg der Beleihung eines Unternehmens, der Schaffung einer privatrechtlichen Einrichtung oder der Übertragung der Aufgabe auf eine bestehende privatrechtliche Einrichtung wählt.[189]

Die Beschreibung der Anstalten als "alle die juristischen Personen des öffentlichen Rechts, die keine verbandsmäßige Struktur aufweisen"[190] bedeutet die Aufgabe jeder Kontur des Begriffs. Die Negativdefinition ist verblüffend einfach, vernachlässigt jedoch die Vielfalt der Rechtsformen, in denen die öffentliche Verwaltung heute - außerhalb behördlicher Tätigkeit - ihre Aufgaben erfüllt. Innerhalb dieser vielfältigen Organisationsformen hat die öffentliche Anstalt ihren festen Platz. Sie läßt sich mit folgenden Merkmalen näher beschreiben:

a) Die öffentliche Anstalt entsteht durch Neugründung oder Übernahme einer bestehenden Einrichtung durch einen Träger öffentlicher Verwaltung, der die Anstalt in seine Dienste stellt (Widmung[191]).

b) Die Anstalt bleibt vom Muttergemeinwesen insofern getrennt, als eine eigene Handlungsfähigkeit der Anstalt ohne ständige Mitwirkung des Muttergemeinwesens (heute durch gesetzliche Anerkennung der Rechtsfähigkeit) anerkannt wird. Die Unabhängigkeit vom Muttergemeinwesen findet darin ihren Ausdruck, daß in der öffentlichen Anstalt eine eigene, nicht körperschaftliche Willensbildung stattfindet. Ebenso ist für die selbständige Anstalt typisch, daß eine funktionelle Bindung zum Muttergemeinwesen aufrechterhalten wird, die nicht als administrative Befugnis des Muttergemeinwesens gegenüber der Anstalt formuliert wird, die aber eine gewisse Einflußnahme des Muttergemeinwesens sicherstellt. In diesem eingeschränkten Sinne ist das Muttergemeinwesen der Träger der Anstalt.

---

189 Maunz/Dürig/Herzog, Art. 87, Rdnrn. 26, 84; Ossenbühl VVDStRL 29 (1970), S. 166 m.w.N.

190 Enneccerus - Nipperdey, 15. Aufl. 1959, § 104 III 2 S. 623

191 Salzwedel in Erichsen/Martens, S. 377; vgl. auch Ossenbühl DVBl. 1973, S. 289

Die Selbständigkeit der Anstalt kann ihren Ausdruck etwa in eigener Finanzhoheit und eigener Personalhoheit finden, ohne daß dies wesensnotwendig ist.

c) Die Selbständigkeit findet ihren Ausdruck weiter in dem Bestehen eigener persönlicher und sachlicher Mittel, wobei die Betonung auf "eigenen" liegt, d.h., daß die Mittel nicht dem Vermögen des Muttergemeinwesens, sondern dem der Anstalt zugerechnet werden.

d) Als weiterer Ausdruck der Verselbständigung ist die selbständige Anstalt einer eigenen Aufsicht unterworfen, wodurch die Anstalt äußerlich von der unmittelbaren Verwaltung distanziert wird.[192]

e) Spezifisch ist für die öffentliche Anstalt, daß sie eine öffentliche Aufgabe der Daseinsvorsorge (kulturelle oder wirtschaftliche Tätigkeiten) wahrnimmt. Man könnte darüber streiten, ob diese Zielrichtung der öffentlichen Anstalt, die in der Definition Otto Mayers als "öffentlicher Zweck" enthalten war, als funktionelles oder als organisatorisches Merkmal bestimmend für den Begriff der öffentlichen Anstalt ist, oder ob diese Frage nur die Motivationslage des Muttergemeinwesens für den Betrieb der öffentlichen Anstalt beschreibt. Diese Frage kann jedoch dahinstehen, da völlig unstreitig ist, daß die Verwaltung eine öffentliche Anstalt nur dann betreibt, wenn sie eine Aufgabe als öffentliche ansieht.

f) Eine körperschaftliche Struktur ist nach allgemeiner Ansicht mit dem Begriff der öffentlichen Anstalt unvereinbar, so daß insofern das Nichtvorliegen einer körperschaftlichen Struktur als Begriffsmerkmal anzusehen ist.

---

[192] Siehe zur Frage der Aufsicht über kommunale Sparkassen den nachstehenden Exkurs

Die weiteren im Zusammenhang mit der öffentlichen Anstalt genannten Merkmale "gleicher Zugang für alle Adressaten", "Rechtscharakter der Nutzungsordnung", "Rechtsschutz- und Rechtswegfragen" scheiden als Begriffsmerkmale aus, weil sie nur die Konsequenzen aus der Annahme des Anstaltscharakters betreffen. Dasselbe gilt aber auch für die Frage des "besonderen Gewaltverhältnisses", die die Diskussion lange bestimmt, aber mit dem B e g r i f f nichts zu tun hat.

14. Exkurs: Die Qualifizierung der Aufsicht über selbständige Anstalten, insbesondere Sparkassen

Rechtsfähige Anstalten des öffentlichen Rechts sind einer besonderen Aufsicht unterstellt. Der Umfang dieser Aufsicht orientiert sich an der von der Anstalt wahrgenommenen Aufgabe.[193]

Die absolutistische Staatsaufsicht war diesbezüglich nicht sehr differenziert: In den Kronprinzenvorträgen von Carl Gottlieb Svarez[194] heißt es:

> "Das Recht der Oberaufsicht gründet sich auf die Pflicht des Staats, alles zu verhüten, was der Sicherheit der bürgerlichen Gesellschaft und ihrer Mitglieder schädlich werden könnte, und nichts zu gestatten, was dem Zweck des gemeinschaftlichen Wohls und den Gesetzen des Landes zuwider ist. Dieses Recht erstreckt sich über alle Gesellschaften ohne Ausnahme. Eine Gesellschaft, die vom Staat und seinen Gesetzen unabhängig sei und sich seiner Oberaufsicht nicht unterwerfen will, formiert statum in statu."

Dagegen findet das heutige Verhältnis zur Staatsaufsicht in der Formulierung des Bundesverfassungsgerichts[195] Ausdruck, wo es heißt:

---

193 Vgl. Forsthoff, 10. Aufl., S. 504

194 Svarez, (Hrsg.: Conrad/Kleinheyer), Vorträge über Recht und Staat, S. 47

195 BVerfGE, 12, 261

"Für die Veranstaltung von Rundfunksendungen wird durch das Gesetz eine juristische Person des öffentlichen Rechts geschaffen, die dem staatlichen Einfluß entzogen oder höchstens einer beschränkten staatlichen Rechtsaufsicht unterworfen ist."

Zwischen diesen Extremen können die Zwecke der Staatsaufsicht verschieden sein: Es kann sowohl um den Schutz der Mitglieder des beaufsichtigten Rechtssubjekts gegenüber der Verbandsleitung gehen als auch um den Schutz des Verbandes und der Verbandsinteressen gegenüber einem schädigenden Verhalten der Verbandsleitung, aber auch um den Schutz der Rechtsordnung gegenüber rechtswidrigem Verhalten der Verbandsleitung. Schutzwürdig ist auch das Staatsinteresse gegenüber einem schädigenden Verhalten der Verbandsleitung, und schließlich soll die Aufsicht die sachgemäße Mitarbeit bei der Bewältigung der in den Bereich der mittelbaren Staatsverwaltung fallenden Aufgaben gewährleisten. Hierbei wird die Aufsicht nicht nur abwehrend tätig, sondern auch teilweise richtungweisend und positiv gestaltend.[196]

Die öffentlich-rechtlichen Anstalten - was insbesondere bei den Sparkassen zutrifft - handeln vielfach in privatrechtlichem Rahmen, innerhalb dessen die Wettbewerbsregeln der Privatrechtsordnung gelten. Um sich dort bewegen und bewähren zu können, bedürfen sie entsprechender Bewegungsfreiheit.

Da sie aber dennoch öffentlich-rechtlicher "Abstammung" und auch - zumindest in aller Regel - zur Erfüllung öffentlicher Aufgaben bestimmt sind, zudem auch äußerlich die Rechtstellung juristischer Personen des öffentlichen Rechts haben, sie schließlich organisatorisch - wie auch immer rechtlich oder tatsächlich - mit dem Muttergemeinwesen verknüpft sind, läßt sich eine staatliche Aufsicht, die alle staatliche Tätigkeit begleitet, scheinbar leicht rechtfertigen.

---

[196] Forsthoff, 10. Aufl., S. 491

Allerdings ist der Ursprung des staatlichen Aufsichtsrechts (vgl. §§ 20, 21 LOGnw) über die Träger hoheitlicher Gewalt eigentlich in der Kontrolle der h o h e i t l i c h e n Betätigung zu sehen.[197]

Hoheitliche Befugnisse lassen sich bei den Sparkassen jedoch nicht erkennen; denn Konsequenz des privatrechtlichen Handelns der Sparkasse ist das Fehlen eines Über- und Unterordnungsverhältnisses zwischen Sparkasse und Benutzern (Kunden).

Das privatrechtliche und gleichgeordnete Handeln der Sparkassen nach außen kann daher nicht Gegenstand der Staatsaufsicht mit der für sie ursprünglich typischen Zielrichtung sein.
Die gem. § 28 ff SpGnw angeordnete Aufsicht über die Sparkassen erstreckt sich demgemäß darauf, daß "Verwaltung und Geschäftsführung der Sparkassen den Gesetzen und der Satzung entsprechen", also auf die "Innenverhältnisse". Diese Beschränkung ist aus verfassungsrechtlicher Sicht nicht bedenklich, da die von der Verfassung gebotene (Art. 20 II GG) Kontrolle der vollziehenden Gewalt - soweit die Sparkassen als solche überhaupt angesehen werden können - um so schwächer ausgeprägt sein kann, als die Verwaltungsaufgaben sich auf rein technische oder doch entscheidungsarme Befugnisse beschränken.[198]

Die Aufsicht nach dem Sparkassenrecht unterscheidet sich von der Aufsicht der §§ 20, 21 LOGnw insoweit, als sie nicht "Korrelat der Ausstattung mit Hoheitsbefugnissen"[199] ist, sondern hier eher im Schutz der Benutzer und der Muttergemeinde motiviert ist.

Da es sich bei der Anstaltsaufsicht um eine besondere Aufsicht handelt, die nicht ohne weiteres z.B. mit der Kommunalaufsicht gleichzusetzen ist (siehe dazu unten), lassen sich nicht die

---

197 Vgl. Kierstein, S. 62

198 Ossenbühl VVDStRL 29 (1970), S. 160

199 Kierstein, S. 62

allgemeinen Kriterien der Kommualaufsicht anwenden, vielmehr muß ihre Ausgestaltung an den besonderen Merkmalen der jeweiligen Anstalt orientiert sein, was zumeist nach Inhalt und Umfang durch die jeweiligen Gesetze, aufgrund deren die Anstalten geschaffen wurden, geschehen ist.[200] Hierbei ist das Recht der Gemeinden aus Art. 28 Abs. 2 GG - Schutz des Kerns der Selbstverwaltung - insofern zu beachten, als jeder konkrete Sachbereich der kommunalen Aufgaben vor solchen Eingriffen geschützt ist, und somit der Sachbereich, den sie selbst und ihre Gemeindeanstalten durch ihre Tätigkeit abdecken, nicht angetastet werden darf.[201]
Für die nutzbaren öffentlichen Anstalten, zu denen die Sparkassen gehören, gilt die Staatsaufsicht nach zutreffender Ansicht als Korrelat zu der "Eigenverwaltung"; und zu dem Zweck, den Anstalten ihren eigenen zugestandenen "Freiheitsbereich" zu erhalten, findet die Aufsicht regelmäßig als reine Rechtsaufsicht statt,[202] hierin beschränkt sie sich.

Dabei ist aber die Unterscheidung von Bedeutung, die zwischen rechtsfähigen und nicht rechtsfähigen Anstalten zu machen ist: Eine im oben verstandenen Sinne selbständige "Anstaltsaufsicht" kommt nur bei selbständigen, d.h. rechtsfähigen Anstalten in Betracht; die unselbständigen kommunalen Anstalten unterfallen der allgemeinen Kommualaufsicht, der auch das Muttergemeinwesen unterliegt.

Es fragt sich aber, ob das Bestehen staatlicher Aufsicht Wesensmerkmal der Anstalt selbst ist. Mit anderen Worten, ob die Anstalt auch ohne Bestehen der Aufsicht juristische Person des öffentlichen Rechts sein könnte oder ob die Aufsicht Konsequenz dieser Eigenschaft ist.

---

[200] Vgl. Frick, S. 134 ff

[201] Kierstein, S. 72

[202] Frick, S. 63

Nach Ansicht von Ossenbühl[203] ist letzteres richtig, weil die Zugehörigkeit zur mittelbaren Staatsverwaltung die Staatsaufsicht auslöse. Die mittelbare Staatsverwaltung ist dezentralisierte Verwaltung durch juristische Personen des öffentlichen Rechts, welche zwar rechtlich selbständig, aber dennoch Träger von Verwaltungsaufgaben sind. Sie sind eigenständig gegenüber dem Staat und der unmittelbaren Staatsverwaltung[204], aber dennoch dem Staat organisch eingegliedert. In welchem Umfang die von den Anstalten wahrgenommenen Aufgaben praktisch tatsächlich Verwaltungsaufgaben sind, ist eine andere Frage, die von Fall zu Fall zu entscheiden ist.

Geht man jedoch vom typischen Fall des Vorliegens von Verwaltungstätigkeit aus, so unterliegt die Anstalt tatsächlich generell der Staatsaufsicht, wobei das Sparkassenrecht zum beispielhaften "Recht der rechtsfähigen öffentlichen Anstalt"[205] geworden sein soll. Solches Anstaltsrecht als Recht der mittelbaren Staatsverwaltung ist demnach zwangsläufig mit der Staatsaufsicht verbunden, so daß sich juristische Personen des öffentlichen Rechts - Anstalten wie Körperschaften - ohne staatliche Aufsicht überhaupt nicht finden. Das Bestehen, aber auch der Umfang der Staatsaufsicht richten sich allein nach verwaltungspolitischen Entscheidungen des Staates, wie weit er die Kontrolle ausgestalten will: Eine vorgegebene - etwa aus der Natur der Sache sich ergebende -Einschränkung der Aufsicht über die Anstalten läßt sich nicht rechtfertigen[206].

Kierstein hat sich bei seiner Untersuchung der Beziehungen der Anstalten zu ihrem Muttergemeinwesen auch mit der Frage der Qualifizierung der Aufsicht befaßt. Ausgangspunkt ist für ihn die Frage, ob die Anstalt Trägerin eigener Selbstverwaltung ist. Vom Ansatz her[207] bleibt zunächst unklar, ob er dabei mit

---

[203] Ossenbühl, freie Sparkassen, S. 48

[204] Frick, S. 36

[205] Frick, S. 22

[206] Kierstein, S. 63

[207] Kierstein, S. 53

Selbstverwaltung die Wahrnehmung gemeindlicher Selbstverwaltung im Sinne des Art. 28 Abs. 2 GG meint oder die eigenverantwortliche Durchführung der anstaltlichen Aufgaben ohne Einflußmöglichkeit des Muttergemeinwesens in einem weiteren Sinne.[208]

Nur im ersten Falle kann die rechtliche Qualifikation als "Selbstverwaltung" Konsequenzen für die Art und den Umfang der Aufsicht haben (entsprechend der Staatsaufsicht über Gemeinden).

Im letzteren Falle dürfte es dem Muttergemeinwesen bei der Konstituierung der Anstalt freigestellt sein, in welchem Umfang es die "Tochter" nach Verselbständigung noch kontrollieren will.[209]

Seitens der Gemeinde - bei kommunalen Anstalten - kann dann lediglich der Akt der Anstaltsgründung und die Art der Wahrnehmung der gemeindlichen Aufsicht über die Anstalt noch

---

208 Forsthoff, 8. Aufl., S. 412 nennt die Tätigkeit der Anstalten im eigenen Wirkungskreis "Selbstverwaltung" und legt den Akzent dabei auf das Eigenleben der Verwaltungsträger, welche "an sich staatliche Aufgaben" wahrnehmen; dem ist entgegengehalten worden, daß die Selbständigkeit der Anstalten nicht mit Selbstverwaltung gleichgesetzt werden kann. Unabhängigkeit vom Anstaltsträger (vgl. Forsthoff a.a.O.) bedeutet noch nicht gleichzeitig, daß ein eigener, nicht übertragener Wirkungskreis ausgefüllt wird (vgl. auch Kierstein, S. 54 ff; Huber, Bd. I, S. 109 ff; Köttgen, Selbstverwaltung, S. 224; Weber, Werner, Juristische Personen, S. 451; Müller, S. 155 ff; Twiehaus, S. 160), gleichzeitig ist die Tätigkeit der Anstalten nicht vorbehaltlos als staatlich anzusehen, während dies bei "echter" Selbstverwaltung unzweifelhaft ist. Der Frage, ob "Selbstverwaltung" (vornehmlich) auf Körperschaften beschränkt sein soll (vgl. Wolff/Bachof, Bd. 2, S. 182, Kierstein, S. 59 ff), und rechtsfähige Anstalten nur mit "partiellen Selbstverwaltungsrechten" (Wolff/Bachof a.a.O.) ausgestattet werden können, kann an dieser Stelle aber dahinstehen. Forsthoff, 10. Aufl., S. 475 stellt nunmehr fest, daß die Begriffsdefinition der Selbstverwaltung (Nachweise zum Meinungsstand siehe dort Note 1 und 2) für die positivrechtlichen Wirkungen keine Bedeutung hat. Im übrigen liege der Grund für die Kontroverse nicht im Selbstverwaltungs- sondern im Staatsbegriff, vgl. Forsthoff, 10. Aufl., a.a.O., S. 475

209 So dann auch im Ergebnis Kierstein, S. 64 f

Gegenstand der Staatsaufsicht sein. Insoweit unterliegt jedenfalls die Anstalt mittelbar der Aufsicht, der auch das Muttergemeinwesen unterliegt.

Da die kommunalen Anstalten "Ableger" der Gemeinden sind, also Rechte und Pflichten wahrnehmen, die ursprünglich von der Gemeinde "abgeleitet" sind, fällt es schwer nachzuvollziehen, daß hier eine neue, eigenständige Art von Selbstverwaltung bestehen soll. Auch die von Kierstein[210] genannte Entscheidung des Bundesverfassungsgerichts[211] gibt im Grunde für diese Annahme nichts her. Sie enthält die (zutreffende) Feststellung, daß es seitens des Gesetzgebers möglich ist, Anstalten des öffentlichen Rechts autonome Satzungsgewalt beizulegen, und ihr insoweit ein "Selbstverwaltungsrecht" zu geben. Zutreffend formuliert m.E. Hamann[212], wenn er von "mit Selbstverwaltungsaufgaben belehnten Anstalten des öffentlichen Rechts" spricht. Solche Anstalten sind "echte" Ableger und nehmen echte Selbstverwaltungsaufgaben wahr.

Daß daneben durch Landes- oder Bundesgesetzgeber Landes- oder Bundesanstalten geschaffen werden können, die ihre Aufgaben eigenverantwortlich erfüllen und hierbei u.U. nur eingeschränkter Kontrolle unterliegen, bedarf keiner besonderen weiteren Darlegung.

In jedem Falle ist die Anstalt regelmäßig Instrument ihres Trägers[213], dessen Willen sie folgt in dem Sinne, in dem auch der Stifter die Tätigkeit der Stiftung bestimmt, der in sie durch Gesetz, Satzung oder durch laufende Beeinflussung hineingetragen worden ist oder wird, und zwar zur Erfüllung von Aufgaben aus dem sachlichen Kompetenzbereich des Muttergemeinwesens.

---

[210] Kierstein, S. 58

[211] BVerfG, NJW 1961, S. 1155/1156

[212] Hamann, NJW 1961, 2059

[213] Kierstein, S. 60; Köttgen, Rechtsfähige Verwaltungseinheit, S. 70 f

In dieser Aufgabenübertragung liegen zugleich die Verbindungen zwischen Muttergemeinwesen und Anstalt, wie aber auch die Trennung der Aufgabenbereiche beider unter Schaffung eines eigenverantwortlichen Rechtssubjekts, welches materiell Exekutivtätigkeit des Muttergemeinwesens vornimmt.[214]

Dem Vorschlag Beckers, Köttgens und Kiersteins[215], hier statt von Selbstverwaltung von "Eigenverwaltung" zu sprechen, sollte man folgen, um so das mögliche Mißverständnis, es handele sich in jedem Falle der Tätigkeit rechtsfähiger Anstalten um Selbstverwaltung, vorzubeugen.[216]

Damit ist die Frage nach der Bedeutung der Aufsicht über die Anstalten selbst jedoch noch nicht beantwortet. Vertritt man die Ansicht, die Staatsaufsicht sei das Korrelat der Ausstattung mit Hoheitsbefugnissen[217], so mag dies für die Grundsätze des staatlichen Organisationsrechts richtig sein. Dies mag auch da zutreffen, wo Anstalten tatsächlich hoheitliche Befugnisse mit den Mitteln von Verwaltungszwang ausüben. Bei den Sparkassen jedoch sind derartige Hoheitsbefugnisse nicht[218] zu erkennen.

Zur Rechtfertigung der Sparkassenaufsicht müssen daher andere Gründe bestehen.
Staatsaufsicht ist aber zugleich "notwendiges Korrelat der Selbstverwaltung"[219], wobei man wieder bei der Frage anlangt, was "Selbstverwaltung" bedeutet.

---

214 Kierstein, S. 58 f

215 Becker, Handbuch, Bd. 1, S. 117; Köttgen, Rechtsfähige Verwaltungseinheit, S. 71; Kierstein, S. 60;

216 Vgl. z.B. Rothe, Sparkassengesetz, § 29, Erl. I., 1.

217 Kierstein, S. 62; vgl. auch Rothe, Sparkassengesetz, § 29, Erl. I., 1.

218 Abgesehen von der Möglichkeit, Sparbücher für kraftlos zu erklären (vgl. § 13 SpVOnw), die jedoch nicht als wesenstypisch für die Sparkasse angesehen werden kann

219 Peters, Lehrbuch der Verwaltung, S. 216

Hiermit ist jedoch sinnvollerweise gemeint, daß staatliche Aufgaben von nicht unmittelbar staatlichen Verwaltungsstellen wahrgenommen werden. Hinsichtlich dieses Handlungsfeldes hat der Staat ein legitimes Interesse daran, diejenigen, welche staatliche Aufgaben in eigener Verwantwortung wahrnehmen, zu kontrollieren. Hierfür nennt Kierstein bei seinen Ausführungen zu den kommunalen Anstalten und zur Aufsicht über diese die Sparkassen als Beispiel[220]. Selbstverständlich setzt er mit dem geltenden Recht voraus, daß die Sparkassenaufgaben im sachlichen Kompetenzbereich der Gemeinden liegen. Unzweifelhaft sind die Gemeinden für die in ihrem Gebiet gelegenen Sparkassen örtlich zuständig. Die sachliche Kompetenz setzt jedoch voraus, daß das Betreiben einer Sparkasse bzw. der Betrieb einer Bank - im weiteren Sinne - überhaupt eine kommunante Verwaltungsaufgabe sein kann. Handelt es sich um eine solche Aufgabe, und liegt damit kommunale Tätigkeit vor, so läßt sich auch die staatliche Aufsicht rechtfertigen. Nach dem heute geltenden Sparkassenrecht ist der Betrieb der Sparkassen eine gemeindliche Aufgabe. Nach dem positiven Recht ist die sachliche Kompetenz daher nicht zu bestreiten und damit auch nicht die Rechtfertigung der Aufsicht. Aber auch herkömmlich umfaßt die Selbstverwaltung der Gemeinde die Aufgabe, die für die wirtschaftliche, soziale und kulturelle Betreuung ihrer Einwohner erforderlichen öffentlichen Einrichtungen zu schaffen[221]. Gemeinsamkeit ihrer "Leistungsapparaturen" einschließlich der Anstalten ist ihre Funktion, für Daseinsfür-und Vorsorge der Bevölkerung zu sorgen und sie zu gewährleisten[222]. Unterstellt man, daß weiterhin die Aufrechterhaltung kommunaler Sparkassen durch ihre Muttergemeinwesen in diesem Sinne "erforderlich"

---

220 Kierstein, S. 64, 66

221 Ossenbühl, DVBl. 1973, 289

222 Ossenbühl, DVBl 1973, 289

ist[223], so kann die Sparkassenaufsicht aus denselben Gründen gerechtfertigt werden, aus denen die Gemeinden bei der Ausführung von Selbstverwaltungsaufgaben der Staatsaufsicht unterliegen.

In jedem Falle ist der Umfang dieser Aufsicht rechtlich begrenzt (vgl. nur § 29 SpGnw)[224]. Dies ergibt sich zum einen daraus, daß bei Selbstverwaltungsaufgaben - um die es sich bei den Sparkassenaufgaben handelt - die Staatsaufsicht ohnehin geringeren Umfang hat, zum anderen aber ist gerade bei der rechtsfähigen Anstalt oft, bei den Sparkassen besonders, die Mitwirkung - und damit die Kontrolle -des Muttergemeinwesens bei den laufenden Geschäften sichergestellt, etwa durch die Beteiligung im Verwaltungsrat und Kreditausschuß (vgl. §§ 8 ff, 15 ff SpGnw), abgesehen von weitergehenden Genehmigungsvorbehalten und Mitwirkungsbefugnissen (z.B. Auflösung, § 1 SpGnw), so daß das Gesamtmaß der Einflußnahme größer ist als auf den ersten Blick erkennbar wird. Aus der Sicht der Anstalt - hier der Sparkasse - sind also die Handlungsfreiheiten in zweierlei Hinsicht eingeschränkt. Sowohl durch die Staatsaufsicht als auch durch die - bei aller rechtlichen und tatsächlichen Selbständigkeit - ständig bestehende Beaufsichtigung durch das Muttergemeinwesen besteht eine mehrschichtige Lage, in der die Staatsaufsicht über die Anstalt deshalb geringer sein kann, weil die ebenfalls der Staatsaufsicht unterliegende Gemeinde ihre eigene Anstalt wiederum kontrolliert und diese Kontrolltätigkeit innerhalb der Aufsicht über die Gemeinde mit kontrolliert wird.

Im Ergebnis läßt sich sagen, daß unter der Voraussetzung, daß kommunale Sparkassen als selbständige Anstalten weiterhin ursprüngliche Gemeindeaufgaben wahrnehmen, ebenso wie über die

---

223 Wie die Wirtschaftsbetätigung der Gemeinden im Bankbereich überhaupt gerechtfertigt werden kann, ist angesichts der Regelung in den verschiedenen Gemeindeordnungen nicht leicht zu beantworten. Wie auch immer die Befugnis der Gemeinden zu wirtschaftlicher Betätigung im einzelnen dort ausgestaltet ist, sind die Sparkassen davon ausgenommen: Für sie verbleibe es bei den Sondervorschriften. (Vgl. hierzu R. Scholz, S. 184; Clausen, S. 19 f; Stern-Burmeister, S. 163 ff n.w.N., S. 164, Note 286.)

224 Aufsichtsbehörde ist der Regierungspräsident, § 28 SpGnw

ist[223], so kann die Sparkassenaufsicht aus denselben Gründen gerechtfertigt werden, aus denen die Gemeinden bei der Ausführung von Selbstverwaltungsaufgaben der Staatsaufsicht unterliegen.

In jedem Falle ist der Umfang dieser Aufsicht rechtlich begrenzt (vgl. nur § 29 SpGnw)[224]. Dies ergibt sich zum einen daraus, daß bei Selbstverwaltungsaufgaben - um die es sich bei den Sparkassenaufgaben handelt - die Staatsaufsicht ohnehin geringeren Umfang hat, zum anderen aber ist gerade bei der rechtsfähigen Anstalt oft, bei den Sparkassen besonders, die Mitwirkung - und damit die Kontrolle -des Muttergemeinwesens bei den laufenden Geschäften sichergestellt, etwa durch die Beteiligung im Verwaltungsrat und Kreditausschuß (vgl. §§ 8 ff, 15 ff SpGnw), abgesehen von weitergehenden Genehmigungsvorbehalten und Mitwirkungsbefugnissen (z.B. Auflösung, § 1 SpGnw), so daß das Gesamtmaß der Einflußnahme größer ist als auf den ersten Blick erkennbar wird. Aus der Sicht der Anstalt - hier der Sparkasse - sind also die Handlungsfreiheiten in zweierlei Hinsicht eingeschränkt. Sowohl durch die Staatsaufsicht als auch durch die - bei aller rechtlichen und tatsächlichen Selbständigkeit - ständig bestehende Beaufsichtigung durch das Muttergemeinwesen besteht eine mehrschichtige Lage, in der die Staatsaufsicht über die Anstalt deshalb geringer sein kann, weil die ebenfalls der Staatsaufsicht unterliegende Gemeinde ihre eigene Anstalt wiederum kontrolliert und diese Kontrolltätigkeit innerhalb der Aufsicht über die Gemeinde mit kontrolliert wird.

Im Ergebnis läßt sich sagen, daß unter der Voraussetzung, daß kommunale Sparkassen als selbständige Anstalten weiterhin ursprüngliche Gemeindeaufgaben wahrnehmen, ebenso wie über die

223 Wie die Wirtschaftsbetätigung der Gemeinden im Bankbereich überhaupt gerechtfertigt werden kann, ist angesichts der Regelung in den verschiedenen Gemeindeordnungen nicht leicht zu beantworten. Wie auch immer die Befugnis der Gemeinden zu wirtschaftlicher Betätigung im einzelnen dort ausgestaltet ist, sind die Sparkassen davon ausgenommen: Für sie verbleibe es bei den Sondervorschriften. (Vgl. hierzu R. Scholz, S. 184; Clausen, S. 19 f; Stern-Burmeister, S. 163 ff n.w.N., S. 164, Note 286.)

224 Aufsichtsbehörde ist der Regierungspräsident, § 28 SpGnw

Gemeinde selbst und alle ihre rechtsfähigen Anstalten auch über die Sparkassen Aufsichtsrechte des Staates bestehen müssen, und zwar in dem Umfang wie gegenüber der Gemeinde bei von dieser unmittelbar wahrgenommenen Selbstverwaltungsaufgaben - Rechtsaufsicht -.

Darüber hinaus unterliegen die Geschäfte der Sparkasse einer besonderen Kontrolle in Form der ständigen Mitwirkung des Muttergemeinwesens bzw. seiner Vertreter. Schließlich unterliegen sie der Aufsicht nach dem Kreditwesengesetz (KWG) vom 3. Mai 1976, was aber mit der spezifisch anstaltsrechtlichen Aufsicht nichts zu tun hat, sondern Bankenaufsicht ist, so daß daraus für die Anstalten allgemein nichts herzuleiten ist.

Allerdings ist bei der Untersuchung der Sparkassen im frühen 18. Jahrhundert eine Trennung zwischen der Aufsicht aus "kreditpolitischen" (bankmäßigen) Gründen und solchen aus kommualrechtlichen - anstaltsbezogenen - Gründen nicht möglich.

Also läßt sich die Aussage treffen, daß die Unterstellung unter staatlicher Aufsicht nur ein starkes Indiz für die Zugehörigkeit zum öffentlichen Recht ist, umgekehrt aber eine öffentlich-rechtliche Anstalt nicht ohne Staatsaufsicht denkbar ist, zumal der Staat selbständige staatliche Macht im Staate ohne Kontrolle nicht zulassen würde.[225] In diesem Sinne ist das Bestehen der Staatsaufsicht ein Wesensmerkmal der rechtsfähigen öffentlicnen Anstalt.[226]

---

225 Vgl. schon die oben Note 184 zitierte Beschreibung der staatlichen Aufsicht durch Svarez (1791)

226 Vgl. Frick, Das Wesen der Staatsaufsicht über die kommunalen Sparkassen

C.

Entstehung der Begrifflichkeit: Beispiele für die Verwendung des Begriffs vor der Zeit Otto Mayers

1. Einleitung

Der heute als gültig angesehene Anstaltsbegriff geht also, wie dargelegt wurde, letztenendes zurück auf Otto Mayer. Man sagt, zuvor habe es keinen festen Anstaltsbegriff gegeben.

Am Beispiel der öffentlichen Sparkassen will die Arbeit zeigen, daß sich ein solcher Begriff einschließlich der ihn bildenden Merkmale schon vor Otto Mayer ausgebildet hat, daß Otto Mayer ihn lediglich erstmals zusammengefaßt hat.

Zunächst werden, ohne daß hierbei Vollständigkeit angestrebt werden kann, Beispiele für die Verwendung des Anstaltsbegriffs im 18. und 19. Jahrhundert aufgezeigt. Bei der Untersuchung der Verwendung des Begriffs "Anstalt" in früherer Zeit - also vor der eigentlichen Dogmatik des Anstaltsbegriffs - muß man sich freilich hüten, in allzu großem Umfang moderne Rechtsbegriffe zugrunde zu legen oder zu sehr von heutigen Vorstellungen auszugehen. Andererseits muß vermieden werden, allein im Bereich des historisch-antiquarisch-Deskriptiven[1] zu bleiben.

In rechtstheoretischen Arbeiten des 19. Jh. ist bei dem Versuch, einzelne Rechtsbereiche zu systematisieren (Staatsrechtstheorie, Körperschaftstheorie) die Anstalt kaum recht beachtet worden, bis - so sagt man -Otto Mayer für Klarheit sorgte. Zu den Aufklärungsarbeiten über die Zeit der Entwicklung des Verwaltungsrechts gehört es heute, das Werden damals entstandener Begriffe nachzuvollziehen, was für das 19. Jh. etwa bzgl. des Körperschaftsbegriffs von umfangreicher zeit-

---

[1] Vgl. E. Kaufmann in Erler/Kaufmann, Handwörterbuch zur Deutschen Rechtsgeschichte, Spalte 1151, zum Stichwort "Körperschaft (juristische Personen)"

genössischer Literatur besorgt wird. Bei den öffentlichen Anstalten ist dies anders, selbst ein neueres Werk wie das Handwörterbuch zur deutschen Rechtsgeschichte von Erler/Kaufmann erwähnt die Anstalten nicht: Weder unter dem Stichwort "Anstalt" noch unter "juristische Person" bzw. "Körperschaft" findet sie (bisher) Erwähnung.

Die öffentlichen Sparkassen sind heute in Deutschland als Anstalten des öffentlichen Rechts organisiert und Ende des 18. Jh., hauptsächlich im 19. Jh. entstanden. Es soll zunächst die Verwendung des Begriffs der "Anstalt" während der Entstehungszeit der Sparkassen, während der man sie bereits als Anstalten bezeichnete, näher untersucht werden.[2]

Die Ausführungen stehen unter dem Vorbehalt, daß in dem betrachteten Zeitraum des 18./19. Jh. das Begriffsdenken nicht so ausgeprägt war wie heute, sondern sich selbst erst entwickelte. Deshalb muß die Untersuchung der Begriffsentwicklung mit aller Vorsicht erfolgen, da nicht von vornherein angenommen werden kann, daß mit dem Gebrauch bestimmter Wörter auch immer zugleich bestimmte begriffliche Vorstellungen verbunden waren.

Dazu eine letzte Vorbemerkung:
Schon im frühen 19. Jh. war der "Verein" ein "massenhaft"[3] neu auftretender Verbandstypus - frei von ständischen Bindungen -, innerhalb dessen sich Menschen den unterschiedlichsten wirtschaftlichen und ideellen Zwecken widmeten.[4]

---

2 Unzutreffend ist die Behauptung von Wolff/Bachof, S. 444, daß vor der Entwicklung der Organisationsform der Anstalt Ende des 19. Jh. versucht wurde, ihre organisatorischen Zwecke mit Hilfe von Stiftungen zu erreichen, insofern, als die Phänomene weit vielfältiger waren.

3 Schröder, S. 402

4 Schröder a.a.O., S. 402, mit Nachweisen von Darstellungen zur Ideengeschichte; vgl. auch Vormbaum, T. Die Rechtsfähigkeit der Vereine im 19. Jahrhundert, Berlin etc. 1976; Schikorski, F. Die Auseinandersetzung um den Körperschaftsbegriff in der Rechtslehre des 19. Jahrhunderts, Berlin 1978

Die daraus entstehende Frage, wie die Bildung von Körperschaften gerechtfertigt werden konnte, wurde für die Anstalt des öffentlichen Rechts nicht gestellt, weil sie als Organisationsform noch nicht erkannt war, obwohl mit den Sparkassen, wie zu zeigen sein wird, derartige Organisationen bereits existierten.

2. Selbständigkeit des Anstaltsbegriffs des kanonischen Rechts

Weit zurückliegende Ursprünge eines möglichen Anstaltsbegriffs könnten sich aus dem kanonischen Recht ergeben. Mit privatrechtlichem Charakter - weil der Unterschied zum "öffentlichen Recht" noch nicht ausgeprägt war - war der Ausdruck Anstalt "schon früher bekannt. Namentlich wurden schon früh gewisse verselbständigte Vermögensteile des Kirchenvermögens als anstaltliche Verbandspersonen bezeichnet."[5]

Hier hatte sich in der Dogmatik schon vor dem 18. Jh. eine Gleichstellung der Kirchen und "frommen Anstalten" durchgesetzt.[6] Hierfür kamen aber in vollem Umfang nur die "echten" Anstalten und Anstaltsstiftungen in Frage, bei denen ein geschlossener Kreis von Pflegebefohlenen, der zudem teilweise noch verbandsmäßig organisiert war, eine körperschaftliche Auffassung der Anstalt nahelegte.[7] Schon vor dem 18. Jh. beschäftigte man sich auch mit der Rechtspersönlichkeit solcher Anstalten. So heißt es bei Kreittmayr[8]: "Zuweilen hält man auch leblose Dinge für Personen, z.B. Kirchen u.a. causas pias, weil sie mittels ihrer Vorsteher handeln und acquiriren können wie andere Personen."

---

5 Nobel, S. 218, Note 3; Bühler, S. 5

6 Vgl. Pleimes, Irrwege, S. 47

7 Pleimes, Irrwege, S. 47

8 Kreittmayr, Anm. I. Teil, 3. Kap., § 1 Nr. 2, S. 57

Unzweifelhaft ist, daß die Kirche selbst als Träger von Rechten und Pflichten angesehen wurde[9] und daß dies auch für Anstalten (Einrichtungen) der Kirche galt[10]; Gierke spricht hier von "kanonischer Anstaltspersönlichkeit"[11]. Zum besseren Verständnis muß dabei berücksichtigt werden, daß auch einzelne Kirchen (Gebäude) als Anstalten in diesem Sinne mit "anstaltlicher Individualität" galten[12] "... so waren die Einzelkirchen besondere, von dem großen Körper abgezweigte Anstalten, in denen die christliche Idee sich in ihrer lokalen Erscheinung zur Persönlichkeit verkörperte, die auch Subjekte aller in ihre Sphäre fallenden weltlichen Rechte" sein konnten.[13]

Nach Gierkes Auskunft wurde diese Anschauung, die aus dem überwiegenden Sprachgebrauch der Quellen des Mittelalters hervorgehe[14], seit dem 12. Jh. unbestritten herrschend.[15]

Schon Gierke verneinte jedoch ausdrücklich eine Beeinflussung des weltlichen Anstaltsbegriffs durch den kirchlichen und damit auch die Übertragbarkeit der wesentlichen Merkmale der kanonischen Anstaltspersönlichkeit auf die weltliche.

Für den öffentlich-rechtlichen Anstaltsbegriff wird daher hier auf die Ursprünge kirchlicher Anstalten nicht zurückgegriffen.

---

9 Vgl. Gierke, Genossenschaften, S. 545

10 Gierke, Genossenschaften, S. 546

11 Gierke, Genossenschaften, S. 554

12 Vgl. Gierke, Genossenschaften, S. 548 mit weiteren Nachweisen

13 Gierke, Genossenschaften, S. 549: "Eine unsichtbare juristische Einheit"

14 Im Rahmen dieser Arbeit kann dem nicht näher nachgegangen werden

15 Gierke, Genossenschaften, S. 549

3. Beispiele für die Verwendung des Begriffs "Anstalt" im Recht des 18. und 19. Jahrhunderts

a) Bayern

Über Bayern berichtet Poschinger[16] unter gleichzeitigem Abdruck der Quellen von verschiedenen Bankprojekten, die bis ins frühe 18. Jh. zurückreichen.

Poschinger selbst gebraucht direkt zu Beginn seines Werkes (1874 bis 1876) das Wort "Anstalt" im nicht institutionellen Sinne, sondern vielmehr zur Beschreibung der "Banco". Man habe darunter "in älterer Zeit denjenigen Ort oder diejenige Anstalt" verstanden, "in welche große oder kleine Summen in sichere Verwahrung gebracht" wurden.[17] Nachfolgend ist im Zusammenhang mit Privatbanken, deren Gründung jedermann freistand, die dann aber wegen verschiedener Unterschlagungsfälle "unter öffentlicher Autorität und unter der Städte- bzw. Fürstengarantie"[18] errichtet wurden, von "dergleichen Anstalten" die Rede. Derartige freie private Banken seien ganz verboten worden.[19]

Zu einem Schriftstück, überschrieben "Unmaßgebliche Bemerkungen zur Aufrichtung eines Banco del Gyro, wodurch die Hofschulden zu Jedermanns Zufriedenheit abgetilgt werden können" (vermutlich aus den Jahren 1718 bis 1722)[20] bemerkt Poschinger, bei dem darin beschriebenen Bankprojekt solle es sich um eine "Staatsschuldentilgungsanstalt" handeln.

---

16 Heinrich von Poschinger, Bankgeschichte des Königreichs Bayern, Erlangen, 1874 bis 1876

17 Poschinger, Bankgeschichte Bayern, 1. Lieferung, S. 1

18 Siehe vorstehende Fußnote

19 Poschinger, Bankgeschichte Bayern, 1. Lieferung, S. 1 unter Hinweis auf Marperger, S. 11. Hierin deutet sich ein Motiv dafür an, Kreditinstitute und Geldinstitute unter staatliche Aufsicht zu stellen.

20 Poschinger, Bankgeschichte Bayern, 1. Lieferung, S. 16

Ebenfalls zu dem Zwecke, die Staatsfinanzen zu ordnen, dienten andere bei Poschinger beschriebene Bankprojekte,[21] welche eine Reorganisation des Schuldenbergs bezweckten.

Frohn nannte 1822 das Churbayerische Land-Banco (1762-1764) "die älteste von der bayerischen Landschaft verwaltete Anstalt"[22]. Betrachtet man die mit der Errichtung eines solchen Land-Banco verbundenen Zwecke[23], so wird deutlich, daß damit die gesamte Wirtschafts-, Handwerks- und Sozialstruktur beeinflußt werden sollte, so daß hierin Ursprünge einer Staatsbank mit wirtschaftspolitischen Funktionen entdeckt werden können; sicherlich sind dort viele Zwecke öffentlicher Verwaltung angesprochen, ohne daß aber die Bezeichnung als "Anstalt" im rechtlichen Sinne aufgefaßt werden dürfte oder daß Bezüge zum Sparkassenwesen bestünden. Allerdings war die Schaffung jener Land-Banco stark politisch motiviert: "Der Zweck, die Staatsschuldenlast zu vermindern, um dadurch den Landescredit zu befestigen, (tritt) in ganz eminenter Weise in den Vordergrund"[24].

Zur Rechtsform dieser Land-Banco ist nichts gesagt; und so hatte denn auch die Landschaft Bedenken und gab zu verstehen (16. Februar 1764), daß "sie sich von der Sache z.Z. noch einen rechten Begriff nicht formiren könne"[25] und u.a. auf eine "bessere Idée" von "dessen innerer Verfassung" warten wolle[26]: "An Ew. Ch. D. geht demnach unser

---

21 U.a. "Kühner's Projekt zur Errichtung eines Banco del Giro vom Jahre 1748", Poschinger, Bankgeschichte Bayern, 1. Lieferung, S. 22 ff

22 Frohn, Handbuch der bayerischen National-Ökonomie, erster Versuch, München 1822, zitiert nach Poschinger, Bankgeschichte Bayern, 1. Lieferung, S. 48

23 Vgl. die "Gedanken zur Errichtung eines Land-Banco" (1762), abgedruckt bei Poschinger, Bankgeschichte Bayern, Beilage V zur 1. Lieferung

24 Poschinger, Bankgeschichte Bayern, 1. Lieferung, S. 54

25 Poschinger, Bankgeschichte Bayern, 1. Lieferung, S. 59

26 Zitiert nach Poschinger, Bankgeschichte Bayern, 1. Lieferung, S. 61

Verlangen dermalen dahin, Uns von der inneren Einrichtung und Wesenheit dieses Banco ... eine nähere Information ... ertheilen zu lassen".

In der Antwort hierauf heißt es, daß dieser Land-Banco "privative" geführt werden, jedoch "gemeinnützlich" sein sollte.[27]

In den "Vorläuffigen Gedenken zum Operations-Plan des künfftigen Münchnerischen Land-Banco" vom 3.4.1764[28] heißt es zur Organisation: "Disen Banco ... wird löbliche Landschafft als ein Corpus non moriens unter Churfürstl. gnädigster Protection führen privativè, hierzue von ieden Stand einer sohin in allen 3 Herren deputirten erwählen, und den Herrn Landschaffts-Canzlern, als Directorn den Banco, und deren subalternen bestellen"..., wobei "welch' namentliche Chefs" ... gratis "tätig werden sollten"[29]. Demnach als eigene Rechtsperson unter privatem Recht sollte der Banco gewinnorientiert tätig werden, einen "Nutzen" eintragen,[30] und zwar einen "Landes-Nutzen"[31].

Als außerordentlich wichtig und erforderlich empfand die Landschaft eine Erklärung des Landesherrn betreffend seiner "Protection": Das heißt, der Banco sollte zur Sicherung des Publikumsvertrauens mit dem besonderen Schutz des Kurfürsten ausgestattet werden, und zwar auch, um seine (des Bancos) Unabhängigkeit zu unterstreichen[32], was vom Kurfürsten zugesichert wurde. Diese "vertrauens-

---

27 Zitiert aus dem "begleitenden Rescripte", abgedruckt bei Poschinger, Bankgeschichte Bayern, 1. Lieferung, S. 66, Note 7

28 Abgedruckt bei Poschinger, Bankgeschichte Bayern, Beilage VII zur ersten Lieferung, S. 51 ff

29 Poschinger, Bankgeschichte Bayern, 1. Lieferung, Beilage VII, S. 52 f

30 Poschinger, Bankgeschichte Bayern, 1. Lieferung, S. 67

31 Poschinger, Bankgeschichte Bayern, 1. Lieferung, S. 62, 72

32 Poschinger, Bankgeschichte Bayern, 1. Lieferung, S. 97

bildende Maßnahme" wurde jedoch zunächst nicht konkretisiert, so daß sich nicht sagen läßt, ob eine derartige Erklärung als Garantiezusage im Sinne einer Gewährträgerhaftung beinhalten oder nur das Vertrauen der Klientel stärken sollte.

Die endgültige Konstituierung des Land-Banco erfolgte 1767. Hierzu erging das "Fundationsdiplom und Protectionsdecret der Churfürstlichen Land-Banco durch Kurfürst Max Josef vom 4.4.1767"[33], welches die Garantieerklärung über die jährliche Dotierung der Bank mit 80.000 Gulden und die Belassung des Geschäftsergebnisses in dem Land-Banco zu dessen "eigenen Kredit" enthielt.[34]

Gleichwohl endete der Land-Banco bereits am 10.3.1779 unter dem Kurfürsten Karl Theodor (1779), der den Land-Banco faktisch auflöste. Angesichts der ursprünglichen Zielrichtung, Einlage und Kreditmöglichkeiten zu schaffen, die anderweitig nicht bestanden, um so zum Wohle des Landes bestimmten gesellschaftlichen Gruppen (Zünften, Handwerkern, Künstlern) Förderung angedeihen zu lassen, wäre die Verschmelzung einer solchen Bankidee mit dem Sparkassengedanken, der auch bestimmte Bevölkerungskreise ansprechen sollte, evtl. möglich gewesen, eine solche Verschmelzung hat jedoch, soweit ersichtlich, nicht stattgefunden.

-

<u>Die gräfliche Creditkasse zu Castell (1775)</u> entstand 1775 mit Genehmigung der Grafen zu Castell als Castell-Remlingen'sche Landeskreditkasse als öffentliches Institut unter "Herrschaftliche Revision" durch Beamte.[35] Es war entstanden aus dem Bestreben, Untertanen, die von gewinnsüchtigen Gläubigern ausgenutzt wurden, billige Kredite zu verschaffen, aus Mitteln, die von vermögenden Untertanen

---

33 Vgl. Poschinger, Bankgeschichte Bayern, 1. Lieferung, S. 107; Beilage VIII hierzu, S. 57 ff

34 Poschinger, Bankgeschichte Bayern, 1. Lieferung, Beilage VII, S. 58 f

35 Poschinger, Bankgeschichte Bayern, 3. Lieferung, S. 16

angelegt wurden. Hauptsächlich wurden Hypothekendarlehen gegeben. Diese Landescreditkasse "bot zudem bei den Krediten den Vorteil beliebiger allmähliger Abtragung" und zugleich Anlagemöglichkeiten für Kapitalien. In dem wegen des großen Erfolges dieser Einrichtung am 31. März, 3. und 10. April 1794 verkündeten "Grundgesetz", welches die Einrichtung als "Unsere Castell Remlingen'Land-Credit-Kassa-Anstalt"[36] bezeichnet, wird das "Institut"[37] für von den herrschaftlichen Kassen unabhängig erklärt[38], weiterhin auf die Entnahme von Gewinn verzichtet, zugleich eine Garantieerklärung abgegeben[39], eigener Inanspruchnahme seitens der Herrschaft entsagt[40] und für die Verwendung des Gewinns Anordnung getroffen. (Fonds für Witwen und Waisen der Landesdiener, Verbesserung der Lehrer und Schulen, Erlernung von Handwerken, "dann zu anderen gemeinnützigen und blos auf die Landes-Wohlfahrt sich beziehenden Anstalten und Einrichtungen" ...[41].)

Mit dieser begrifflichen Unterscheidung zwischen Anstalten und Einrichtungen dürfte bezweckt gewesen sein, solche Einrichtungen zu erfassen, die als "Anstalt" (im Sinne von Armenanstalt, Lehranstalt o.ä.) bezeichnet wurden, um Unsicherheiten, ob bestimmte ausdrücklich so genannte "Anstalten" auch als Einrichtungen anzusehen sein sollten[42], zu vermeiden. Die Kasse jedoch wird konsequent als Anstalt bezeichnet. Zudem sind hier zahlreiche

---

36 Poschinger, Bankgeschichte Bayern, Beilage X zur 3. Lieferung, S. 12 ff

37 Synonym für Anstalt heißt es unter "Zehentens": "Institut"

38 Poschinger, Bankgeschichte Bayern, Beilage X zur 3. Lieferung, S. 13 unter "Erstlich"

39 Wie vorstehende Fußnote unter "zweitens"

40 Anders als heute die Kommunen bei ihren Sparkassen

41 Poschinger, Bankgeschichte Bayern, Beilagen zur 3. Lieferung, S. 15 unter "achtens" a.E.

42 Als andere "Anstalt" wird in diesem Zusammenhang a.a.O., S. 16 unter "Neuntens" die "mit dem fürstlichen Hause Hohenlohe-Neuenstein gemeinschaftl. Brand-Assekuranz-Anstalt" genannt.

Faktoren aufgeführt, die aus heutiger Sicht der Zweckbestimmung kommunaler Sparkassen entsprechen. Der Rechtsform nach handelte es sich zunächst um ein "öffentliches unabhängiges Institut"[43] (1794), später jedoch bewilligte (d.h. ordnete an) die bayerische Regierung die "Fortsetzung jenes Instituts"[44] "in der Natur einer für Polizey- und Wohlthätigkeits-Zwecke gewidmeten Privat-Anstalt"[45], die zur jährlichen Rechenschaft der Aufsicht der "geeigneten Behörde" unterstellt wurde[46].

In einer späteren Urkunde vom 6.7.1827[47] wurde die Sicherungserklärung für die Gläubiger der "selbständigen und von dem gesamten Haus- und Stammvermögen unabhängigen Anstalt" erneuert[48], ebenso die Verpflichtungserklärung zur Aufrechterhaltung der Verwaltung[49].

1853/54 wurden die nicht im Bezirk der (inzwischen vormaligen) Grafschaft gelegenen Gemeinden aus dem Geschäftsbereich der Kasse herausgenommen und die diesbezüglichen Aktiva und Passiva auf die Königliche Bank in Nürnberg übertragen. Damit ergab sich für die Anstalt aber eine wesentliche Verschlechterung, weil mit der Beschränkung auf den Territorialumfang der vormaligen Grafschaft Castell die Geschäfte zurückgingen. Infolgedessen wurde die Beschränkung 1857/58 dadurch revidiert, daß von der

---

43 Poschinger, Bankgeschichte Bayern, Beilage XXII zur 3. Lieferung, S. 13; 3. Lieferung, S. 17

44 Urkunde vom 15.9.1808, abgedruckt bei Poschinger, Bankgeschichte Bayern, Beilage XXII zur 3. Lieferung, S. 31 f

45 Beilage XXII wie vorstehend, S. 31

46 Wie vorstehend, S. 32; dies war zunächst das Cameral-Conferenz-Collegium, später die Gräflich Castellsche Domanial-Canzlei; vgl. Poschinger, Bankgeschichte Bayern, 4. Lieferung, S. 31

47 Wie vorstehend, Beilage XXIII, S. 33; Bay.Reg.Bl. 1830, Nr. 33 = § 12 des Gräflichen Castellschen Haus- und Familien-Vertrags vom 6.7.1827

48 Poschinger, Bankgeschichte Bayern, Beilage XXIII zur 3. Lieferung, S. 32

49 Wie vorstehend

königlichen Bankdirektion die entsprechenden Geschäftsanteile zur Begründung einer "Gräflich Castell'schen Neuen Kreditkasse zu Castell", eines Privatunternehmens in der Hand der gräflichen Standesherrschaft für Darlehen gegen Hypotheken und Deponierung solider Wertpapiere, zurückübertragen wurden.

Diese Anstalten - die alten und die neuen - sind bemerkenswerte Versuche, zur Wohlfahrt der Untertanen und des Landes Geldgeschäfte zu betreiben. Die Idee unterscheidet sich von der Sparkassenidee jedoch dadurch, daß als Adressaten nicht die Sparer, sondern die Kreditnehmer angesprochen waren, und die Wohlfahrt des einzelnen Bürgers nicht im Vordergrund stand, vor allem aber die erzieherische Funktion - Ausbildung des Sparsinns der Bevölkerung - fehlte. Andererseits ist beachtlich, daß gerade bei einem solchen Institut sehr früh die Zuordnung zum öffentlichen Recht - der Begriff sei mit aller Vorsicht verwendet - zu Lasten einer ausdrücklichen Bezeichnung als Privat-Anstalt aufgegeben wurde, wenn dies auch später revidiert wurde.

Die Bayerische Staatsregierung erließ am 4.10.1850 eine Verordnung, in der die Verfassung, Verwaltung und der Wirkungskreis der Königlichen Bank, die aus der in Ansbach und Fürth[50] ansässigen "Königlich Preußischen Banco in Franken" hervorgegangen ist,[51] neu geregelt wurden[52].

In dieser Verordnung wird die Bank als eine unmittelbar unter dem Staatsministerium der Finanzen stehende "Anstalt" charakterisiert, die den Zweck hat, als Wechselbank für Verkehr und Handel tätig zu sein, als Leihbank für

[50] Bestätigt durch Königliches Rescript vom 6.2.1792 und 11.12.1798, vgl. bei Poschinger, Bankgeschichte Bayern, 3. Lieferung, S. 11

[51] Vgl. Poschinger, Bankgeschichte Bayern, 4. Lieferung, S. 1, 3. Lieferung, S. 8 ff

[52] Poschinger, Bankgeschichte Bayern, 4. Lieferung, S. 4, in Note 4, dort Hinweis auf Reg.Bl. S. 785, Döll. Verordnung Bd. XXVIII, S. 1320 bis 1326

Handel, Industrie und Gewerbe, aber auch als Darlehensbank für andere Private, Landwirte, Anstalten usw. "gegen entsprechende Sicherheit Darlehen zu machen"[53]. Für diese "Anstalt" übernahm bzw. behielt der Staat die vollkommene Garantie.

Die Rechtsform dieser "Anstalt" als Staatsbank war jedenfalls nicht privatrechtlich, sondern öffentlich-rechtlich, da dem Staat unmittelbar unterstehend. Bemühungen, sie in eine "Privatanstalt" umzuwandeln, blieben ohne Erfolg.[54]

-

Auch außerhalb des Bankbereiches fand sich in bayerischen Vorschriften der Begriff der Anstalt. In der Verordnung Nr. XV Maximilian Josephs des IV vom 23.4.1799[55], welche die "Geschäftsverteilung" der Staatsverwaltung ordnete, findet sich der Begriff der Anstalten (nur) in dem Kapitel über die "Deputation in Polizeysachen"[56] und dort in dem Sinne von Maßnahmen ("Anstalten wider Vaganten, liederliches und herrenloses Gesinde")[57], "Sicherheits-Anstalten wider schädliche Tiere ..., Unglücksfälle"[58], zugleich aber auch im Sinne von Einrichtungen ("Sanitaets-Anstalten")[59], "Anstalten für Arme, Gebrechliche, und unvermoegliche Personen, die Einrichtung, Verbesserung der Spinn- und Arbeitshäuser ... Anstalten für Waisen, und Unterstützung der Witwen". Besondere Beachtung in sprachlicher Hinsicht verdient die Erwähnung der "Anstalten für Wahnsinnige durch Herstellung eines wohlgeordneten Tollhauses"[60]. Deutlich zeigt sich hierin die fehlende Trennschärfe des

---

53 Poschinger, Bankgeschichte Bayern, 4. Lieferung, S. 5

54 Poschinger, Bankgeschichte Bayern, 4. Lieferung, S. 8

55 Chur-Bair. Landesverordnungen I, S. 40 ff

56 a.a.O., S. 42 ff

57 a.a.O., S. 42

58 a.a.O., S. 43

59 a.a.O., S. 43

60 a.a.O., S. 43

Begriffs der Anstalt. Klingt auch nach heutigem Sprachgebrauch "Anstalten für Wahnsinnige" nach einer Einrichtung, so wird durch den Nachsatz deutlich, daß auch hier "Maßnahmen" gemeint sind.

In diesem Kapitel wird neben "Anstalten" und "Einrichtung" auch der Begriff "Institut" gebraucht ("Armen- und Almosen-Institute")[61]. Ein bestimmtes Verhältnis der Begriffe zueinander ist jedoch noch nicht erkennbar.

An anderer Stelle[62] ist von der Errichtung eines Irrenhauses in Giesing die Rede (Verordnung Nr. XLVI vom 21.5.1800), welches im institutionellen Sinne als "Anstalt für Wahnsinnige" bezeichnet wird.

Mit diesen Beispielen mag es hier bewenden. Sie reichen aus, um die unbefangene Verwendung des Begriffs "Anstalt" zu dokumentieren.

b) Kurhessen

Die "Neue Sammlung der Landesordnungen, aus Schreiben und anderer allgemeinen Verfügungen" enthält im Registerband von 1843 einen Titel "Staats-Anstalten im Bereiche der allgemeinen Verwaltung"[63], mithin eine Zuordnung des Begriffs der Anstalt zu Staat und allgemeiner Verwaltung.

Insbesondere ist als Anstalt genannt die Brandkasse[64] (Brandversicherungs-Anstalt[65]), und zwar schon in den Verordnungen seit 1767.

---

61 a.a.O., S. 43; Chur-Bair. Landesverordnungen II, S. 187 (Verordnung vom 5.9.1800) betrifft das Münchener "Armen-Institut", von dessen selbständigem Charakter man offenbar ausging, da man es von Steuern und Kosten befreite.

62 Chur.Bair. Landesverordnungen II, S. 183

63 Neue Sammlung Kurhessen (im folgenden NSK), Registerband S. 306

64 Verordnung vom 27. April 1767, NSK, Bd. 3, S. 224

65 Verordnung vom 10. Februar 1775, NSK, Bd. 3, S. 434 (§ 6)

Ausdrückliche Regelung fanden hier die "allgemeine Zugänglichkeit"[66], sowie die Bestellung einer Generaldirektion (Kommission, dem Innenministerium untergeordnet und aus dem Direktor und zwei von den Landständen zu wählenden und zwei landesherrlichen Mitgliedern "nebst Unterpersonal" bestehend), also eines Vertretungsorgans[67].

In der Verordnung vom 29.6.1821, in der die Zuständigkeiten der Staatsverwaltung festgelegt wurden, wurde die Kommission - nicht die Anstalt - der Aufsicht des Innenministeriums unterstellt,[68] darüber hinaus finden sich detaillierte Beschreibungen der Aufgaben der Anstalt[69].

Eine Art "Anschluß- und Benutzungszwang" wurde dadurch angestrebt, daß zwar keine Versicherungspflicht bestand, jedoch Grundstücke mit abgebrannten unversicherten Gebäuden, die nicht nach "Jahr und Tag" wieder bebaut wurden, an den Meistbietenden zum Zwecke der Bebauung verkauft wurden.[70]

Über die Finanzen der Anstalt wurden nicht alle Einzelheiten veröffentlicht, jedoch die Beiträge festgelegt (§ 16)[71] und Rechnungsprüfung angeordnet. Die (öffentlichrechtliche) Aufgabe der Versicherungsanstalt wurde gesehen in der "landesväterlichen Vorsorge"[72] für die Untertanen.

---

66 NSK, Bd. 3, S. 224

67 NSK, Bd. 3, S. 225

68 NSK, Bd. 3, S. 225

69 Vor allem im grundlegenden Statut vom 27.4.1767, NSK, Bd. 3, S. 224 ff

70 NSK, Bd. 3, S. 224 ff

71 NSK, Bd. 3, S. 230; der Mindestbetrag der Summe der eingeschriebenen Gebäude betrug 4 Mio. Thaler, damit der Zweck der Anstalt erreicht werden konnte (§ 28); am Ende des Jahres 1835 betrug das gesamte Brandsteuerkapital über 76 Mio. Thaler, vgl. Anm. zu § 28 in NSK, Bd. 3, S. 236

72 NSK, Bd. 3, S. 224

Mit dieser Einrichtung war auch nach seinerzeitigem Verständnis ein öffentliches Institut unter staatlicher Regie anerkannt, welches - dem Verständnis des absoluten, das Staatsgeschehen autokratisch lenkenden und kontrollierenden Staates entsprechend - eine als staatlich verstandene Tätigkeit entfaltete.

-

Eine Verordnung vom 10.7.1818 betraf die Erfordernisse, unter denen "Schuldner öffentlicher Anstalten und milder Stiftungen" gültig von ihren Schulden befreit werden konnten. Dies war nur möglich, wenn sie die Originalurkunde (Original-Schuldverschreibung, Obligation)[73] zurückerhielten. In der Verordnung ist teils synonym von "Instituten", "milden Stiftungen" und "öffentlichen Anstalten" die Rede, wobei aber "öffentliche Anstalten" den "milden Stiftungen" auch gegenübergestellt wurden (§ 3)[74].

-

Eine Verordnung vom 18.12.1823[75] betraf die Rechtsverhältnisse auf den Inhaber lautender Schuldscheine. In § 3 der Verordnung wurden "die Vorstände von Gemeinden, Körperschaften, Anstalten und Stiftungen ..." für befugt erklärt, Inhaberpapieren diese Eigenschaft dadurch zu nehmen, daß sie den gegenwärtigen Eigentümer auf dem Papier notierten, so daß diese nur an den Eigentümer ausgezahlt werden konnten, sowie später, dann allerdigs mit gerichtlicher Beglaubigung, durch Streichung des Vermerks wieder an jeden Inhaber zahlbar zu machen[76].

-

1821 und 1822 finden sich in der Kurhessischen Gesetzgebung deutliche Hinweise auf ein die Anstalt als staatlichen Funktionsträger betrachtendes Verständnis. Bei Klagen "wider eine Stadt, Land, Gemeinde oder öffentliche An-

---

73 Sammlung Kurhessen (SK), 2. Bd., 1818, S. 81

74 SK, Bd. 3, 1818, S. 82

75 SK, Bd. 4, 1823, S. 81 ff

76 SK, 4. Bd., 1823, S. 82

stalt" bestimmte § 2 des "Ministerial-Ausschreibens" vom 16. Februar 1822, daß "dem Kreisamte oder der sonstigen einschlägigen Verwaltungsbehörde Nachricht zu geben sey".[77]

Im Falle von Rechtsstreitigkeiten oblag die "Vertheidigung der landesherrlichen Hoheits- und Staatsgerechtsame" dem "in jeder Provinz gestellten Staats-Anwalt"[78] auch dann, wenn es sich um "der Aufsicht des Staats untergebene Anstalten"[79] handelte.

-

Nach der Verordnung vom 29.6.1821, "die Umbildung der bisherigen Staatsverwaltung betreffend"[80] waren gem. § 23 "der höheren Leitung und Oberaufsicht des Ministeriums des Innern ... folgende Gegenstände der allgemeinen Landes-Verwaltung anvertrauet"[81]:
Ziff. 9: "die öffentlichen oder Gesellschafts-Anstalten und Stiftungen zu gemeinnützigen Zwecken - mit Ausschluß der dem General-Kriegs-Departement untergebenen Anstalten, und den Forstwitwen-, Berghülffs- oder anderen Special-Instituten im Finanzfache"[82].

Hieraus läßt sich folgern, daß bei der Verordnung die Vorstellung zugrunde lag, daß der Staat nicht nur Aufsichtsrechte ü b e r die Anstalten für sich beanspruchte, sondern auch Interesse a n ihnen, also ein staatseigenes Interesse hatte. Hierin findet die Beziehung der Anstalten zu ihrem Muttergemeinwesen Ausdruck: Es handelt sich bei der Anstalt um ein zu verteidigendes Stück Staat. Aus der Meldepflicht über Rechtsstreitigkeiten der Anstalten läßt sich auf ein Interesse der übergeordneten Behörde und damit staatlicher Machtträger an den Belangen der

77 NSK, Bd. 1, S. 335, Note 1

78 NSK, Bd. 1, S. 335, Note 6

79 NSK, Bd. 1, S. 335, Note 6

80 SK, Bd. 3, 1821, S. 29 ff

81 SK, Bd. 3, 1821, S. 34, § 23

82 wie vorstehend

Anstalten erkennen. Eine abstrahierende Präzisierung des Anstaltsbegriffs fand jedoch gleichwohl zu diesem Zeitpunkt noch nicht statt.

In einer Verordnung vom 2. März 1839[83] findet sich eine vollständige Zusammenstellung der von den Staatsanwälten zu vertretenden "Anstalten":

"a) Kirchliche Institute
Die Consistorialkassen zu Cassel, Marburg und Hanau; die Zinsmeisterei casse zu Marburg, die Landkirchenkasse zu Hanau, das Collegiatstift zu Salmünster.

b) Unterrichts-, Kunst- und wissenschaftliche Anstalten
Die Gymnasien zu Cassel, ..., der Lyceumsfonds zu Fulda, die Höhere Gewerbeschule zu Cassel, die Handwerksschulen, die Schullehrer-Seminare ..., die Landschulkassen zu ..., die Hebammen-Lehranstalt zu Marburg, die Zeichnungs-Akademie zu Hanau, die Landesbibliotheken.

c) Institute zu verschiedenen gemeinnützigen Zwecken
Die Leihhäuser zu Fulda und Hanau, die Provinzial-Wochenblattskassen zu ..., die Landgerichts- und Amtsarmenkassen in den Kreisen Fulda und Hünfeld.

d) Pensionsanstalten
Die herrschaftliche Pfarrer-Witwenkasse zu Cassel, der Invalidenfonds zu Fulda, die allgemeine Witwen- und Waisenkasse zu Hanau.

e) Landes- und Provinzial-Hospitäler und Krankenhäuser
...

f) Milde Stiftungen
(Es folgen verschiedene Waisenhäuser, Armenhäuser, Siechenhäuser, Witwenstiftungen sowie einzelne namentlich bezeichnete Stiftungen)."

Damit liegt ein interessanter Überblick über die Einrichtungen vor, die 1839 als "Anstalten" angesehen wurden. Zugleich ergibt sich daraus, wie weit dieser "Anstaltsbegriff" noch war. An diesem weiten Verständnis hat sich auch in der Folgezeit nicht viel geändert. Als Beispiele dürfen die genannten Verwendungen des Begriffs auch hier genügen.

---

83 SK, Bd. 8, 1839, S. 13 f

c) Baden

§§ 9 und 10 des Konstitutionsedikts vom 14.7.1807[84] liefern die Grundlage für das Verständnis vom Begriff der "Staatsanstalt" in Baden zu Beginn des 19. Jh. Es wird unterschieden zwischen "Gemeinheiten, Körperschaften und Staatsanstalten." In Abgrenzung zu den Körperschaften (Gesellschaften, "bestättigte ewige Staatsgesellschaft"[85]) mit Rechtsfähigkeit ("Recht der Persönlichkeit"[86]), deren Zweck zugleich ein "Theil des Staatszwecks" ist und die eine körperschaftliche interne Willensbildung vollziehen, ist danach eine reine Staatsanstalt (Siechenhäuser, Irrenhäuser), nur eine solche, die kein eigenes Recht hat, "Schlüsse zu fassen", also keine interne Willensbildung vollzieht, und die "von dem jeweiligen Gutfinden des Regenten abhängt", der die Entscheidungen fällt. Er bestimmt auch die Tätigkeit der Anstalt bei den laufenden Geschäften; sie ist also rechtlich und tatsächlich unselbständig.

In Abgrenzung hierzu sieht das Edikt "gemischte Anstalten" (z.B. Diener-Witwen-Versorgungs-Anstalten), bei denen auch körperschaftliche Elemente vorliegen, denen gemäß eine interne Willensbildung der Mitglieder erfolgt, zugleich aber ist das Verhältnis der Benutzer zu der Anstalt hier wie bei einer reinen Staatsanstalt geregelt. Damit ist schon hier für diese "Anstalten" eine Trennung zwischen "innen und außen" festzustellen. Zu diesem Zweck werden die Beteiligten unterschieden in "genießende" und "arbeitende". Arbeitende sind die für die Anstalt handelnden Personen; die Genießenden sind genau wie heute nicht Mitglieder mit korporativen Teilnahmerechten, sie haben aber andererseits ein Recht gegenüber der Anstalt auf Nutzung.

---

84 Reg.Bl. S. 125; abgedruckt in Walz (Hrsg.), Das geltende Badische Recht, 2. Bd., S. 911 ff

85 Walz a.a.O., S. 912

86 Walz a.a.O., S. 912

Wie die Verhältnisse im einzelnen zu regeln sind, ist nicht generell vorgesehen, sondern dies hängt jeweils von den "Entstehungsverträgen", will sagen von den Statuten ab[87], ebenso wie die Frage, ob die Bediensteten Staatsdiener sind oder nicht.

Die Staatsanstalten waren demnach Einrichtungen mit recht elastischen Strukturen, deren sich der Regent, dem auch die Festlegung des "Würkungs-Kreises"[88] zustand, bedienen konnte. Ganz deutliche Hinweise auf Kriterien, nach denen heute die Leistungsverwaltung bestimmt wird, finden sich in der Formulierung "Theilnahme an dem Genuß eines LebensVortheils, der durch fremde Bemühung erzielt wird, und der zugleich mit unter die ergänzenden Theile des Staatszwecks gehört".[89]

Damit ist deutlich ausgesprochen, daß auch die Erbringung von Leistungen für die Bürger ein Teil des Staatszwecks ist, vor allem aber, daß hierfür die "Anstalt" die gebotene Handlungsform ist.

-

In der Badischen Gemeindeordnung für die nicht unter die Städteordnung fallenden Gemeinden in der Bekanntmachung vom 18.10.1810[90] nennt § 74[91] als Oberbegriff die "Veranstaltungen", darunter fallen "Anstalten, Anlagen oder Einrichtungen". In diesem Zusammenhang ist davon die Rede, daß durch die Veranstaltungen "besondere Vorteile dargeboten oder bestimmte Nachteile abgewendet werden" können.

---

87 Walz a.a.O., S. 913 (§ 10 des Konstitutionsedikts vom 14.7.1807)

88 Walz a.a.O., S. 913

89 Walz a.a.O., S. 913

90 Gesetzblatt 1810, S. 597; abgedruckt bei Walz a.a.O., S. 763 ff

91 Walz a.a.O., S. 789

Das Badische Sparkassengesetz von 1880 bezeichnete die Sparkassen als öffentliche Anstalten mit eigener Rechtspersönlichkeit.[92]

d) Preußen

Unter Ausklammerung der Sparkassen, die später untersucht werden, lassen sich auch für Preußen zahlreiche Verwendungen des Begriffs "Anstalt" nachweisen.

Schon in den Kronprinzenvorträgen von Svarez findet sich der Begriff mehrfach: Zum Staatszweck gehört das Sorgen für "Anstalten ..., wodurch den Einwohnern Mittel und Gelegenheiten verschafft werden, ihre Kräfte und Fähigkeiten auszubilden und dieselben zur Beförderung ihres Privatwohlstandes anzuwenden".[93]

Sodann sind die "reflexiones über Gefängnis, Straf- und Besserungsanstalten"[94] zu nennen, wo der Begriff im institutionellen Sinne für die genannten Einrichtungen verwendet wird, dabei gleichzeitig konsequent die Verbindung zum Staat und zu dessen Aufgaben betont und wo auch deutlich wird, daß die finanzielle Last, die mit der Errichtung der Anstalten verbunden ist, den Staat trifft[95]. Außerdem finden sich "Medizinalanstalten"[96] und "Armenanstalten"[97].

---

92 Heyden, Baden, S. 3

93 C. G. Svarez, Vorträge, hrsg. v. Conrad/Kleinheyer, S. 228 (204 R)

94 C. G. Svarez a.a.O., S. 429 (277 R f)

95 C. G. Svarez a.a.O., S. 432 (278 R)

96 C. G. Svarez a.a.O., S. 315 (232)

97 C. G. Svarez a.a.O., S. 9 (119); S. 642 (über den Zweck des Staats), S. 642

Daneben aber wird das Wort synonym mit Maßnahmen, Handlungen oder Tätigkeiten verwendet[98], an gleicher Stelle aber nennt Svarez wiederum "Armenverpflegungsanstalten"[99].

Die doppelte Bedeutung des Wortes Anstalt wird insbesondere deutliche erkennbar in der Formulierung: "... den Zweck des Staates bloß darauf einzuschränken,

a) daß Anstalten getroffen werden sollen, durch welche die moralischen Beweggründe zur Ausübung der Pflichten des Wohlwollens erweckt, unterhalten und gestärkt werden sollen; dahin Unterrichts- und Erziehungsanstalten, ..."[100].

Welche konkreten Vorstellungen bei Svarez hinsichtlich der Erfordernisse für die Annahme einer Anstalt oder aber doch wenigstens einer bestimmten Art von öffentlichen Einrichtungen bestanden, zeigen die von ihm genannten Kriterien im skizzierten Leitfaden zu den mündlichen Vorträgen:[101]

- Zu einem gemeinnützigen Zwecke errichtet,
- beständig fortdauernd,
- durch den Staat als solche ausdrücklich bestätigt.

Dies sind für Svarez zwar keine Merkmale für einen Anstaltsbegriff, noch sind sie auch nur auf die Anstalt beschränkt, sondern sie betreffen "Rechte der größeren Gesellschaften im Staat",[102] jedoch zählen zu den unter dieses Begriffsmerkmal gefaßten Einrichtungen auch die "öffentlichen Unterrichtsanstalten"[103]; diesen sei "vorzügliche Aufmerksamkeit" zu widmen.

---

98 C. G. Svarez a.a.O., S. 490 (305)

99 wie vorstehend

100 C. G. Svarez a.a.O., S. 8 (119)

101 C. G. Svarez a.a.O., S. 312 (231 R)

102 C. G. Svarez a.a.O., S. 312 (231 R)

103 wie vorstehend; die Unterrichtsanstalten sind auch noch erwähnt S. 8 (119)

Im Allgemeinen Landrecht für die Preußischen Staaten von 1794 (ALR) soll sich ein eigener Anstaltsbegriff noch nicht ausgebildet haben.[104]

Die Tätigkeiten der Polizei waren z.B. nach II 17 § 10 ALR "Anstalten zur Erhaltung der öffentlichen Ruhe, Sicherheit und Ordnung"; dies läßt erkennen, daß nicht eine Anstalt im institutionellen Sinne gemeint ist, sondern daß hier eine Tätigkeit beschrieben wird. Das Wort steht also in II 17 § 10 ALR etwa an Stelle der gemeinten "Maßnahmen" (Handlungen).[105]

II 11 § 1 lautet: "Schulen und Universitäten sind Veranstaltungen des Staates ...". § 2: "Dergleichen Anstalten sollen nur mit Vorwissen und Genehmigung des Staats errichtet werden".

Es ist nicht zu bestreiten, daß dem im ALR verwendeten Anstaltsbegriff noch die für die Annahme eines juristischen Begriffs erforderliche Abstraktheit fehlt, mit welcher die Erfassung eines bestimmten Verwaltungstyps ermöglicht werden könnte.[106] Er wurde vielmehr ganz unbefangen verwendet, wie überhaupt das Denken in festdefinierten Begriffen zur Zeit der Schaffung des ALR noch nicht so ausgeprägt war, wie es heute der Fall ist.

Dementsprechend vertrat auch das preußische Oberverwaltungsgericht (PrOVG)[107] die Auffassung, daß der Begriff "Anstalten nach dem landrechtlichen Sprachgebrauch ... neben ständigen Einrichtungen offenbar auch einmalige 'Anordnungen'" begreife.[108]

---

[104] Vgl. Pohl, S. 7, Jecht, S. 11

[105] Scholz, S. 67

[106] Vgl. Jecht, S. 46; vgl. Badura, S. 26 ff

[107] PrOVG 27, 66

[108] Vgl. PrOVGE 27, 62 (66); 52, 84 (87 ff); vgl. aber auch PrOVGE 45, 140 (143 f)

Zum Teil bezweckten die Regelungen des ALR allerdings, dem Staat die Kompetenz für einzelne als "Anstalt" oder "Veranstaltung" bezeichnete Bereiche vorzubehalten, wie etwa II 12 § 1 ALR den Zweck hatte, den Kirchen die Kulturhoheit zu entziehen und sie dem Staat als öffentliche Aufgabe zuzuordnen.[109]

Es finden sich im ALR noch mehrfach Vorschriften, welche mit den Anstalten im damaligen Sprachverständnis zu tun haben, z.B. in II 6 §§ 25 ff; II 19 §§ 32 bis 41. Insbesondere der 19. Titel des zweiten Theils des ALR beschäftigt sich mit "Armenanstalten und andern milden Stiftungen". Der Begriff Anstalten wird dort verwendet in dem Sinne, "Anstalten zu treffen" (II 19 § 6), andererseits werden Landarmenhäuser (II 19 § 18) als Anstalt bezeichnet (II 19, §§ 19, 22).
Ebenso sind "Hospitäler, Waisen- und Findel-, Werk- und Arbeitshäuser" (II 19 § 32) Anstalten (II 19 § 33), die von "Stiftern" herstammen (II 19 § 34): Diese Anstalten sind der "Oberaufsicht des Staats unterworfen" (II 19 § 37) (Rechtmäßigkeitskontrolle und Überwachung der Bemühungen, den "Endzweck" solcher "Stiftungen" sicherzustellen).

Solche "Anstalten" haben die Rechte "moralischer Personen", sind also rechtsfähig (II 19 § 42), sie haben sogar ein eigenes Erbrecht (II 19 § 50), wodurch zum Ausdruck gebracht wird, daß es bei der Rechtsfähigkeit im Sinne der Eigenschaft "moralischer Personen" um die zivilrechtliche Rechtsfähigkeit geht; weitergehende Vorstellungen hinsichtlich einer öffentlich-rechtlichen Qualifizierung sind damit aber nicht ausdrücklich verbunden. Andererseits wird die "innere Verfassung dieser 'Anstalten'" in II 19 §§ 76 ff angesprochen, sie wird nicht allgemein

---

[109] Jecht, S. 11 f

geregelt; gleichwohl sind die "Vorsteher und Verwalter solcher Anstalten als Diener des Staats anzusehen" (II 19 § 80)[110].

Im ersten Theil (I 14 §§ 169 ff) ist die "Verwaltung öffentlicher Kassen und Anstalten" geregelt, dort findet sich die bemerkenswerte Formulierung von dem "ganzen Inbegriff von Rechten oder Gütern des Fiskus", welcher (I 14 § 170) zu verwalten sei.

Mit Blick auf den späteren Anstaltsbegriff, für den die Verselbständigung von persönlichen und sächlichen Mitteln kennzeichnend war, läßt sich schon hier ein Ansatz zu einer Vergegenständlichung und Verselbständigung eines Teils des Staates erkennen, zumal diese Regelung sich in dem Abschnitt "von Verwaltung fremder Sachen und Güter" findet, doch dürfen aus dieser Formulierung allein weitere Schlüsse noch nicht gezogen werden.

Soweit das ALR verschiedenen Anstalten die Rechte der Korporationen (II 12, §§ 54, 67, d.h. Schulen, Gymnasien, Universitäten) oder moralischer Personen (II 19, § 42, d.h. Armen- und Versorgungsanstalten) zusprach, muß das Gesetz dahin verstanden werden, daß die dort genannten Anstalten zu dem Anstaltszweck verwaltet werden und zu diesem Zweck zu behandeln sein sollten, als ob sie eine Persönlichkeit wären. Insofern ist in der Zubilligung der Rechtsfähigkeit eine reine Zweckmäßigkeitsüberlegung zu sehen, der eine bestimmte Begrifflichkeit nicht zugrunde lag[111].

Es ist daher wohl zutreffend, wenn dem ALR die Ausbildung eines Anstaltsbegriffs nicht zugesprochen wird, doch enthält es vielfach fruchtbare Ansätze hierzu.

-

110 Als "mittelbare Staatsdiener" insofern, als "die Anstalt nicht eine dem Fiskus zugehörige ist": Koch, ALR, II 19 § 80 Anm. 74

111 Vgl. Förster-Eccius, 6. Aufl., 1893, S. 697 f

In späteren Vorschriften und Verordnungen findet sich der Anstaltsbegriff immer wieder. So in einer Verordnung vom 20. Juni 1817[112] in deren § 43 es heißt, daß "die öffentlichen Lasten und Realabgaben an Kirchen, Schulen und andere öffentliche Anstalten gehörig vertheilt"[113] werden sollten. In § 65 dieser Verordnung ist im Sinne des ALR wieder die Rede von "milden Stiftungen und anderen öffentlichen Anstalten"[114]. Eine Ausnahme von der Grundsteuerpflicht enthält § 8 Ziff. 2 des "Grundsteuer-Gesetzes für die westlichen Provinzen vom 21.1.1839"[115] für "Besserungs-, Aufbewahrungs- und Gefängniß-Anstalten nebst den zu diesen Gebäuden gehörigen, mit ihnen in der selben Befriedung belegenen Hofräumen und Gärten"[116]; so daß "Anstalt" hier nur als eine Bezeichnung für das Gebäude zu verstehen und ohne rechtlichen Gehalt ist. In der für die Provinz Posen geltenden Verordnung vom 14.10.1844[117] kommen in diesem Sinne "Straf-Anstalten" hinzu (§ 13 b)[118].

In dem "Gesetz, betreffend die Aufhebung der Grundsteuerbefreiungen vom 24.2.1850[119] wird in § 2 verdeutlicht, daß die weiterhin befreiten Grundstücke, mithin auch die, auf welchen sich die Anstalten der genannten Arten befinden, solche sind, "die zu einem öffentlichen Dienste oder Gebrauche bestimmt sind", woraus das Erfordernis einer bestimmten Zweckbestimmung erkannt werden kann, die sich

---

112 Die Organisation der Generalkommissionen und der Revisionskollegien ... betreffend, Grotefend, Bd. 1, S. 131 ff

113 Grotefend, Bd. 1, S. 142

114 Grotefend, Bd. 1, S. 146 f; vgl. auch § 11 der Verordnung vom 30.6.1834, Grotefend, Bd. 1, S. 136, Fußn. 2 rechte Spalte; § 11 der Verordnung vom 22. November 1844, Grotefend, Bd. 1, S. 139, Fußn. 2

115 Grotefend, Bd. 1, S. 525 ff (526)

116 Grotefend, Bd. 1, S. 526

117 Grotefend, Bd. 1, S. 604 ff

118 Grotefend, Bd. 1, S. 606

119 Grotefend, Bd. 2, S. 18 f

aber ebenfalls auf das Grundstück bzw. das Gebäude bezieht, und damit keine bestimmte organisatorische oder gar organisationsrechtliche Bedeutung haben kann.[120]

-

Im Einführungsgesetz zur Konkursordnung vom 8.5.1855 werden den "mit fiskalischen Rechten versehenen Anstalten" Pfandrechte gesichert[121] (Art. 11, Nr. 1), diese Anstalten werden dem Fiskus gleichgestellt.

-

Im "Regulativ über die Verwaltung des Landarmen-Wesens und das Verfahren gegen die zur Korrektion zu ziehenden Landstreicher, Bettler und Arbeitsscheue in dem Markgrafthum Niederlaussitz" vom 17.5.1846[122] ist von "Irrenanstalten, Korrektions- und Arbeitsanstalten" die Rede. Das Regulativ enthält u.a. Vorschriften über die Vertretung der Anstalten (§§ 6, 12), über deren Finanzierung aus Mitteln der Benutzer (bzw. deren Angehöriger) (§ 9) und der Staatskasse (§ 10) sowie der Kommunen (§ 11) schließlich auch über die Zweckbestimmung der Anstalten (z.B. § 6), dann werden auch über die Finanzaufsicht ausdrückliche Anordnungen getroffen (§§ 5, 8), während Einzelheiten zur allgemeinen Aufsicht nur angedeutet sind (§ 16) was jedoch nicht den Schluß zuläßt, daß eine Aufsicht über diese Anstalten nicht bestand.

-

Die preußischen Städteordnungen für die östlichen Provinzen vom 30.5.1853[123], für die Provinz Westfalen vom 19.3.1856[124] und für die Rheinprovinz vom 15.5.1856[125] enthielten den Begriff der "Gemeindeanstalten" (vgl. etwa §

---

[120] Dieses Merkmal findet sich wieder im "Gesetz, betreffend die anderweite Regelung der Grundsteuer vom 21.5.1881, § 4, Grotefend, Bd. 2, S. 316

[121] Grotefend, Bd. 2, S. 204

[122] Stoepel, Bd. II (1846 bis 1867), S. 10

[123] Abgedruckt bei Grotefend, Bd. 2, S. 146 ff

[124] Grotefend, Bd. 2, S. 218 ff

[125] Grotefend, Bd. 2, S. 248 ff

4). Alle Einwohner sollten zu ihrer Benutzung berechtigt sein. Dieser Begriff entbehrte ebenso wie der des ALR noch einer klaren Kontur. Insbesondere die in § 4 der Städteordnungen enthaltene Verknüpfung des Begriffs mit den "Stiftungen" läßt den Schluß zu, daß hier "Anstalt" mit "Einrichtung" gleichbedeutend ist, ohne daß damit über die Organisation der Einrichtung etwas gesagt ist. Die Verbindung des Begriffs der Anstalt mit dem der Stiftung geht zurück auf den 19. Titel des zweiten Teils des ALR.

In § 4, Abs. 2 der Städteordnungen heißt es: "Die Bestimmungen besonderer Stiftungen, welche mit der gleichen städtischen Gemeindeanstalten verbunden sind ...".

-

Die revidierte Hannoversche Städteordnung vom 24. Juni 1854[126] kannte den Begriff der "Stiftungen und Anstalten, welche zu frommen und nützlichen Zwecken bestimmt sind" (§ 125). Deren Vermögen sollte nach der Städteordnung vom Stadtvermögen gesondert werden. Die Erwähnung der Anstalten findet sich wieder unter der Überschrift "Milde Stiftungen", so daß man davon ausgehen muß, daß auch zu diesem Zeitpunkt die Anstalt noch als ein Unterfall zur Stiftung angesehen wurde.

-

Im "Gesetz, betreffend die Verfassung und Verwaltung der Städte und Flecken der Provinz Schleswig-Holstein" vom 14.4.1869[127] erhalten die Gemeindeangehörigen in § 5 die Berechtigung zur "Mitbenutzung derjenigen öffentlichen Anstalten, welche der Stadtgemeinde als solche angehören", ebenso wie schon im Gemeindeverfassungs-Gesetz für die Stadt Frankfurt a.M. vom 25.3.1867 (§ 7)[128].

-

126 Abgedruckt bei Stier/Somlo, Sammlung preußischer Gesetze, S. 304 ff

127 Stier/Somlo a.a.O., S. 366

128 Grotefend, Bd. 2, S. 574

Für Schleswig-Holstein galt gem. § 20 der Städteordnung weiter, daß bezüglich der besonderen Verwaltung einzelner kommunaler - oder auch nur genossenschaftlicher, jedoch der kommunalen Verwaltung unterstellter -Vermögensobjekte, Kassenstiftungen und Anstalten das Ortsstatut näheres bestimmen kann.[129] § 21 enthält die Ermächtigung zur Festsetzung einer jährlichen Abgabe für die Teilnahme des Bürgers an den Gemeindenutzungen, also auch für die Benutzung der Anstalt.

Eine entsprechende Teilnahmeberechtigung der Amtsangehörigen bzw. Landesangehörigen an den "Anstalten" enthält die Hohenzollersche Amts- und Landesordnung vom 2.4.1873[130] in § 4 Ziff. 2 und § 51. Dort wird unterschieden zwischen "Amtseinrichtungen und Anstalten", die wie das Grund- und Kapitalvermögen nach von der Amtsversammlung festzustellenden Grundsätzen zu verwalten sind (§ 26 Ziff. 6)[131].

Diesem Anstaltsbegriff liegt demnach nicht die Vorstellung einer Gleichheit von "Anstalt" und Einrichtung zugrunde. Jedoch wird erkennbar, daß diese Anstalten solche sein sollen, auf die die Amtsversammlung unmittelbaren Einfluß hat. Eine entsprechende Klausel enthält § 116 Ziff. 6 der Kreisordnung vom 19. März 1881[132] wonach der Kreistag die Verwaltungsgrundsätze auch für die Kreiseinrichtungen und Anstalten festzulegen hat.

-

In § 7 Ziff. 2 der Kreisordnung ist das Recht der Kreisangehörigen "zur Mitbenutzung der öffentlichen Anstalten nach Maßgabe der für dieselben geltenden Bestimmungen" enthalten.[133]

---

129 Stier/Somlo a.a.O., S. 371

130 Grotefend, Bd. 3, S. 492

131 Grotefend, Bd. 3, S. 496

132 Grotefend, Bd. 4, S. 655 ff, 671

133 Grotefend, Bd. 4, S. 655

Das Recht zur Benutzung der öffentlichen Einrichtungen und Anstalten des Provinzialverbandes findet sich für die Provinzialangehörigen in § 6 Ziff. 2 der Provinzialordnung für die Provinzen Ost- und Westpreußen, Brandenburg, Pommern, Schlesien und Sachsen vom 29.6.1875[134].
Im Erbschaftssteuergesetz vom 30.5.1873[135] werden der "Fiskus und alle öffentlichen Anstalten und Kassen, welche für Rechnung des Staates verwaltet werden oder diesen gleichgestellt sind"[136] von der Erbschaftssteuer befreit. Dies ist Ausdruck der zivilrechtlichen Rechtsfähigkeit einschließlich der Erbfähigkeit, die schon im ALR geregelt war, sowie gleichzeitig der Nicht-Gleichstellung solcher "moralischer Personen" mit anderen moralischen Personen des Zivilrechts.

Unter Verwendung dieser Begriffe enthielt schon das "Gesetz, betreffend den Ansatz und die Erhebung der Gerichtskosten" vom 10.5.1851 in § 4 Kostenbefreiung[137] und das Gesetz vom 19.7.1867 die Befreiung von der Stempelsteuer.[138]

Im Gesetz vom 14.8.1876, "betreffend die Verwaltung der den Gemeinden und öffentlichen Anstalten gehörigen Holzungen ..." sind aufgezählt: "... öffentliche Schulen, höhere Unterrichts- und Erziehungsanstalten, fromme und milde Stiftungen und Wohltätigkeitsanstalten"[139].

In der "Landgemeindeordnung für die sieben östlichen Provinzen der Monarchie vom 3.7.1891"[140] wird gemäß § 136 den Verbandsvorstehern die Zuständigkeit für Entscheidun-

---

134 Abgedruckt bei Anschütz-Dochow, S. 490 ff, (= GS. S. 335)

135 Grotefend, Bd. 3, S. 547 ff

136 Grotefend, Bd. 3, S. 556

137 Grotefend, Bd. 2, S. 87

138 Gesetz vom 19.7.1867, § 4a, Grotefend, Bd. 2, S. 674

139 Grotefend, Bd. 4, S. 100, § 1

140 Gesetzsammlung 1891, S. 233 ff

gen über "Beschwerden und Einsprüche, betreffend das Recht zur Mitbenutzung der öffentlichen Einrichtungen und Anstalten der Kommunalverbände" zugewiesen. In ihr findet sich damit auch hinsichtlich der Rechtsbehelfe eine Einbindung der Anstalten in den Verwaltungsaufbau. Ebenso ist dort für den Bereich "Gemeindeanstalten" in § 9 die Entscheidung über Streitigkeiten betreffend das Recht der Mitbenutzung der Gemeindeanstalten dem Gemeindevorsteher (Gemeindevorstand) zugewiesen; das Kommunalabgabengesetz vom 14.7.1893[141] enthält dann wieder synonym die "Anstalten und Veranstaltungen" (4 KAG). Der erste Absatz des vielfach zitierten § 4 KAG lautete: "Die Gemeinden können für die Benutzung der von ihnen im öffentlichen Interesse unterhaltenen Veranstaltungen (Anlagen, Anstalten und Einrichtungen) besondere Vergütungen (Gebühren) erheben".[142] Im KAG fand erstmalig ausdrücklich die Unterscheidung zwischen "gewerblichen Unternehmungen der Gemeinde" (§ 3 KAG, der durch §§ 67 ff DGO[143], insbesondere § 72 überholt wurde) und von den Gemeinden "im öffentlichen Interesse u n t e r h a l t e n e n[144] Veranstaltungen (Anlagen, Anstalten und Einrichtungen)". In § 9 heißt es: "Veranstaltungen, welche durch das öffentliche Interessse e r f o r d e r t[145] werden"; dies bedeutet nicht, daß § 4 nur eine im öffentlichen Interesse z w e c k m ä ß i g e, § 9 dagegen eine im öffentlichen Interesse notwendige Veranstaltung voraussetzte. Der Unterschied im Wortlaut ist dadurch begründet, daß es sich in § 4 um "Veranstaltungen" handelte, die bereits bestanden, dagegen "Veranstaltungen" nach § 9 erst "hergestellt"[146] werden sollten. Die Begriffe "Anstalt" und

---

141 Gesetzsammlung 1893, S. 152, abgedr. bei Anschütz-Dochow, S. 356

142 Abs. 2 enthält das Prinzip der Kostendeckung, Abs. 3 die Fälle des Benutzungszwangs

143 Vom 30.1.1935, RGBl. I, 49

144 Sperrung vom Verfasser

145 Sperrung vom Verfasser

146 Nöll/Freund, KAG Kommentar, § 4, Anm. 10; Surén, KAG, § 4 Erl. 11

"Veranstaltungen" beinhalten jedoch zweierlei: Zum einen sind mit "Anstalten" all diejenigen Einrichtungen gemeint, die im Sprachgebrauch als Anstalten bezeichnet werden: Armen-, Arbeits-, Kranken-, Straf-, Besserungs-, Pflege-, Versicherungs-, Verkehrs-, Unterrichts- und Lehranstalten, also etwas konkretes, räumliches, das hergestellt und unterhalten werden kann.[147]

Alle diese Anstalten dienen zum anderen dem öffentlichen Interesse in dem Sinne, "daß sie dem Gemeinwohl dienen und deren Benutzung bedingungslos kraft öffentlichen Rechts freigegeben ist"[148], nicht im öffentlichen Interesse im Sinne der Vorschriften sind aber Veranstaltungen, die nur im Interesse der Gemeindeverwaltung eingerichtet sind, selbst wenn ihre Mitbenutzung im Einzelfall Gemeindeangehörigen gestattet ist.[149]

Wenn auch alle Gemeindetätigkeit das Wohl der Allgemeinheit beachten sollte, so ist dennoch die Ausrichtung am Gemeinwohl nach dieser Vorstellung ein "Mehr" gegenüber der allgemeinen, das Wohl des Bürgers bereits berücksichtigenden Haltung des Staates. Diesen Unterscheidungen liegen bereits Erkenntnisse zugrunde, die in dem modernen Begriff der Leistungsverwaltung Ausdruck gefunden haben.

Zugleich enthält § 3 KAG die Abgrenzung der Anstalten zu den "gewerblichen Unternehmungen": Solche liegen dann vor, wenn es sich um "eine auf die Hervorbringung von Gütern

---

147 Vgl. PrOVGE 83, 115 zum Begriff der "Veranstaltungen". Diesem Verständnis der Anstalt entspricht es auch, daß im Gerichtskostengesetz vom 6.10.1899 GS. 1899, S. 327 ff von der Zahlung der Gerichtsgebühren befreit waren: "alle öffentlichen Armen-, Kranken-, Arbeits- und Besserungsanstalten" (und Waisenhäuser, ferner milde Stiftungen ... in bestimmten Fällen) (§ 8 Nr. 2 GVG) und alle öffentlichen gelehrten Anstalten und Schulen usw. (§ 8 Nr. 4), daneben aber auch Privatunternehmen, "welche nicht auf einen besonderen Geldgewinn der Unternehmer gerichtet sind, sondern einen gemeinnützigen ... Zweck haben, sofern denselben durch besondere gesetzliche Bestimmung Gebührenfreiheit bewilligt ist (§ 8 Nr. 7 GVG) GS. 1899, S. 328 .

148 Nöll/Freund, § 4, Anm. 9 a.E.

149 OVG PrVBl. 21, 104; Nöll/Freund, § 4, Anm. 9 a.E.

(Waren und Leistungen) einer bestimmten Art und auf den Zweck des Gewinnes gerichtete Vereinigung von Kapital und Arbeit" handelt[150].

Der Wunsch, eine solche - für die abgabenrechtliche Behandlung wichtige - Unterscheidung zu treffen, stieß auf die Schwierigkeit, daß manche Unternehmen neben der Gewinnerzielung auch Befriedigung öffentlicher Interessen anstrebten. Die integrierende Kompromißformel fand sich darin, daß Gewinnerzielung für die Veranstaltungen des § 4 als zulässig angesehen wurde, solange es ihr nicht in erster Line auf diese Gewinnerzielung ankam, sondern diese nur ein Nebeneffekt der Tätigkeit war.

Das Zweckverbandsgesetz für "Groß-Berlin vom 19.7.1911[151] enthielt in § 13 für die Angehörigen der Kreise und Gemeinden des Verbandsgebietes - ähnlich wie die verschiedenen preußischen Städteordnungen - das Recht zur Benutzung der "Einrichtungen und Anstalten des Verbandes". Die Besonderheit liegt hier darin, daß im Gegensatz zu § 20 des Allgemeinen Zweckverbandsgesetzes vom 19.7.1911[152] nicht von ö f f e n t l i c h e n (Anlagen), Anstalten und Einrichtungen die Rede ist, sondern daß das Wort "öffentliche" fehlt. Da diese Differenzierung kein Versehen war, sondern seitens der Kommission des Abgeordnetenhauses bewußt vorgenommen wurde[153], könnte man mit Rücksicht auf den Wortlaut des Gesetzes Einrichtungen und Anstalten im weitesten Sinne verstehen, also auch solche erfassen, denen von ihrer Aufgabenstellung her - anders als in § 4 Abs. 1 KAG - nicht eine Tätigkeit im öffentlichen Interesse obliegt. Andererseits ist aber erforderlich, daß die Anstalten zur Erfüllung der in § 1 Ziff. 1 bis 3 des Zweckverbandsgesetzes genannten k o m m u n a -

---

150 PrOVGE 17, 249

151 GS. 1911, Nr. 20, S. 123 vom 31.7.1911

152 GS. 1911, S. 115; auch abgedruckt bei Brühl-Gordan-Ledermann, S. XXV

153 Brühl-Gordan-Ledermann, § 13, Anm. 2

l e n Aufgaben eingerichtet werden. Dies sind "auf Schienen betriebene Transportanstalten", außerdem bauplanungs- und bauordnungsrechtliche Angelegenheiten (§ 1 Ziff. 2 etc.).

Da das Berliner Zweckverbandsgesetz den Begriff der "Anstalt" in § 13 nur mit Blick auf die Zwecke des § 1 verwendet, meint auch dieses Gesetz nur Anstalten zu öffentlichen Zwecken. Eine weitergehende Deutung des Begriffs wegen des Fehlens des Merkmals "öffentlich" wäre daher eine zu weitgehende Interpretation dieser Formulierung.

Das Fehlen des Merkmals "öffentlich" legt allerdings den Schluß nahe, daß es nach der Vorstellung des Gesetzgebers für die Annahme einer "Anstalt" nicht auf die Rechtsform und auch nicht auf die Zugehörigkeit zum öffentlichen oder privaten Recht ankommen sollte, sondern daß die Qualifizierung anhand der Aufgabe, also nach funktionellen Merkmalen erfolgen sollte.

-

Nach diesen notwendigerweise unvollständigen, aber doch anschaulichen Beispielen für den Gebrauch des Anstaltsbegriffs in Preußen soll nunmehr noch beispielhaft die Verwendung des Begriffs in der Literatur des 19. Jh. dargestellt werden.

4. Die Verwendung des Anstaltsbegriffs in der wissenschaftlichen Literatur des 19. Jahrhunderts

In seiner berühmten Rezensionsschrift über Maurenbrechers Grundsätze des heutigen deutschen Staatsrechts (1837) wird der Staat von Albrecht "als ein Gemeinwesen, als eine Anstalt"[154] bezeichnet, die - über dem Einzelnen stehend - weitergehenden Gesamtinteressen gewidmet ist.

---

154 Albrecht, S. 4

Die für die Entstehung der juristischen Persönlichkeit des Staates bedeutsame Schrift Albrechts[155] kann jedoch zur Interpretation des Begriffs der öffentlich-rechtlichen Anstalt nicht fruchtbar gemacht werden. Soweit ersichtlich, hat auch bisher niemand angenommen, mit diesem Begriff sei eine Vorstellung von der nicht mit dem Staat unmittelbar gleichzusetzenden selbständigen "Verwaltungseinheit" öffentlich-rechtliche Anstalt verbunden gewesen.

Bis hin zu Otto Mayer wird jedoch der Staat immer wieder auch als "Anstalt" bezeichnet[156], doch sollte auch dies kein Rechtsbegriff, sondern ein "Name" für das Phänomen Staat sein.

Im "öffentlichen Recht des Teutschen Bundes" von J. L. Klüber[157] finden sich vorsichtige Ansätze zu einer Begriffsbildung, die im Zusammenhang mit den Ausführungen zu den "Stiftungen" beginnt. "Milde und fromme Stiftungen" im Sinne des ALR als "moralische (juridische) PrivatPersonen"[158] im Privatrecht werden dort dem "mittelbaren Staatsvermögen", nämlich dem der "Stadt-, Flecken- und Dorfgemeinden" gegenübergestellt, darunter auch demjenigen "der milden und frommen Stiftungen für Religion, geistige Ausbildung oder Wohlthätigkeit gegen Hülfsbedürftige"[159].

"Solches Vermögen sollte unantastbar (heilig) bleiben; es pflege zu Lehr-, Erziehungs- und UnterrichtAnstalten mitverwendet zu werden"[160]. Vereinzelt gibt es dort Hinweise auf Versuche, solche "Corporationen" rechtlich zu verselbständigen[161] und zu erklären. Nimmt man hinzu, daß der

155 Vgl. Nobel, S. 222, Note 1

156 Vgl. Nobel, S. 220

157 J. L. Klüber, 4. Aufl., 1840

158 Klüber, § 334 (S. 526)

159 Klüber a.a.O., S. 526

160 Klüber a.a.O., S. 527

161 Klüber a.a.O., § 334, Note b n.w.N.

Gedanke der Zweckbindung der "Anstalt" berücksichtigt wird und bei den hier angesprochenen "moralischen Personen" die Unterordnung unter besondere Aufsicht und Fürsorge der Staatsregierung Erwähnung findet, so sind fast alle Merkmale des Mayer'schen Anstaltsbegriffs schon angesprochen.

Dementsprechend erläutert Welcker im "Staats-Lexikon" (1848) die "Stiftungen, milde und fromme" wie folgt:

> "Unter Stiftungen im Allgemeinen versteht man das für bestimmte bleibende Zwecke gewidmete Vermögen sowie auch die dadurch begründete Anstalt" ...[162].

Die Verwendung des Wortes Anstalt darf dabei aber nicht überschätzt werden. Hier findet keine Unterscheidung zwischen Stiftung einerseits, Anstalt andererseits im Sinne einer Trennung von rechtlich Unterschiedlichem statt. Vielmehr ist die Anstalt hier zu verstehen als eine Einrichtung, mit deren Hilfe der Stiftungszweck umgesetzt wird, ohne daß schon klar wird, daß die Anstalt für bestimmte Bereiche selbst die bisher im Stiftungswege verwirklichten Aufgaben wahrnehmen kann. Doch wird die erst viel später entstandene Vorstellung, daß gerade die Umsetzung staatlicher Aufgaben - im Rahmen der Leistungsverwaltung - als Aufgaben der mittelbaren Staatsverwaltung großenteils durch Anstalten erfüllt werden könnten, zumindest andeutungsweise auch hier angesprochen. Das Verhaltnis der Begriffe Stiftung und Anstalt zueinander wird deutlicher aus der Formulierung Welckers:

> "Häufig hat man die Ansicht aufgestellt, solche Stiftungen, nehmlich das für gute Zwecke gewidmete Vermögen mit den dadurch begründeten Anstalten, bildeten für sich selbst moralische Personen"[163].

---

162 Rotteck/Welcker, Bd. 12 (1848), S. 448

163 Welcker, in Rotteck/Welcker, Bd. 12, S. 449, der allerdings die Möglichkeit eigener juristischer Persönlichkeit ablehnt

Zwar betrifft die Aussage die Rechtfertigung der "juristischen Person" als Rechtsbegriff, auch läßt sie deutlich erkennen, daß das Wort "Anstalt" noch keine feste Kontur als Rechtsbegriff hat, dennoch wird es aber in einer Weise gebraucht, die zu einem solchen Schluß verführen könnte. An anderer Stelle heißt es bei Welcker:

> "... so bezeichnet eine uneigentliche Ausdrucksweise oft diese Anstalten selbst als die berechtigte und verpflichtete Person, während in Wahrheit doch nur der Staat, die Kirche, die Gemeinde das eigentliche Rechtssubjekt bilden, aber hier ein abgesondertes, besonders reguliertes Vermögen, eine besondere Vermögenscasse für einen bestimmten Zweck besitzen".[164]

Diese Sätze könnten auch in der später geführten Diskussion um den Begriff der selbständigen oder unselbständigen Anstalt Verwendung finden.

Dennoch ist nach dem Gesamteindruck auch hier wie bei Klüber nur materiell das Bestreben vorhanden, die - bis dahin im Wege der Gründung einer Stiftung als rechtlich machbar angesehene - Verselbständigung von Teilen staatlichen Handelns zu begründen, ohne daß dies bereits in einer Begriffsbildung mündet. Immerhin ist in den bei Welcker wiedergegebenen Vorstellungen mit dem Hinweis auf § 20 der Badischen und § 138 der Kurhessischen Verfassung auch die Existenz öffentlicher Anstalten verbunden, wenn von "durch Staatssteuern begründeten Anstalten" die Rede ist. Sogar der heute mit "mittelbarer Staatsverwaltung" angesprochene Gedanke ist angedeutet in dem Sprachgebrauch, solches Vermögen als "mittelbares Staatsgut"[165] zu bezeichnen.

---

164 Welcker in Rotteck/Welcker, Bd. 12, S. 449

165 Welcker in Rotteck/Welcker, Bd. 12 a.a.O., S. 450

In K. Pfeifers "Lehre von den juristischen Personen" (1847) findet sich die "Anstalt" als selbständiger Begriff nicht. Ohne daß die Bedeutung Pfeifers als Rechtsdenker überschätzt werden soll, gibt dieser Umstand doch Aufschluß über den begrifflichen Horizont der Zeit.

Neben einem Kapitel "von den Korporationen" gibt es ein zweites "von den Stiftungen". Hierunter versteht Pfeifer zum einen die Hingabe des Vermögens zur Verwendung zu einem bestimmten Zweck, zum anderen die juristische Person selbst, welcher das Vermögen zur Erfüllung dieses Zwecks angehört[166], ohne daß bei dieser juristischen Person - wie bei der Korporation - eine rechtliche Verbindung zu einer Anzahl natürlicher Personen besteht.[167]
Die Rechtspersönlichkeit der Stiftungen war auch zu dieser Zeit weitgehend anerkannt.[168] Fehlt der Begriff der Anstalt, so wird dieser Bereich doch abgedeckt durch die "öffentlichen Stiftungen"[169], welche die gleichen Zwecke verfolgen wie der Staat oder öffentliche Körperschaften. Das Wort "Anstalt" taucht nur in der Zusammensetzung "Kunstanstalt" auf, hat aber sonst keine Bedeutung.
Deutlich wird aus Pfeifers Darlegung, daß die Existenz bestimmter öffentlicher Stiftungen dem Staat Veranlassung geben konnte, "seine eigene Thätigkeit für die betreffenden Zwecke" zu "beschränken oder ihr eine besondere Richtung" zu "geben", andererseits müsse er darauf achten, daß die Tätigkeit der öffentlichen Stiftungen sich nicht nachteilig auswirke.

Hierin ist die Möglichkeit der Auslagerung staatlicher Tätigkeit auf andere Rechtssubjekte des öffentlichen Rechts angedeutet, wenngleich der Vorgang nicht so be-

---

166 Pfeifer, S. 122

167 Pfeifer, S. 123

168 Savigny, System II, S. 262 bis 272; Göschen, Vorlesungen, § 67; Wächter, Handbuch Bd. II, S. 203

169 Pfeifer, S. 127

trachtet wird, daß der Staat von sich aus diesen Weg wählt, sondern die Frage gestellt wird, wie er damit fertig wird.

Der Staat wirkt bei der Schaffung der Rechtspersönlichkeit mit[170], dies gilt jedoch in erster Linie für die Privatstiftung, deren Rechtspersönlichkeit vom Staat verliehen wird, während über die Errichtung dessen, was zuvor als "öffentliche Stiftung" bezeichnet wurde, keine näheren Angaben Pfeifers erfolgen.

Ebenso verwendete Georg Beseler (1847) das Wort "Anstalt" im Zusammenhang mit der Stiftung. Er betrachtete die Stiftungen als juristische Personen: Unter "Die Stiftung" heißt es:

> "Es wird ein Vermögen hingegeben, damit mit dem Ertrage des selben ein bestimmter dauernder Zweck erfüllt werde, und zu diesem Zweck eine juristische Person geschaffen. Diese ist nicht mit dem Zweck der Stiftung unmittelbar verbunden, auch nicht mit dem Vermögen, welches dem Zweck dienen soll; sondern die Anstalt, welche durch die Bestimmung des Vermögens zu dem Fundationszweck errichtet wird, trägt den Charakter der selbständigen Persönlichkeit in sich".[171]

Hier findet begrifflich keine Unterscheidung zwischen öffentlichem und privatem Recht statt, die Untersuchung betont, daß es hinsichtlich der Rechtsfähigkeit besonders auf die Vermögensfähigkeit der juristischen Person ankomme, um am rechtsgeschäftlichen Verkehr teilnehmen zu können. Es geht also auch hier hauptsächlich um die zivilrechtliche Rechtsfähigkeit. Bezeichnenderweise enthält trotz der Ausführungen über die Stiftungen/Anstalten das Stichwortverzeichnis den Begriff der Anstalt nicht - eine scheinbar bedeutungslose Feststellung, die aber zeigt, daß von einer bewußten Begriffsbildung nicht die Rede sein kann.

---

170 Pfeifer, S. 131

171 Beseler, System des gemeinen deutschen Privatrechts, Bd. 1, § 66, S. 351

Im Widerspruch zu dem Bemühen Beselers um eine Begriffsbildung steht die selbstverständliche Benutzung des Wortes "Anstalt" ohne nähere Definition. Dies kann jedoch darin begründet sein, daß nach seiner Ansicht der Begriff aus sich heraus verständlich war. Er könnte in dem Sinne einer "Einrichtung" verwendet worden sein, in der Vielfalt der in Stiftungsform geführten Institutionen wie Spitäler, Waisenhäuser etc. In dem Kapitel über die Stiftung ist von "gottgefälligen Verfügungen zu Gunsten einer schon bestehenden Anstalt"[172] die Rede; dabei wird diese "Anstalt" unterschieden von "Handlungen" wie etwa der Armenspeisung. Zugleich nennt Beseler "selbständige Anstalten", die "errichtet und dotiert" wurden, "um dem Zweck, für welchen sie bestimmt waren, auf die Dauer zu dienen."[173]

Solchen mißt er den Charakter juristischer Personen zu, deren normalerweise vorhandene Vorsteher oder Verwalter seien regelmäßig einer Oberaufsicht kirchlicher oder weltlicher "Behörden" unterworfen.[174] Die Zwecke solcher "Anstalten seien nicht nur kirchlich oder wohltätig, sondern auch "überhaupt" ... "gemeinnützig"[175] gewesen. Sammelbegriff sei der allgemeine Begriff "Stiftung".

Beseler erkannte das im Vergleich mit den "Korporationen" fehlende Element des Substrats einer Mehrheit von Personen. Der Frage, inwieweit solche nicht-körperschaftliche juristische Personen in ihrem Entstehen von staatlicher Mitwirkung abhängig sein sollten, ist hier nicht zu vertiefen. Der Begriff der öffentlichen Anstalt als solcher findet sich bei Beseler nämlich auch nicht ansatzweise. Die Grundlagen seiner Vorstellungen liegen ausschließlich im Privatrecht und beschränken sich daher auf die zivilrechtliche Rechtspersönlichkeit; Bezüge zum "öffentlichen"

---

172 Beseler, Bd. 1, § 72, S. 383

173 Beseler, Bd. 1, § 72, S. 383

174 Beseler, Bd. 1, § 72, S. 383

175 Beseler, Bd. 1, § 72, S. 383

Recht finden sich nur insoweit, als solche Anstalten (Stiftungen) unter "staatlicher oder kirchlicher" Aufsicht stehen sollten. Stiftungen seien Akte der "Privatwillkühr"[176].

-

Die vermögensrechtliche Bedeutsamkeit der Eigenschaft als juristische Person findet auch Ausdruck in §§ 52, 56 des Sächsischen BGB von 1863/65, wo es heißt, "die juristische Persönlichkeit begreift die Fähigkeit in sich, Vermögensrechte zu haben, ..." (§ 52).

-

Im Privatrechtslehrbuch von H. Baumeister (1856) ist nebenbei von juristischen Personen die Rede, für die eine gesetzliche Quelle fehle, jedoch sei die Existenz der "vermögensrechtlichen Persönlichkeit der Kirchlichen und Landgemeinden, der Aemter und Brüderschaften, der öffentlichen milden Stiftungen"[177] unstreitig. Baumeister unterscheidet von "sonstigen von der Theilnahme der ursprünglichen Mitglieder unabhängige Zweckgemeinschaften oder Anstalten", und deutet damit eine juristische Person an, die nicht körperschaftlich strukturiert ist. Allerdings darf man dieser Andeutung, die auch nicht weiter ausgeführt wird, keine überragende Bedeutung beimessen. Interessant allerdings ist der Hinweis Baumeisters, daß in Hamburg die Verordnung über "Firmen und Procuren" vom 28. Dezember 1835 in § 13 die Regelung enthielt, daß bei der Kennzeichnung "anonymer Gesellschaften" Ausdrücke und Wappen, aufgrund derer eine Verwechslung mit "öffentlichen Instituten" möglich war, unzulässig waren,[178] woraus man folgern kann, daß unterschiedliche Interessen privater und öffentlicher Institute bestanden, die es voneinander zu trennen galt.

---

176 Beseler, Bd. 1, § 72, S. 384

177 Baumeister, Bd. 1, S. 60

178 Baumeister, S. 60 f, Note 1

In Bluntschli's "Deutschem Privatrecht" werden als juristische Personen genannt: "Stadt, Gemeinden, Genossenschaft, Universität im römisch-rechtlichen Sinn, Organe mit staatsrechtlicher Persönlichkeit (Ämter oder Behörden und Vertretungen)"; ihnen kann auch privatrechtliche Persönlichkeit "verstattet sein (Kirchen- und Gemeindeämter)." Weiter heißt es dann, "verwandt mit ihnen, aber nicht zugleich staats-, sondern nur privatrechtlich, sind Anstalten und Stiftungen zu bestimmten Zwecken, denen Persönlichkeit beigelegt wird".[179] Weiter heißt es bei Bluntschli, es könnten Privatstiftungen gegründet werden "den Ämtern und Anstalten des Staates ähnlich", "sie können sich als eine äussere sichtbare Anstalt anschliessen ... oder sie können sich äußerlich nur an ein Vermögen, eine Casse, z.B. eine Sparcasse, ..., anlehnen". "In beiden Fällen aber ist die geistige Bestimmung der Stiftung als deren Seele zu betrachten und eben um dieser ihr innewohnenden, sie durchdrängenden und belebenden Idee willen, welche sich im äußeren Dasein kundgibt, ist die Möglichkeit gegeben, die Stiftung auch im Privatrecht als ein mit Geist und Charakter begabtes Wesen, als eine P e r s o n aufzufassen."[180]

Zur Begründung einer solchen p r i v a t r e c h t l i c h e n Stiftung waren nach Bluntschli erforderlich
"a) der zeugende Wille des Stifters, der Act der Stiftung
b) eine A n s t a l t oder ein Vermögen, welches der Stiftung wie ein Körper beigegeben wird."[181]

Bluntschli beklagt, daß die Lehre von den juristischen Personen an einer Vermischung der staatsrechtlichen und der privatrechtlichen Persönlichkeit leide, "teils an der Ängstlichkeit, mit welcher sich viele Juristen noch an die sehr dürftigen Aeusserungen der römischen Rechtsquellen anklammern, und an die Unfähigkeit, aus den reichen

179 Bluntschli, Deutsches Privatrecht, 3. Aufl., S. 67

180 Bluntschli, Deutsches Privatrecht, 3. Aufl., S. 107

181 Bluntschli, Deutsches Privatrecht, 3. Aufl., S. 107

Erscheinungen des Lebens die dasselbe bestimmenden und sich in ihnen offenbarenden Rechtsgedanken und Prinzipien wissenschaftlich herzuleiten".[182]

Für Bluntschli stand fest, daß alle juristischen Personen zu ihrer Entstehung der Genehmigung des Staates bedürfen und daß eine Aufsichtsbehörde bei jeder Stiftung selbstverständlich bestehe.[183]

Gerber[184], Anhänger der Fiktionstheorie für die Konstruktion juristischer Personen, zählte die öffentliche Anstalt nicht unter ihnen auf.[185] In der von Cosack fortgeführten 17. Auflage 1895 wird das Wort "Anstalt" als Sammelbegriff verwendet für

> "z.B. ... Staat und die Gemeinden, die Corporationen, die Stiftungen. Und zwar sind es diese Anstalten als solche, welche das Gesetz mit Rechten begabt und mit Pflichten belastet, also nicht die einzelnen Menschen, welche die Anstalten gegründet haben, welche die Anstalten verwalten, sondern der Organismus der Anstalten, welcher alle diese Personen und die von ihnen getroffenen Einrichtungen in sich zusammenfaßt. Und indem Rechte und Pflichten mit einer Anstalt verknüpft werden, wird die Anstalt aus einer rein tatsächlichen zu einer juristischen Einheit erhoben"[186].

"Nur die beseelten Schöpfungen der Menschen können 'juristische Personen' sein, nur sie bezeichnen wir als 'Anstalten'"[187].

---

182 Bluntschli, Deutsches Privatrecht, 3. Aufl., S. 68

183 Bluntschli, Deutsches Privatrecht, 3. Aufl., S. 108; die Tatsache, daß auch Sparkassen zu ihrer Entstehung nach dem preußischen Sparkassenregiment der Genehmigung bedürften, darf jedoch nicht zu dem Umkehrschluß führen, daß Sparkassen immer juristische Personen seien. Savigny, System II, S. 277

184 Gerber, System, 11. Aufl. 1873, § 49 ff

185 So jedenfalls in der 11. Aufl. 1873

186 Gerber/Cosack, 17. Aufl., S. 63

187 wie vorstehend

In diesem Rahmen werden dann aber private juristische Personen, Gemeinden und Zünfte behandelt, die Existenz etwa von Sparkassen als "Anstalten" jedoch ebensowenig zur Kenntnis genommen wie ein Anstaltsbegriff überhaupt.

Im Privatrechtslehrbuch Dernburgs (1894) finden die Anstalten Berücksichtigung in dem Kapitel "Die einzelnen juristischen Personen" (§ 51). Dort allerdings sind sie nur unter den "gemeinnützigen Stiftungen, d.h. selbständigen Anstalten zu nützlichen Zwecken" erwähnt.[188]

Über die gegenständlich aufgefaßten Armen-, Versorgungs- oder ähnlichen Anstalten hinaus bleibt der Begriff dort ohne näher dargelegten Inhalt, obwohl mit großer Selbstverständlichkeit eine "Anstalt" als juristische Person neben die "Korporationen" gestellt wird[189], sich gleichzeitig aber auch "Anstalten" und "Einrichtungen" - was demnach etwas unterschiedliches ist - gegenüberstehen, die jeweils als allgemeineren Zwecken dienstbare Vermögen angesehen werden. Schließlich werden die Begriffspaare erneut abgewandelt und es ist von "Gemeinheiten" und "Anstalten" die Rede, welche jeweils "moralische Personen" seien.[190]

Schließlich nennt Dernburg "Vereinigungen" und "Anstalten", welche in einem selbständigen Vermögen Gewähr der Dauer und Mittel der Machtgewinnung besitzen, "solche Institutionen fördern vielfach die Zwecke des Staates".[191]

---

188 Dernburg, § 51, S. 103

189 Dernburg, § 50, S. 99

190 Dernburg, § 49, 3 97; (zum Begriff der moralischen Person verweist Dernburg auf ALR I 18 § 115; I 14 § 174; I 23 § 3; vgl. auch Dernburg, § 49, S. 97 Note 3: "Der Ausdruck 'moralisch' wurde im vorigen Jahrhundert für alles Transcendente, also über das Natürliche Hinausgehende, gebraucht. Moralische Person bezeichnete daher im weiteren Sinne eine durch die Idee vermittelte Zusammenfassung von Personen, daher selbst mehrere Vormünder in ihrer Gemeinschaft als eine moralische Person bezeichnet werden (L.R. II, 18 § 115)"

191 Dernburg, § 49, S. 98

Schließlich folgt noch die Begriffskombination "Vereine" und "Anstalten"[192] womit man endgültig das Gefühl hat, daß Dernburg neben alle Rechtsbegriffe juristischer Personen zur Sicherheit die Anstalt stellt, um sie in keinem Fall außer Betracht zu lassen. Zu einer Begriffsbildung der Anstalt ist es bei alledem folglich nicht gekommen; selbst im umfangreichen Sachregister hat das Wort keine Berücksichtigung gefunden, obwohl Anstalten nach eigener Darstellung[193] doch in so vielen Bereichen anzutreffen sind.

Auch das Lehrbuch von Förster/Eccius (1893) vertritt die Ansicht, daß die Annahme, die Anstalt sei juristische Persönlichkeit, eine Fiktion darstelle, da der Staat die Verwaltung der "Vermögensstücke" für einen bestimmten Zweck sichern wolle, obwohl es an einem Subjekt für diese Vermögensstücke fehle[194]. Diese Fiktion hatte verschiedene Erläuterungen und Ausgestaltungen erfahren: Der Zweck selbst wurde nach Darstellung von Savigny[195] personifiziert, nach Ansicht von Roth knüpfte die Personifikation an das Vermögen an[196], so daß "das Objekt zugleich Subjekt"[197] werde.

Nach Unger[198] war von einer primitiven Schaffung eines wirklichen neuen Rechtssubjekts, der Anstalt, zu sprechen, ein Subjekt, das inmitten des Vermögenskreises stehe und die Aufgabe habe, mit diesem Vermögen den diesem bestimmten Zweck zu erreichen.

---

192 Dernburg, § 49, S. 99

193 Dernburg, § 49, S. 97 ff

194 Förster/Eccius, 6. Aufl. 1883, S. 697

195 Savigny, System II, S. 243

196 Roth, "Über Stiftungen" in Gerbers und Ihrerings, Jahrbücher, Bd. 1, (1857), S. 189

197 Förster/Eccius a.a.O., S. 697

198 Unger, Osterreichisches Privatrecht I, S. 348

Nach Ansicht von Förster/Eccius gehörten allerdings die Sparkassen nicht zu den selbständigen Stiftungen mit vermögensrechtlicher Persönlichkeit, sondern sie waren als Zweige der Kommunalverwaltung mit besonders zu verwaltendem Fond der Kommunen[199] anzusehen.[200]

Rosin schrieb 1886 eine verwaltungsrechtliche Monographie über das Recht der öffentlichen Genossenschaft[201], in welcher auch die öffentlichen Anstalten näher behandelt wurden.

Rosin stellte fest, daß der Begriff der Anstalt dem der Körperschaft innerhalb des Rahmens der juristischen Personen gegenüberstehe.[202] Rosin griff die Formulierung Gierkes von der Verselbständigung des Teilwillens auf, indem er formulierte: "... so ist die Anstalt die Verselbständigung des Theilzweckes und Theilwillens eines außerhalb der Anstalt stehenden Rechtswesens."[203] Daraus folge, daß der Wille der Anstalt ihr von außen gesetzt sei und sie beherrsche. Rosin sagte ganz deutlich, daß die Anstalten des Privatrechts die Stiftungen seien[204], öffentliche Anstalt sei diejenige, welche dem Staat zur Erfüllung ihres Zwecks kraft öffentlichen Rechts verpflichtet sei.[205] Dabei unterschied er zwischen Staatsanstalten, die unmittelbar vom Staat gegründet seien, und solchen Anstalten, die von einer öffentlichen Körperschaft im Staate, insbesondere einer Kommune ins Leben gerufen seien. Letztere seien dem Staate zur Erfüllung ihres Zweckes

199 Förster/Eccius, S. 704 f

200 Allerdings weist er (a.a.O. Note 57) auf ein Reskript des Ministers des Innern vom 25.8.1862 (zitiert bei von Brauchitsch, Organisationsgesetze, Bd. 2, S. 529) hin, welches die Kreis- und Gemeindesparkassen als juristische Personen bezeichnete

201 Rosin, Das Recht der öffentlichen Genossenschaft, Freiburg 1886

202 Rosin, S. 48

203 Rosin, S. 48 unter Hinweis auf Gierke

204 Rosin, S. 48

205 Rosin, S. 49

mittelbar verpflichtet.[206] Die Bezeichnung als öffentliche Anstalt verdiene im übrigen nur eine solche mit besonderer juristischer Persönlichkeit, nicht jedoch eine unselbständige Anstalt[207].

Rosin hob weiterhin den Unterschied zwischen Körperschaft und Anstalt hervor, hielt jedoch Mischtypen für denkbar. Am Beispiel der Reichsbank legte Rosin dar, daß der Anstalt eine aus dem Staatszweck abgezweigte Teilaufgabe zur Erfüllung übertragen werde, für deren Realisierung in erster Linie der Stiftungswille des Reiches maßgebend sei.[208]

Rosin ist als einer der deutschen Autoren kurz vor dem Erscheinen des Mayer'schen französischen Verwaltungsrechts noch nicht zu einer Begriffsbildung gelangt, jedoch nennt er - wenn auch ungeordnet - die meisten Kriterien, die von Otto Mayer dann in einem Anstalts b e g r i f f zusammengefaßt wurden.

Für diesen Anstaltsbegriff könnte das gelten, was <u>Heusler</u>[209] 1885 über die juristischen Personen schrieb:

> "Eine andere Frage ist, ob nicht der Sache nach juristische Personen schon längst vorhanden seien, bevor sie als solche erkannt sind. Es ist fast mit Naturnothwendigkeit gegeben, daß, sobald für Gesammt- oder Idealzwecke rechtliche Herrschaftsgebiete eröffnet sind, auch die Gesetze besonderer Rechtssubjektivität sich instinctiv geltend machen, weil diese Gesetze allein dem Bedürfnisse genügen, daß solche Erscheinungen hervorgehoben hat. So beherrschen auch hier die noch nicht zur begrifflichen Erkenntnis gebrachten, also noch nicht entdeckten Gesetze das Rechtsleben und erzwingen die Rechtssätze, die wir jetzt als Ausfluß der juristischen Persönlichkeit erkennten."[210]

---

[206] Rosin, S. 49, Note 34

[207] wie vorstehend

[208] Rosin, S. 51

[209] Heusler, Andreas, Institutionen des Deutschen Privatrechts, 1885

[210] Heusler, S. 257

Den in diesem Sinne im Verlaufe des 19. Jh. sich bildenden Anstaltsbegriff definierte sodann Otto Mayer in der oben dargestellten Form.

D.

Die Entwicklung der öffentlichen Sparkassen zu öffentlich-rechtlichen Anstalten

1. Einleitung

Der folgende Teil der Arbeit wird zeigen, wie sich die öffentlichen Sparkassen im 19. Jh. hinsichtlich ihrer Organisationsform entwickelt haben, wie ihre Tätigkeit und ihre Organisationsform in den einschlägigen Gesetzesvorschriften behandelt und wie sie aufgrund dieser Vorschriften organisiert wurden. Das Schwergewicht liegt dabei in Preußen.

Die Arbeit bezieht den Anstaltsbegriff aus dem modernen Recht. In groben Zügen wurde oben die Entwicklung des Anstaltsbegriffs dargestellt.

Es ist nicht Anliegen dieser Arbeit, den gegenwärtigen Anstaltsbegriff fortzuentwickeln.

Es wird sich jedoch zeigen, daß sich die heute für den Begriff der öffentlichen Anstalt festzustellenden Kriterien schon sehr früh bei den Sparkassen finden, und daß die Sparkassen sich im Laufe ihrer Entwicklung immer mehr verselbständigt haben, so daß man sie schon lange vor Ende des 19. Jh. als selbständige öffentlich-rechtliche Anstalten ansehen kann. Dem steht die Behauptung entgegen, bis zum Erlaß der Notverordnungen 1931/1932 seien die Sparkassen nur ein "Zimmer im Rathaus" gewesen, also ohne rechtliche Selbständigkeit.

Auch wird allgemein behauptet, der Anstaltsbegriff habe sich erst mit Otto Mayer gebildet. Er sei im 19. Jh. gänzlich unbekannt gewesen.[1]

---

1 Vgl. nur Jecht, S. 12

Es wird jedoch nachgewiesen werden, daß dies so nicht richtig ist, wenn auch die Nachweise naturgemäß nicht vollständig sind und im wesentlichen auf das in Preußen geltende Recht eingegangen wird. Letzteres rechtfertigt sich daraus, daß Preußen bereits 1838 ein Reglement über das Sparkassenwesen erließ, welches auch in anderen deutschen Ländern nicht ohne Einfluß blieb.

Es wird nicht behauptet, daß ein bestimmter, fest umrissener Anstaltsbegriff bereits damals Allgemeingut gewesen wäre, jedoch läßt sich nachweisen, daß mit den Sparkassen bereits lange solche Anstalten existierten.

Die Entwicklung der Sparkassen wird dabei anhand der gesetzlichen Vorschriften aufgezeigt, ohne daß dabei jedoch jede Regelung zur Erwähnung gebracht werden könnte. Die Darstellung muß sich auf die wesentlichen Vorschriften beschränken, aus denen die Entwicklung deutlich wird, zumal man davon ausgehen darf, daß im geschriebenen Recht vielfach tatsächlich bereits vollzogene Veränderungen nachvollzogen und weniger die Verhältnisse schöpferisch gestaltet werden.

Als Quellenmaterial standen naturgemäß die vielen tausend Statuten (Satzungen) der Sparkassen nicht zur Verfügung. Als Quelle über die Anfangszeiten des Sparkassenwesens kann der Bericht von Malchus (1838) gelten, der über das Sparkassenwesen in Europa berichtete, kurz bevor das Preußische Sparkassenreglement erlassen wurde.

Als Quellen anzusehen sind weiter der Bericht der Enquête-Kommission der zweiten Kammer des preußischen Abgeordnetenhauses von 1852[2] sowie der Bericht des Centralvereins in Preußen für das Wohl der arbeitenden Klassen, der 1864 erschien und bei dessen Erstellung die Statuten nahezu aller Sparkassen in Preußen vorlagen. Der Bericht beinhaltet die Auswertung von Quellen aus der Anfangszeit des Sparkassen-

---

2 Sammlung sämmtlicher Drucksachen der Zweiten Kammer aus der dritten Session der II. Legislaturperiode 1851-1852; Drucksache Nr. 266

wesens bis 1853, die wohl heute zum größten Teil nicht mehr zusammengetragen werden könnten; der Sparkassen- und Giro-Verband in Bonn hat unter der Leitung von Herrn Dr. Mura erst jetzt begonnen, die alten Statuten der Sparkassen, soweit sie noch vorhanden sind, zusammenzutragen. Hierdurch dürfte eine für die weitere Erforschung der Sparkassengeschichte bedeutsame Quellensammlung entstehen!

Soweit über Preußen hinaus zeitgenössische zusammenfassende Berichte über die Sparkassen anderer deutscher Länder vorliegen, wurden sie mit berücksichtigt, im übrigen aber die preußischen Rechtsverhältnisse in den Mittelpunkt der Betrachtung gestellt, da das preußische Recht mit dem Reglement vom 12.12.1838 prägend für das gesamte deutsche Sparkassenrecht war - die Vorschriften anderer Länder haben sich entweder an den preußischen orientiert oder haben sich letztlich nicht durchgesetzt -.

Wenn auch die eigentlichen Quellen, die Statuten der Sparkassen nicht zur Verfügung stehen, so ergeben sich doch für die Untersuchung wichtige Anhaltspunkte aus den von Regierungsstellen ausgegebenen, genehmigten und bekanntgemachten "Mustersatzungen", die als Leitbilder für die Errichtung des Sparkassenwesens wiederholt empfohlen wurden und die auch als Vorbilder für die Gestaltung der Statuten der einzelnen Sparkassen dienten, da sie zugleich auch im Wege einer Art "Selbstbindung" Maßstab für die Genehmigungs- und Aufsichtsbehörden waren.

Schließlich ergeben sich Anhaltspunkte für die rechtliche Entwicklung der Sparkassen aus den Erlassen, Verordnungen und Verfügungen des preußischen Innenministeriums zum Sparkassenwesen, die auf dem Wege über das"Ministerialblatt für die gesammte Innere Verwaltung" veröffentlicht wurden.

Wenn man den Rechtscharakter der Sparkassen im 19. Jh. untersucht, so ist man weniger gefährdet in der Annahme, Norm und Wirklichkeit seien stets deckungsgleich gewesen[3], einem

---

[3] Vgl. Wysocki, S. 29

Irrglauben zu erliegen, als man es etwa bei der Untersuchung der tatsächlichen Handhabung der Sparkassengeschäfte ist. Bei der Untersuchung der Rechtsform ist es zulässig, sich im guten Glauben auf die Aussagekraft der geschriebenen Gesetze, Erlasse und Statuten zu verlassen. Denn es darf unterstellt werden, daß die Aufsicht die Gründung solcher Institute nicht zugelassen hätte, die den bestehenden Gesetzen entgegengestanden hätten; es ist auch nichts darüber bekannt, daß die Statuten einzelner Sparkassen etwa gerade die Rechtsform betreffende Abweichungen enthalten hätten.

Andererseits darf das Bewußtsein des Gesetzgebers bezüglich einer Begriffsbildung nicht überschätzt werden. Nicht umsonst hat es bis Otto Mayer gedauert, bis die Bildung eines Begriffs für notwendig erachtet wurde.

Im übrigen soll hier versucht werden, einen Teil der Lücke in der Darstellung der Sparkassengeschichte zu schließen, die insofern besteht, als die Rechtsform kaum Beachtung findet. Darstellungen beginnen meist mit den ersten Gründungen, erwähnen dann das preußische Sparkassenreglement von 1838 und gelangen schließlich rasch in das Jahr 1931, in welchem die Sparkassen endgültig rechtlich verselbständigt wurden, als "Körperschaften des öffentlichen Rechts". Wie diese Entwicklung im 19. Jh. im einzelnen stattgefunden hat, wird hier näher dargestellt werden, wobei allerdings auch wieder die Einschränkung gelten muß, daß eine vollständige Aufarbeitung der Sparkassengeschichte im Rahmen dieser Arbeit nicht vorgenommen werden kann, vielmehr beschränkt sich die Untersuchung im wesentlichen auf die Erfüllung der Merkmale des Anstaltsbegriffs, soweit sich dies aus den Quellen entnehmen läßt.

2. Die Anfänge des Sparkassenwesens

Man kann darüber streiten, welches als älteste Sparkasse in Deutschland angesehen werden kann. Als älteste Sparkasse gilt die 1749 in Salem von Abt. Anselm II. gegründete Waisenkasse[4], die zwar nicht ausdrücklich der Sparförderung diente, die aber schon die Zielrichtung des Schutzes wirtschaftlich unterentwickelter Bevölkerungsschichten hatte. Man ist heute der Ansicht, zum Wesen der Sparkassen gehöre auch die Aktivseite, also die Vergabe billiger Kredite an wirtschaftlich schwächere Kreise[5]. An der Diskussion, welches die älteste Sparkasse in diesem Sinne sei, soll nicht teilgenommen werden (die Braunschweiger Herzogliche Leihhauskasse (1765) oder die Sparkasse in Hamburg (1778), Oldenburg (1786), Kiel (1796))[6].

Für ein Leitbild der Sparkasse, die sowohl Aktiv- als auch Passivgeschäfte betreibt, was unseren heutigen Vorstellungen entspräche, fehlen bei den ersten Sparkassen im Anfang des Sparkassenwesens bis hin zu den Anfängen des preußischen Sparkassenrechts die gesetzlichen Ausprägungen. Noch das Sparkassenreglement von 1838 enthielt das Aktivgeschäft nur als Kehrseite des vorrangigen Passivgeschäfts, da die Sparkassen die ihr überlassenen Kapitalien anlegen mußten, wobei e i n e A n l a g e f o r m die Dotierung städtischer Leihhausanstalten war, keineswegs aber die Sparkasse als Umschlagstelle für die Entgegennahme der Kapitalien kleiner Leute und das Ausleihen dieser Gelder an andere kleine Leute angesehen werden konnte.

Die Sparkasse trat als solcher Kreditgeber nur in Erscheinung, wenn sie, wovon später ausführlicher die Rede sein wird, mit einer Leihkasse verbunden war.

a) Frühe Leih-Anstalten

War demnach die erste Sparkasse evtl. nur "Spar-"kasse, so entwickelte sich schon früh daneben eine Einrichtung, die das Aktivgeschäft für solche Personen in erster Linie betrieb, nämlich die Leih-Kassen oder Leih-Anstalten. Die

---

4 Trende, Sparkasse 1955, S. 85 ff, 87; Henze-Schmidt, S. 11

5 Haller, S. 4; Clausen, S. 16

6 Trende, S. 19

erste Einrichtung d i e s e r Art war die "Braunschweigisch Herzogliche Leihcasse" von 1765[7], die vornehmlich Gelder an sozial schwächere Schichten auslieh.[8] Das ausgeliehene Kapital stammte hier von den wohlhabenderen Bevölkerungsschichten[9], nicht, wie bei den Sparkassen, von ärmeren Kreisen.

Es gab verschiedene Gründungen von Leihanstalten mit jeweils dieser Zielsetzung:[10]

Die Leihe-Banque in Minden (1753)

In einem "Reglement, wegen eines Lombards oder Leihe-Banque-Ordnung in Minden vom 7.8.1753"[11] wurde eine unter der Aufsicht des Magistrats stehende Leihbank gegründet, die mit 500 Reichstalern Kapital aus der Ober-Steuer-Kasse dotiert wurde, von einer als Rendant und Direktor fungierenden Person (§ 2) verwaltet wurde, die gegenüber dem Magistrat zur Rechnungslegung verpflichtet war (§§ 7 ff). In § 14 wird die Einrichtung als "Anstalt" bezeichnet. Für den dotierten Kapitalbetrag mußten 3 % Zinsen an die Steuer-Ober-Kasse abgeführt werden (§ 16); Übererlöse durfte die Leih-Banque behalten (§ 19).

---

7 Henze-Schmidt, S. 11 f zitiert schon die Leihhausordnung der Stadt Holzminden von 1754

8 Haller, S. 5

9 W. Hoffmann in Elster/Weber/Wiesner, S. 669

10 Aus der Leihhausordnung der Stadt Holzminden von 1754, zitiert nach Henze-Schmidt, S. 11-12:
Um dem "Unwesen" des bisherigen Leihhauswesens abzuhelfen: "gnädigst befohlen, ... all hier ein öffentliches Leihhaus zu errichten, damit daraus allen und jeden, zur Fortsetzung ihrer Handthierung und Gewerbes oder anderer Bedürfniß gegen leidliche Zinsen, auch handhabendes Unterpfand, mit einem, nach dessen wahren Werth eingerichteten Vorschusse geholfen werden könne ..."

11 Novum Corpus Constitutionum (NCC), 1751 bis 1754, Spalte 559

Die Leihe-Anstalt der Stadt Aschersleben (1767)

Nach dem "Reglement wegen einer etablierten Leihe-Anstalt in der Stadt Aschersleben" vom 28. Mai 1767[12] sollten "die dürftigen Einwohner ... aus dem Leihe-Haus zum Betrieb ihrer Nahrung gegen Pfänder und billigmäßige Zinsen Geld leihen können".[13]

Für die Anstalt wurde ein Direktor ernannt, ein Rendant bestellt, der eine Kaution von 2000 Thalern stellen mußte und ein Taxator bestimmt; gemeinsam sollten sie unter der Aufsicht des Magistrats "das Werk" verwalten und zweimal wöchentlich Schalterstunden abhalten.

Die Zinsen wurden im Reglement selbst festgelegt, ebenso die Modalitäten der Pfandverwahrung und Verwertung. Finanziell wurde die Anstalt von der Kämmerei ausgestattet, wobei diese einen Zinssatz von 5 % erhielt, während der Zinssatz für die Ausleihungen der Anstalt 8 % betragen sollte. Hieraus sollte die "Belohnung derer Administratoren" bestritten werden, denen verboten wurde, höhere Zinsen zu verlangen. Auch durften sie die Pfänder nicht zum eigenen Nutzen gebrauchen. Bei der Pfandverwertung erhielten die Eigentümer den Erlösüberschuß, im Falle unbekannten Aufenthaltes des Eigentümers fiel der Erlös als "ordentliche" Einnahme dem Leihhaus zu.

Das Leih-Haus der Stadt Ruppin (1778)

Das Reglement für das Leih-Haus in der Stadt Ruppin vom 26. Mai 1778[14] errichtete zugunsten der "kleinen Fabricanten und Handwerker" wie in Aschersleben ein Leihhaus. Hier wurden ein Direktor - der Bürgermeister -, ein Assessor - ein Senator - und ein Rendant bestellt.

---

12 NCC, Bd. VI, (1776), Spalte 155

13 wie vorstehend

14 NCC Bd. VI, (1778), Spalte 1277 ff

Das Kapital der Anstalt wurde hier aus einem Holzverkauf städtischen Holzes bereitgestellt, der Betrag wurde dann zum Fond des Leihhauses bestimmt. Der Rendant mußte auch hier Sicherheit leisten. Die"Kasse" selbst wurde im übrigen im Rathaus aufbewahrt.[15] Das Reglement für Ruppin hatte das der Stadt Aschersleben zum Vorbild, beide gingen zurück auf das Reglement für die Stadt Minden.

Allerdings ist hier für Ruppin näher dargestellt, daß die Aufgabe des Direktors sein sollte, die "Correspondence, Auctiones und rechtliche Beurtheilung" eventueller Streitfälle zu bearbeiten, während Taxator und vor allem der Rendant die eigentlichen Handelnden sein und die Geschäftsführung innehaben sollten. Zugleich stand die Einrichtung - wie in Aschersleben - unter der Aufsicht des Magistrats; diesem wiederum hatte der Rendant Rechnung zu legen.

Die Abschlußrechnung schließlich mit dem Abnahmeprotokoll war der Kriegs- und Domainen-Cammer vorzulegen (§ VII)[16].

Die für die Anstalt Handelnden (Rendant, Director, Assessor und Taxator) wurden aus Gebühren, die bei den Geschäften anfielen, honoriert. Wegen dieser Gebühren war die Spanne zwischen den an die Kämmerei zu zahlenden Zinsen (6 %) und dem Ausleihzins der Leihanstalt (8 %) geringer. Überschüsse aus der Pfandverwertung fielen dem Eigentümer zu, wiederum dann, wenn er nicht erreichbar war, dem Leihhaus selbst (§ XVI)[17].

Beide Kassen standen unter der besonderen Aufsicht des Magistrats, so daß der Zweck der Anstalten, der in der Einleitung des Reglements erwähnt wird, auch stets gewährleistet war und die Bürger vor privaten Geldverleihern, die überhöhte Zinsen verlangten, geschützt wurden. In

---

[15] NCC, Bd. VI (1778), Spalte 1277

[16] NCC, Bd. VI (1778), Spalte 1280

[17] wie vorstehend

dieser Zielrichtung ihrer Tätigkeit wurde auch der Zweck der Anstalten sichtbar. Sie dienten dem Schutz der Bürger vor Mißständen dadurch, daß die Städte selbst die betreffenden Geschäfte in die Hand nahmen.

Mit der Erfüllung dieses "öffentlichen Auftrags" waren die genannten Leihanstalten auch nach den Merkmalen des heutigen Anstaltsbegriffs öffentlich-rechtliche Anstalten, denen auch ein gewisser Grad an Selbständigkeit zukam.

Das Pfand- und Leih-Reglement vom 13.3.1787

Aus Anlaß der "bei diesem" vielfach von Juden betriebenen (§§ 16 ff) "Geschäfte bisher so häufig vorgefallenen Betrügereyen und wucherlichen Vervortheilungen"[18] erließ Friedrich Wilhelm am 13.3.1787 ein Reglement über das hauptberuflich betriebene (privatrechtliche) Pfand- und Leihgeschäft, welches in § 1[19] allein dem Reglement unterstellt wurde; das Betreiben solcher Geschäfte wurde nur noch mit Konzession zugelassen (§ 4).

Strenge Reglementierung des Geschäfts, insbesondere von Verträgen mit bestimmten Personen (verheirateten Frauen - § 35 ff -, Studenten - § 42 ff -, Minderjährigen - § 28 ff -, Analphabeten - § 52 ff -) steht neben Vorschriften über Höchstzinssätze (§ 91).[20] Sorgfaltspflichten beim Umgang mit den Sicherheiten sind in § 91 ff geregelt, Verstöße gegen die verschiedenen Vorschriften haben u.a. Lizenzentzug zur Folge.

Die Vorschriften sind Ausdruck der Sorge, daß der zur Inanspruchnahme solcher Einrichtungen neigende Teil der Bevölkerung (die "Niedern Classen des Volks"[21]) übervorteilt werden könnte von Personen, die deren Not auszu-

---

18 NCC, Bd. VIII, (1787), Spalte 778

19 NCC, Bd. VIII, (1787), Spalte 783

20 NCC, Bd. VIII, (1787), Spalte 800

21 NCC, Bd. VIII, (1787), Spalte 782

nutzen gedachten. Der Schutz einer solchen Minderheit darf als öffentliche Aufgabe angesehen werden. In diesem Fall wurde sie dadurch wahrgenommen, daß ein für weite Teile der Bevölkerung riskantes Geschäft streng reglementiert wurde.

Nach § 130 des Reglements[22] wurden Erlöse aus der Pfandverwertung bis zu einer bestimmten Höhe der Armenkasse zugesprochen. Dieser Zusammenhang läßt deutlich erkennen, daß die Regelung des Pfand- und Leihwesens zum Zweck des Schutzes der Armen geschah, denen auch in ihrer Allgemeinheit evtl. sonst nicht unterzubringende Erlöse zufallen sollten. Auf diese Weise wurden die privatrechtlichen Pfandleiher zu einer Art "Gemeinnützigkeit" gezwungen.

An das Pfand- und Leih-Reglement schloß sich die Declaration zum Verwertungsverfahren bei verfallenen Pfändern aus dem Jahre 1803[23] an, welche die Pfandverwertung von nicht innerhalb bestimmter Frist ausgelösten Pfändern erleichterte. In bestimmten Fällen konnte auch danach ein nach Befriedigung des Gläubigers übrig bleibender Erlös direkt der Armenkasse zugeführt werden (Erlös bis 10 RThlr.)[24], in anderen Fällen mußte zunächst das Verfahren nach dem Reglement von 1787 eingehalten werden.

Es bleibt auch hier zwischen den Leihhäusern und den Armenkassen ein sachlicher Zusammenhang bestehen.

Dieser Zusammenhang wurde später verdichtet durch die Allerhöchste Kabinettsordre vom 28. Juni 1826, die Grundsätze für die öffentlichen städtischen Leih-Anstalten betreffend[25].

---

22 NCC, Bd. VIII, (1787), Spalte 806

23 NCC, Bd. XI, (1803), Spalte 679 ff (Declaration wegen des bey Veräußerung der bey den privilegierten Pfandverleihern niedergelegten verfallenen Pfänder zu beobachtenden Verfahrens vom 4.4.1803)

24 NCC, Bd. XI, (1803), Spalte 1186, § 14

25 Stoepel, Bd. I, S. 456 ff; GS. 1826, Nr. 1025, S. 81

Sie regelte die Ausstattung und die Geschäfte der öffentlichen Leihanstalten.

Es hatte - wie ausgeführt - schon früher Leihanstalten gegeben, allerdings auf privatrechtlicher Grundlage, bei denen jedoch wucherische Geschäfte befürchtet und die daher "unterdrückt"[26] wurden. (Gesetze vom 13. März 1787[27] und 4. April 1803[28].)

Daneben bestanden in ganz geringer Zahl auch öffentliche städtische Leihanstalten, wie z.B. die erwähnten in der Stadt Aschersleben und in der Stadt Ruppin[29].

Da aber im Gegensatz zu den Privaten die Existenz solcher öffentlichen Anstalten "wünschenswerth" erschien[30], wählte man den Weg einer Regelung der "öffentlichen Leihanstalten", die von den Stadtkommunen betrieben wurden, für die die Geschäfte gegenüber den privaten Pfandleihern erleichtert wurden. Diese Pfandleihanstalten der Stadtkommunen durften nur mit Genehmigung der Regierungen (Ziff. 1[31]) betrieben werden.

Für sie wurden allgemeine Grundsätze aufgestellt, welche auch das Verhältnis der genehmigten Pfandleihanstalten zu den jeweiligen Stadtkommunen ausdrücklich regelte: Die Anstalten mußten von den Stadtkommunen garantiert und unter ständige "Aufsicht der Stadtmagisträte und Kommunerepräsentanten" gestellt werden (Ziff. 2 der Kabinettsordre).[32]

---

26 Stoepel, Bd. I, S. 456

27 NCC, Bd. VIII, (1787), Spalte 781 ff

28 NCC, Bd. XI, (1803), Spalte 1779 ff

29 NCC, Bd. VI, (1778), Spalte 155 und 1277

30 Stoepel, Bd. I, S. 456

31 Stoepel, Bd. I, S. 456

32 Stoepel, Bd. I, S. 457

Vor allem aber heißt es dort ausdrücklich, daß die Anstalt "für Rechnung der Stadtkommune selbst geführt"[33] werden sollte, also nicht selbständig war. Zugleich wurde die Verwendung der Überschüsse derart bestimmt, daß sie ausschließlich der Orts-Armenkasse zu überweisen waren (Ziff. 2)[34].

Der öffentlich-rechtliche Status dieser Anstalten läßt sich daraus ableiten, daß sie in Gegensatz zu den privaten Anstalten gesetzt und vor allem für Rechnung der Stadtkommunen geführt wurden. Auch das Bewußtsein von der Notwendigkeit der Abgrenzung öffentlicher/privater Aufgabenerfüllung bestand:

Ziffer 2 dieser Kabinettsordre zeigt, daß 1826 die Übertragung öffentlicher Aufgaben an Private bekannt war, denn dort wurde für die Pfandleihanstalten bestimmt, daß eine städtische Anstalt mit der Überlassung an einen Privaten ihren Sonderstatus verlieren und als privater "Pfandleiher" behandelt werden sollte.

Die Besonderheit der öffentlichen Pfandleihanstalten bestand neben der Sonderbeziehung zur Kommune in der Pflicht zur Einhaltung bestimmter Sicherheitsbestimmungen, indem etwa die einzustellenden Taxatoren vereidigt wurden[35] und der Verpfänder im Falle einer ungünstigen Taxe die Pfandsache kostenfrei zurücknehmen konnte. Hinzu kamen detaillierte Formvorschriften über die Pfandbücher, Pfandscheine und Zinsen, über die Verwertung der Pfänder sowie schließlich auch hier die Bestimmung, Überschüsse aus der Pfandverwertung der Armenkasse zuzuführen.[36]

---

33 wie vorstehend

34 wie vorstehend

35 Ziff. 5 der Kabinettsordre, Stoepel, Bd. I, S. 457

36 Ziff. 13 der Kabinettsordre, Stoepel, Bd. I, S. 458

Schließlich wurde den öffentlichen Pfandleihanstalten ein Vorrang vor privaten Pfandleihern eingeräumt, indem dort, wo öffentliche Pfandleihhäuser bestanden, Private keine Konzessionen erhielten.

Die Pfandleihanstalten sollten nach diesem "Programm" das Pfandleihgeschäft in der Hand der Kommunen konzentrieren. Dabei sollte die Verwaltung durch Beamte, die bei Verstößen gegen die Kabinettsordre wegen Wuchers bestraft werden konnten[37], selbst die Geschäfte führen. Darüber, in welcher Weise die Pfandleihanstalten nach außen vertreten wurden, läßt sich aus der Kabinettsordre entnehmen, daß für die Überwachung der Geschäfte ein von der Regierung bestimmtes Magistratsmitglied als "spezieller Kurator"[38] tätig war, der seinerseits über die Anstalt und den für die Geschäftsführung zu bestellenden Rendanten - dieser war der Vertreter der Anstalt - die Aufsicht führen sollte; vorbehaltlich weiterer Revision der Geschäfte durch Deputierte der Gemeindevertretung.[39]

Begünstigt waren die Anstalten schließlich im Rechtsverkehr für den Fall des Konkurses eines Pfandgläubigers, da sie dann die Herausgabe gem. Titel 50 § 206 der Allgemeinen Gerichtsordnung zu verweigern und die Sache selbst zu verwerten berechtigt waren (Ziff. 11).

b) Die Entstehung der Sparkassen und ihre Bezeichnung als Anstalten

aa) Die Zeit bis zum Sparkassenreglement (1838)

Gleichzeitig mit der Entwicklung von Leihanstalten, jedoch auf anderer Grundlage entstanden die Sparkassen.

---

[37] Ziff. 8 der Kabinettsordre, Stoepel, Bd. I, S. 457

[38] Ziff. 4, Stoepel, Bd. I, S. 457

[39] Ziff. 4 der Kabinettsordre, Stoepel, Bd. 1, S. 457

Geistesgeschichtlich gehört die Gründerzeit der ersten Sparkassen zum Zeitalter der Aufklärung, wirtschaftsgeschichtlich zum Ende der Epoche des Merkantilismus und zum Beginn des wirtschaftlichen Liberalismus[40], zugleich ist das in den Gemeinden herangewachsene Sparkassenwesen auch eine Frucht der Wiedererweckung der kommunalen Selbstverwaltung[41].

Ohne daß die Begriffsbildung "Sparkasse" oder "Anstalt" bereits feste Formen angenommen hatte, aber wegen der erkannten Notwendigkeit einer Regelung wurde mit königlichem Befehl vom 24. April 1812[42] beim Finanzministerium ein Finanzkollegium ins Leben gerufen, dem die "Geldinstitute des Staats, ... ferner, insofern der Staat dabei konkurriert, die Geld-Institute und das Kreditwesen der Gemeinden" ... "zur Aufsicht anvertraut"[43] wurden; zwar wurde diese bei dem Kollegium begründete Aufsicht bereits mit Allerhöchster Kabinettsorde vom 26.11.1813 wieder aufgehoben[44], doch sind damit kommunale Geldinstitute als Gegenstand gesetzgeberischen Interesses aufgetreten.

Dagegen wurde 1838 mit Auflösung des Ministeriums des Inneren für die Gewerbeangelegenheiten bei der Geschäftsverteilung wiederum "die Beaufsichtigung der landschaftlichen Kredit-Anstalten, die Geldinstitute der Korporationen und Gemeinen, ... der Kreis- und Kommunalsparkassen" auf das Ministerium des Inneren und der Polizei übertragen.[45] Bis zu diesem Zeitpunkt hatte also eine Begriffsbildung für die Sparkassen

---

40 Vgl. Clausen, S. 15; Becker, Sparkasse 1966, S. 115

41 Vgl. Trende S. 103; die Preußische Städteordnung vom 19.11.1808 (GS. S. 324) ermöglichte den Städten, ohne staatliche Genehmigung Sparkassen zu errichten

42 GS. 1812, S. 43

43 GS. 1812, S. 45

44 GS. 1813, S. 129

45 GS. 1838, Nr. 1862, S. 11

bereit begonnen und auch die Bezeichnung "Kredit-Anstalten" legt nahe, daß der Begriff sich einzubürgern begann.

In den Anfangszeiten waren die Sparkassen teils Gründungen von Privatvereinen, teils Gründungen der Magistrate der Städte und Gemeinden gewesen.[46] Zu den äußeren Umständen der Sparkassengründungen gehört es, daß die Städte hohe Armenlasten zu tragen hatten, was auch erklärt, daß vielfach gerade die Armenanstalten in gesetzlichen Vorschriften zu den Leihanstalten begünstigt wurden.[47] Daß ein Zusammenhang zwischen Armenanstalten und Geldinstituten bestand, ergibt sich auch daraus, daß schon bei der Organisation von Finanz- und Innenministerium durch die Regelung vom 16.1.1808[48] dem Innenministerium "Armenwesen ... und alle dahin gehörenden Anstalten"[49] unterstellt sowie ihm auch in der Sektion "Allgemeine Polizei" "die polizeiliche Aufsicht über die Geldinstitute der Stände, Korporationen und Gemeinden ..."[50] übertragen wurde.

Soweit die Sparkassen nicht in der Form von privatrechtlichen Vereinen gegründet waren, bestanden sie bis zum Erlaß des Sparkassenreglements in Preußen (1838) aus nicht mehr als einem von einem städtischen Subaltern-Beamten verwaltetem Nebenamt, für welches sich auch die Stadtverordneten nicht sonderlich zu

---

[46] Malchus, Einleitung, S. IX

[47] Vgl. Festschrift 125 Jahre Sparkasse in Bremen, S. 6: Noch in den Jahren 1819 und 1922 wandte sich z.B. der Senat der Hansestadt Bremen mit Erfolg an die Bremer Bürger mit der Bitte um Zeichnung höherer Beträge zur Unterstützung insbesondere der Armenanstalt (zitiert nach Schmutzler, S. 21, Note 2)

[48] GS. 1808, S. 363

[49] GS. 1808, S. 363

[50] GS. 1808, S. 365

interessieren schienen.[51] Dieses Verhältnis zwischen Sparkasse und Muttergemeinwesen wurde später durch das Sparkassenreglement nachhaltig schon dadurch verändert, daß es die Verwaltungen und die kommunalen Gremien zwang, sich mit den vorgegebenen Regeln auseinanderzusetzen[52].

Am Anfang der Sparkassengeschichte jedoch steht noch die Uneinheitlichkeit der Gründungsvorgänge, die schon Malchus bedauerte[53], da sie die Darstellung der Entwicklung erschwere. Um die Rechtseinheitlichkeit zu fördern, hat Malchus sehr früh die Statuten der damals vor Erlaß des Sparkassenreglements bestehenden Sparkassen gesammelt und veröffentlicht, was heute, da die Statuten wegen ihrer Vielzahl nicht mehr überschaubar und zum Teil nicht mehr vorhanden sind[54], sein Werk in den Rang einer Quelle hebt.

Malchus wertete in seinem Vorwort und seiner Einleitung die Sparkassenidee als geeignetes Mittel zur Bekämpfung der Armut.[55] Dabei faßte er die Sparkassenorganisation aufgabenorientiert auf: Weniger Fragen der Organisation als vielmehr die Wege, das Vertrauen möglicher Einleger zu gewinnen, um so die Sparkassenidee zu fördern, erschienen ihm wesentlich.

---

[51] Dies läßt sich aus dem Bericht des Centralvereins in Preußen für das Wohl der arbeitenden Klasse (1864) entnehmen, vgl. Sparkassenwesen, (1864), S. 192

[52] Vgl. Sparkassenwesen (1864), S. 192

[53] Malchus (1838), Vorwort, S. III

[54] Beim Deutschen Sparkassen- und Giroverband ist Herr Dr. Mura damit befaßt, eine Sammlung der alten Statuten anzulegen, wodurch eine wertvolle ursprünglichere Quellensammlung entstehen wird, die aber z.Z. noch nicht zur Verfügung steht.

[55] Malchus, Einleitung, S. I

Aus diesem Grunde wurde zwischen Kommunal- und Kreissparkassen einerseits und zwischen privat unterhaltenen Sparkassen andererseits nicht getrennt. Für beide war die Bezeichnung "Anstalt" selbstverständlich[56].

Malchus unterschied noch streng zwischen Sparkassen und Leihbanken[57], doch kannte und befürwortete er die Verbindung mit Pfand- und Leihhäusern[58] (s.u.).

Zur Verwaltungsorganisation der von "politischen Korporationen"[59] gegründeten Sparkassen stellte Malchus bereits eine weitgehende Einheitlichkeit "in den organischen Einrichtungen" fest.[60]

Sie hatten "das Recht der Aufsicht und Leitung, welches sie theils unmittelbar, theils durch Delegirte üben"[61], "die Verwaltung" (d.h. die laufenden Geschäfte) "selbst war aber einer besondern Commission oder Deputation übertragen".

"Hilfs-Cassen" als "untergeordnete Agenten" fungierten in großen Städten, ohne eigene Anstalt zu sein. Malchus brachte jedoch die Vorstellung, daß die Spar-Casse ein eigenes Rechtssubjekt sei, deutlich zum Ausdruck mit der Formulierung, daß die Spar-Cassen Schuldner seien und bei Einzahlung der Einlagen in die Staats-Casse[62] der Staat "Garant derselben" werde.

---

56 Malchus, Einleitung, S. XLIII

57 Malchus, Einleitung, S. XV

58 Malchus, Einleitung, S. XXXVI

59 Malchus, Einleitung, S. XLIII

60 wie vorstehend

61 wie vorstehend

62 womit allerdings die für Frankreich und England geltende obligatorische, in Bayern damals zulässige Einzahlung in die "Staats-Schulden-Tilgungs-Cassen" gemeint waren, nicht die Gemeinde- oder Stadt-Cassen

Bei Gründung der Sparkassen mußte nach Malchus ein Dotationsfonds eingerichtet werden, welcher Sicherheit leistete und den Aufwand decken sollte; daneben aber auch ein Reservefonds "im Falle einer Unzulänglichkeit der Mittel".[63]

Normalerweise war das Vermögen der Sparkassen schon frühzeitig von dem der Städte bzw. Gemeinden getrennt worden, wenn auch nicht als juristische Personen verselbständigt, so doch erkennbar ausgegliedert. Dies war so signifikant, daß schon Malchus 1838, vor Erlaß des Sparkassenreglements, als "abweichend von allen ähnlichen Anstalten" empfand, daß die Ersparungs-Casse in Oldenburg vom 1.8.1786 "keine besondere Casse"[64] bildete und mit dem Armenwesen des ganzen Landes verbunden war, in dessen Generalfonds die Spareinlagen einflossen. Ein solches Maß an Aufgehen in einer anderen Organisation war demnach nicht selbstverständlich, obwohl gerade das von den Sparkassen stets angenommen wird (die Theorie, sie seien nur ein Zimmer im Rathaus gewesen).

Einheitlich richtete sich die Sparkassentätigkeit von Anfang an in erster Linie an die Dienstboten, Tagelöhner, Handwerker, an Militärpersonen, an diese jedoch meist nur bis zum Unteroffizier.

In der Regel war die Sparkasse nicht zuschußbedürftig, trug sich also von selbst, da ihre Geschäfte so angelegt waren, daß die eigene Bilanz wenigstens ausgeglichen wurde.

Bei den öffentlich-rechtlichen Sparkassen wurde vom Grundsatz her nicht unterschieden zwischen Kreissparkassen und Kommunalsparkassen. So galt auch später das

---

[63] Malchus, Einleitung, S. XLV

[64] Malchus, S. 161

Reglement von 1838 für alle Formen öffentlich-rechtlicher Sparkassen, also auch für die Kreissparkassen (Ziff. 21 des Reglements von 1838).

Schon vorher fanden die Sparkassen Erwähnung in der allerhöchsten Kabinettsordre vom 20.3.1827[65], in welcher das Vorhaben gestattet wurde, kleinere Depositalmassen der Gerichte, die anderweitig nicht zu belegen waren, bei hinreichend sicheren städtischen Sparkassen unterzubringen, wobei die Sicherheit der Sparkassen im Einzelfall geprüft werden mußte.

Waren die Städte nach der Städteordnung vom 19.11.1808 noch berechtigt, Sparkassen ohne behördliche Genehmigung zu errichten, so wurde durch die revidierte Städteordnung vom 17.3.1831 die Genehmigungspflicht eingeführt, weil die Spareinlagen bei den Sparkassen als Anleihen der Stadtgemeinden angesehen wurden.[66]

Einen Anlaß zum Erlaß des Preußischen Sparkassenreglements gab das Gesetz vom 17.6.1833, das die Emission von Obligationen an den Inhaber ohne eine selbständige Spezialautorisation im allgemeinen verbot. Dadurch war das Problem entstanden, ob dieses Gesetz auch für die bereits existierenden Sparkassenbücher, die auf den Inhaber lauteten, gelten sollte. Hierbei fand sich der gesetzgeberische Kompromiß, daß die alten Sparkassenbücher so belassen wurden wie sie waren (vgl. Königliche Kabinettsordre vom 16.4.1836), neue Sparkassen jedoch nur dann errichtet werden durften, wenn die Sparkassenbücher nicht auf den Inhaber ausgestellt wurden.[67]

---

65 Von Kamptz, 29. Bd., S. 111

66 Vgl. hierzu Haller, S. 9

67 Vgl. Schönborn in: Jahrbuch für Gesetzgebung, Verwaltung und Volkswirthschaft, 8. Jahrgang 1884, S. 162

Diese Kabinettsordre löste zugleich die Gesetzgebungsarbeiten des Staatsministeriums über eine abschließende Regelung des Sparkassenwesens aus, die dann zum Erlaß des Reglements von 1838 führten,[68] in dem die Genehmigungspflicht für die Errichtung der Sparkassen ausdrücklich vorgesehen war.

Bis zum Erlaß des Sparkassenreglements war die Entwicklung des Sparkassenwesens bereits schnell vorangekommen. Im Umfeld der außerordentlich großen wirtschaftlichen und gesellschaftlichen Umwälzungen zum Ende des 18. und Beginn des 19. Jh. hatten sich in erster Linie Privatpersonen durch Gründungen von Vereinen der wirtschaflich schwächsten Bevölkerungsschichten angenommen, die "Leidtragende" der wirtschaftlichen Entwicklung waren, da sie beim Übergang vom gebundenen Agrarstaat zum freien Handels- und Gewerbestaat aus eigener Kraft nicht mithalten konnten. Träger der Vereine, in denen die Sparkassenidee sich entwickelte, waren humanitäre Vereinigungen, Stiftungen und wohltätige Gesellschaften.[69] Ein staatliches oder kommunales Fürsorge-und Armenwesen hatte sich noch nicht so weit entwickelt, daß es aus eigener Kraft die zu bewältigenden Aufgaben erfüllen konnte.

Nach den anfänglichen Erfolgen der privatrechtlichen Sparkassen vollzog sich in Preußen im Zuge der Stein-Hardenbergschen Reformen, die nach dem preußisch-französischen Krieg (1806/1807) begannen, eine Entwicklung, die die kommunale Selbstverwaltung wiederbelebte und damit die Bedeutung der Gemeinden wieder verstärkte.

---

[68] Vgl. Schönborn a.a.O., S. 163

[69] Vgl. zu dem vorstehenden Will, S. 89 ff

Aus dem Verständnis der gemeindlichen Zuständigkeit für das kulturelle und materielle Wohl der Gemeindeangehörigen lag es nahe, daß die Gemeinden den Sparkassengedanken aufgriffen, weil er zum Nutzen der Gemeinde und ihrer Angehörigen dienen konnte.

Dabei waren die Anfänge dieser gemeindlichen Anstalten sicher bescheiden, was sich aus den einzelnen Statuten ergibt. Diese ursprünglichen Sparkassen können wirklich als "Zimmer im Rathaus" angesehen werden, die nur zu bestimmten Zeiten zur Tätigung von Ein- und Auszahlungen geöffnet waren.

Das Prinzip der kommunalen Sparkasse gewann jedoch rasch an Boden, so daß bereits in der Einleitung zum Sparkassenreglement von 1838 davon die Rede ist, daß sich die "Bildung von Sparkassen als nützliche Einrichtung bewährt und eine immer weitere Ausdehnung gewonnen" habe.

Dabei ist zu beachten, daß das Reglement eine Rahmenregelung darstellt, die den Sparkassen im einzelnen zwar individuelle Gestaltungsmöglichkeiten gab, jedoch ohne den grundsätzlichen Organisationstyp der kommunalen Sparkasse zur Disposition zu stellen.

So ging z.B. Ziff. 9 des Sparkassenreglements in Verbindung mit Ziff. 7 von einer nur zufälligen Erzielung von Gewinnen aus[70].

Dies bedeutet, daß nach der Vorstellung des Reglements die Sparkasse nicht als Einnahmequelle für die Gemeinde gedacht war, jedoch sollte das Sparkassenwesen den Gemeinden insofern nützen, als es die Bürger zum Sparen anhalten und ihnen bei der Bildung eigenen Kapitals helfen wollte, von welchem sie leben konnten,

---

70 Vgl. Stern/Burmeister, S. 86 unter Hinweis auf Schlierbach, Kommentar zum Hessischen Sparkassengesetz, 2. Aufl., 1970, § 1, Anm. 2 Cc

wenn sie ohne Einkommen waren, anstatt dann der Armenkasse zur Last zu fallen. Insofern war die Sparkassenidee aus der Sicht der Gemeinden nicht nur fremd-, sondern auch eigennützig.

Ziffer 9 Abs. 2 des Reglements bestimmte, daß die Sparkasse nicht erster Linie Gewinne anstreben sollte, indem die Vorschrift anordnete, daß durch die Zinsspanne in "erster Linie" die Verwaltungskosten und der Zinsverlust für die zu sofortiger Auszahlung bereitzuhaltenden Gelder gedeckt werden sollten.

Überhaupt stellt das Sparkassenreglement keine ausgewogene Regelung für das Aktiv- und Passivgeschäft der Sparkassen dar. Gerade in diesem Punkt ist das Reglement sehr unvollständig. Es bestimmte zwar, daß und wie die Gemeinden die Einlagen der Sparer anlegen sollten, jedoch standen hierbei die Überlegungen im Vordergrund, wie das Vertrauen der Sparer durch Sicherung der Einlagen gewonnen werden konnte. Eine Zweckbestimmung etwa der Art, daß durch die Verwendung der eingelegten Gelder Kredite an Bedürftige gegeben werden sollten (Kreditversorgung der Bevölkerung) findet sich im Preußischen Sparkassenreglement nicht.

Später jedoch, wie aufzuzeigen sein wird, fanden die Sparkassen Mittel und Wege, in ihren Statuten auch Darlehensgeschäfte zum Ausbau ihres Aktivgeschäfts vorzusehen, was dann auch von den höchsten Stellen genehmigt wurde (ca. 1850).

bb) Die Verbindung von Sparkassen und Leihanstalten

Man darf die Geschichte des Sparkassenwesens daher nicht allein nach den Vorschriften über die Sparkassen betrachten. Zwar haben die ursprünglichen Sparkassen alle mit dem Ziel des Einlagensammelns - zu den genannten wohltätigen Zwecken - begonnen; jedoch betrieben viele Sparkassen neben dem Passivgeschäft auch das Aktivgeschäft, allerdings nicht als Sparkassen, sondern in anderer Funktion (Leih-Cassen)[71].

Für die Leih-Cassen war der preußische Gesetzgeber - wie bereits erwähnt - schon früher tätig geworden: Durch die Kabinettsordre vom 28.6.1826, betreffend die Grundsätze für die öffentlichen Städtischen Leihanstalten. Diese wurden oft mit den Sparkassen verbunden, da - auch nach dem Reglement von 1838 - Aktivgeschäfte gegenüber einzelnen privaten Darlehensnehmern nicht ausdrücklich vorgesehen waren. Die Anzahl dieser "kombinierten" Anstalten war nicht gering. Eine Übersicht z.B. über die hessischen Sparkassen bis 1853[72] zeigt, daß von 36 Instituten nur 6 die alleinige Bezeichnung "Sparkassen" und nicht, wie die anderen, "Spar- und Leih-Casse" oder "Spar-und Kreditanstalt" trugen[73]. Von diesen 6 waren 2[74] auch ohne entsprechende Bezeichnung mit dem städtischen Pfand- bzw. Leihhaus verbunden, betrieben also auch Aktivgeschäfte.

Andere Sparkassen führten Einlagen an Leih-Cassen ab, soweit diese Bargeld brauchten[75].

Der Bericht des Centralvereins von 1864 nennt für Preußen als statutarisch meistgenannte Haupt-Anlegeart die "Veranlagung in Hypotheken auf städtische und ländliche Grundstücke und Realgerechtigkeiten"; wenige Sparkassen hätten in erster Linie die Dotierung von

71 Sparkassenwesen (1864), S. 169

72 Sparkassenwesen (1864), S. 527

73 Die Spar- und Leih-Cassen Nidda, Ortenberg und Schotten waren aus der Ludwigs- und Mathilden-Stiftung abgeteilt, deren Namen sie auch trugen; vgl. Sparkassenwesen (1864), S. 527, Note 10 bis 13

74 Offenbach und Mainz a.a.O., S. 527

75 Für das Königreich Hannover so: Sparkassenwesen (1864), S. 491

städtischen Leihanstalten als Anlegeart vorgesehen, bei diesen würde die Anlage in Hypotheken erst in zweiter Linie betrieben.[76]

Die Dotierung einer städtischen Leihanstalt war in den Statuten vieler Sparkassen vorgesehen, jedoch bestanden solche Leihanstalten tatsächlich bei viel weniger Städten als in den Statuten vorgesehen, welche die Möglichkeit (dem Reglement gemäß) vorsahen, ohne daß jedoch davon Gebrauch gemacht wurde[77], weil eine Leihanstalt fehlte.

Insgesamt waren bis 1864 in Preußen 39 Sparkassen[78] in einer solchen Verbindung mit Leihanstalten, andererseits jedoch gab es in Schlesien auch solche, die mit Pfandleihanstalten Geschäfte machten, ohne daß die Statuten dies ausdrücklich vorgesehen hätten.[79]

Diese Umstände machen nebenbei deutlich, daß die Statuten allein nur bedingt aussagekräftig sind über die tatsächlichen Verhältnisse der Sparkassen, während andererseits insgesamt eine Orientierung der Sparkassen an den gesetzlichen Leitbildern nicht bestritten werden kann.

In Ausnahmefällen fanden die abweichenden Geschäfte i.ü. auch die Billigung der Aufsicht.

Waren die eigentlichen Sparkassen nur für das Passivgeschäft gedacht und war das Aktivgeschäft nur eine Folge der Verpflichtung zur Sicherung der Einlagen, so bot doch Ziff. 5 des Reglements dann den gesetzlichen

---

76 Sparkassenwesen (1864), S. 282; nur die Sparkasse in Uerdingen führte die gesamten Einlagen an die Gemeindekasse ab, die sie verzinste und wieder zurückzahlte

77 Sparkassenwesen (1864), S. 291

78 Namentlich aufgeführt in Sparkassenwesen (1864), S. 291

79 wie vorstehend

Schlüssel zur Entstehung der Spar-und Kreditinstitute. Nach dieser Vorschrift konnten die Mittel der Sparkasseneinleger neben anderen Zwecken zur "Dotierung städtischer ... Leihanstalten" verwendet werden. Man hat daher die Institute, die Sparkassengeschäfte im heutigen Sinne betrieben, zunächst als Doppelinstitute anzusehen.

Daß die ursprünglichen Sparkassen auch in Preußen bald mit städtischen Leihkassen kombiniert wurden, steht fest[80].

Das war aber in der Entwicklung der Sparkassen nicht der alleinige Weg zum eigenen Aktivgeschäft.

Vielmehr wurde als eigenes Geschäft der Sparkassen in kleinen Schritten ein eigenes Kreditgeschäft in kleinem Umfang gestattet.[81]

Ausweislich einer Verfügung des königlichen Oberpräsidenten der Provinz Brandenburg vom 31.5.1849[82] gehörte die Verbindung mit städtischen Leihhäusern 1849 allein deshalb nicht zum allgemein gehandhabten Verfahren, weil der Umfang der Kreditnachfrage nicht überall die Errichtung eines Leihhauses rechtfertigte.[83]

Eine gewisse Kreditnachfrage herrschte gleichwohl überall. So schlug die genannte Verfügung vor, auch ohne Gründung einer Leihanstalt kurzfristig gegen

---

80 Sparkassenwesen (1864), S. 305 ... "der durch die ... doppelte Natur der Anstalten als Spar- und Leih-Cassen ... bestimmte Wirkungskreis ..."

81 Vgl. Verfügung des Königlichen Oberpräsidenten der Provinz Brandenburg an die Königlichen Regierungen zu Potsdam und Frankfurt vom 31. Mai 1849, MBliV 1949, S. 190 ff

82 wie vorstehend

83 Sparkassenwesen (1864), S. 174

erstklassige Sicherheiten Darlehen zu geben. Soweit sich die Gelegenheit hierzu biete, müsse sie auch genutzt werden[84].

In einem Ministerialerlaß vom 24.7.1854[85] wird die Frage, "ob auch Anleihen gegen Faustpfand zulässig sein sollen, ... dem Ermessen der Stände überlassen."[86]

Die Möglichkeit der Anlage der entgegengenommenen Spargelder wurde von der langfristigen Anlage in sicheren Werten mit der Zeit zu einem schnellere und häufigere Umsätze mit sich bringenden Geschäft fortentwickelt, dies natürlich nur n e b e n den langfristigen Anlagemöglichkeiten. Hierdurch wuchs im Laufe der weiteren Entwicklung die Bedeutung der Sparkassen auch als Kreditgeber, stets unter der Aufsicht der Oberpräsidenten (Ziff. 5 des Sparkassenreglements) und stets mit hohem Sicherheitsstandard bei der Besicherung des Aktivgeschäfts.[87]

Seit 1854 wurde dann allgemein durch Zirkularverfügung die Zulässigkeit der Anlagen bei den Provinzial- bzw. den kommunalständischen Hilfskassen, die bis 1853 in allen Provinzen entstanden, verfügt[88] und diese Anlageform in die Statuten der Institute aufgenommen.

So wurde das Darlehensgeschäft zur Selbstverständlichkeit für die Sparkassen, und zwar in solchem Umfang, daß sich das Ministerium immer wieder veranlaßt sah, sich mit der Frage der infolgedessen zur Regel gewordenen Überschußerzielung der Sparkassen zu befassen

---

[84] MBliV 1849, S. 190

[85] MBliV 1854, S. 136 ff

[86] wie vorstehend

[87] Vgl. Sparkassenwesen (1864), S. 175 ff

[88] Zirkularverfügung vom 24.7.1854, MBliV 1854, S. 136 ff

und schon in einem Ministerialerlaß vom 24.8.1847[89] zu versuchen, zu "bremsen" und die Sparkassen zu ihren ursprünglichen Aufgaben zurückzurufen, nämlich die Anlage von Spargeldern zu ermöglichen und zur Sparsamkeit zu erziehen, nicht aber zur Einnahmequelle der Gemeinde zu werden.

Wenn schon Überschüsse erzielt würden, so sollten diese wenigstens den Sparern zugute kommen, entweder über die Zinsen oder aber durch Gutschrift von Prämien[90].

Hiermit ist eine Entwicklung schon sehr früh zu beobachten, die bis heute anhält: Die konsequente Beschränkung auf einen Bilanzausgleich ohne Streben nach Gewinn war schon in den Anfangszeiten des Sparkassenwesens eine Illusion.

Zu der Anfangszeit, deren Untersuchung für die Charakterisierung der Sparkassen von Bedeutung ist, gehört i.ü. innerhalb des Kreditwesens auch die Frage nach dem Umfang der Gewährung von Darlehen an den eigenen Gewährträger (später Ziff. 8 des Sparkassenreglements): Solche Darlehen waren zulässig, durften aber nur entnommen werden mit Genehmigung des Oberpräsidenten und wenn Verzinsung und Tilgung im voraus vollständig gesichert waren. Über den Umfang dieser Kommunaldarlehen geben die Quellen bis zur Mitte des 19. Jh. jedoch keinen Aufschluß. Weder der Enquête-Bericht von 1852[91] noch der Bericht des Centralvereins in Preußen für das Wohl der arbeitenden Klasse von

---

89 MBliV 1847, S. 192

90 Diese Einstellung war jedoch nicht unumstritten; in einer Zirkularverfügung der Königlichen Regierung zu Frankfurt vom 25.4.1845 (MBliV 1845, 287 (290)) war die Prämiierung der ärmeren Klassen auf Skepsis gestoßen, die mit dem Hinweis auf Probleme bei der Durchführung begründet wurde.

91 Sammlung sämtlicher Drucksachen ... Nr. 266

1864[92] enthalten hierüber Angaben, es fehlt an Statistiken zumindest für die erste Hälfte des Jahrhunderts.[93]

Später entwickelte sich der Umfang des Kommunalkredits der Preußischen Sparkassen bis zum Ersten Weltkrieg[94]:

Jahr	Kommunalkredite	
	Mio.Mk	v.H.
1856	8,52	9,23
1860	16,01	10,42
1870	47,58	9,38
1875	93,86	8,31
1880	117,11	7,14
1885	158,80	6,82
1890	233,26	6,84
1895	407,18	8,93
1900	617,00	10,36
1905	968,01	11,13
1910	1561,45	13,47

Wenn auch in den Sparkassenvorschriften der Rahmen für das Aktivgeschäft gesteckt war, so dürften, wie mit Wysocki[95] zu vermuten ist, die tatsächlichen Verhältnisse diesen Rahmen vielfach verlassen haben. Gelegentlich haben Sparkassen ihre gesamten Einlagen gegen einen etwas erhöhten Prozentsatz den Gemeinden überlassen[96], die u.U. damit dann eine Leihanstalt unter-

[92] Sparkassenwesen (1864)

[93] Vgl. Wysocki, S. 126; z.B. Sparkassenwesen (1864), S. 491

[94] Quelle: Wysocki, S. 127, der als Quelle seinerseits Höpker, Die Deutschen Sparkassen und ihre Entwicklung und ihre Bedeutung, ZSLAP 63, 1923, S. 62, nennt

[95] Wysocki, S. 126 f

[96] So wird im Bericht des Preußischen Centralvereins (Sparkassenwesen 1864), S. 491, für das KGR Hannover berichtet

hielten oder aber die Gelder selbst als Darlehen verwendeten. In diesen Fällen diente die Sparkasse vorzugsweise Gemeindezwecken.

Aus der Verwendung der Einlagen als Kommunaldarlehen läßt sich zumindest im Ansatz schließen, daß auch aus der Sicht der Kommunen die Sparkasse ein selbständiges Subjekt war, welches man als Kreditgeber in Anspruch nehmen konnte.

Diesem Verständnis entsprächen Ziff. 6 und Ziff. 8 des Reglements von 1838, wonach die Einlagen getrennt vom Vermögen der Gemeinde gehalten und die Obligationen über Kommunaldarlehen "in der unter Ziff. 6 angegebenen Art Eigenthum des abgesonderten Sparkassenfonds" wurden.

Nach dieser ausdrücklichen Formulierung war die Sparkasse oder doch ihr Fonds rechtsfähig, anderenfalls hätte er nicht "Eigenthümer" sein können. "Daß jemandem eine Sache nach dem Rechte eigen ist, will sagen, daß nach dem Rechte sein Wille für sie entscheidend ist in der Gesamtheit ihrer Beziehungen".[97]

cc) Die Entwicklung der Sparkassen nach dem preußischen Sparkassenreglement von 1838

Das Sparkassenreglement verfehlte seine Wirkung nicht. Es förderte das Sparkassenwesen erneut und führte zu zahlreichen Neugründungen. Diese Sparkassen entsprachen nun einer in bestimmter Weise festgelegten Modellvorstellung, die das Verhältnis der Sparkassen zu ihren Muttergemeinwesen einer rechtlichen Beurteilung zugänglich machte. Sie waren nunmehr gesetzlich bestimmt als kommunale Einrichtungen in der Hand ihrer Muttergemeinwesen.

---

[97] Windscheid/Kipp, Lehrbuch des Pandektenrechts, 9. Aufl., S. 856 f

Der Umfang der Tätigkeit der Sparkassen wird deutlich aus Zahlen, die sich im Bericht des Centralvereins finden.[98]

Einlagen bei preußischen Sparkassen:

1839	6.077.329	Thlr.
1842	8.909.066	"
1843	10.072.435	"
1844	11.369.794	"
1845	12.534.456	"
1846	14.149.630	"
1847	15.720.635	"[99]

In sechs Jahren verdoppelte sich also der Bestand an Spareinlagen, in insgesamt acht Jahren verdreifachte er sich nahezu.

Diese Zahlen sind Indiz für die Wirkung, d.h. für die Umsetzung der Ideen und der Anregungen des Sparkassenreglements.

Eine gewisse Selbständigkeit der Sparkassen gegenüber ihren Kommunen fand von Anfang an darin ihren Ausdruck, daß die Gemeinden für ihre eigenen Sparkassen ausdrücklich die Garantie übernahmen. Wäre das Verhältnis von den Sparkassen im Verhältnis zu ihren Muttergemeinwesen nur das eines "Zimmers im Rathaus" gewesen, so hätte es dessen nicht bedurft, weil dann Gemeinde und Sparkasse auch rechtlich ohnehin eine Haftungseinheit gebildet hätten.

In diesem Zusammenhang - Trennung von Sparkasse und Gewährträger - ist darauf hinzuweisen, daß im Bericht des Centralvereins von 1864 für die Sparkassen durchgängig der Begriff "Anstalt" verwendet wird, ebenso

98 Sparkassenwesen (1864), S. 193

99 Die in der Tabelle noch enthaltenen Silbergroschen und Pfennige wurden weggelassen, vgl. Sparkassenwesen (1864), S. 193

wie auch die Einleitung des preußischen Sparkassenreglements die Sparkassen als Anstalten bezeichnet; allerdings wurden diese synonym auch "Einrichtungen" genannt.

Das Reglement stellt - wie gesagt - eine Rahmenvorschrift dar, innerhalb derer sich Vorschriften über die Errichtung der Sparkassen, ihre Organisation, den Geschäftsbetrieb, die Satzung, die Verwendung der Überschüsse, die Staatsaufsicht usw. finden.

Ziffer 1 in Verbindung mit Ziff. 21 des Reglements gestattete Gemeinden und "größeren Landesteilen, z.B. Kreisen und städtischen Verbänden", Sparkassen zu errichten. Erforderlich war dazu eine staatliche Genehmigung. Dabei galt materiell eine Erlaubnis mit Verbotsvorbehalt, wie sich aus Ziff. 3 des Regelements ergibt, in der es heißt: "Die Genehmigung zur Errichtung solcher Einrichtungen soll keiner Gemeinde versagt werden, welche deshalb zweckmäßige Vorschläge tut und nach ihrer Lage und dem geordneten Zustand ihres Haushaltes den Einlegern Sicherheit zu leisten im Stande ist."

Gemäß Ziff. 1 mußte die Stadtverordneten-Versammlung oder die sonstige Kommunalrepräsentation, d.h. das Vertretungsorgan[100] die Zustimmung erteilen. Auf diese Weise war nach der Modellvorstellung das Muttergemeinwesen Initiator der Sparkasse.

Dennoch sollte das Sparkassenvermögen gem. Ziff. 6 des Reglements in einem von anderen Kassen der Stadtverwaltung unvermischt zu erhaltenden Fonds gebildet werden.

Gemäß Ziff. 8 durften zwar Darlehen an den Gewährverband gegeben werden, jedoch nur mit Genehmigung des Oberpräsidenten. Insofern war für die Sparkassen

---

[100] Perdelwitz - Fabricius - Kleiner, S. 57, Note 3

- zumindest in wirtschaftlicher Hinsicht - von Anfang an auch die Verschiedenheit und Trennung von Sparkassen- und Gewährträger bestimmt.

Die Einzelheiten zu den Geschäften der Sparkasse, die im Reglement geregelt waren, brauchen hier nicht näher erörtert zu werden (z.B. Verzinsung und Rückzahlung der Spareinlagen, Ziff. 9 und 10; Mindest- und Höchstbetrag der Einlagen, Ziff. 11 und 12; Ausstellung und Verlust von Sparbüchern, Ziff. 14, 15).

Über den Inhalt der Sparkassen-Satzungen bestimmten Ziff. 17 und 18 des Reglements inhaltlich keine Einzelheiten, doch sah Ziff. 17 vor, daß die Satzungen unter Beobachtung der im Reglement aufgestellten Grundsätze erstellt werden und dem Reglement zuwiderlaufende Bestimmungen nur durch königliche Genehmigung zugelassen werden sollten. Ziffer 18 des Regelements gab den Rahmen vor, den die Satzung hinsichtlich der Verwaltung der Sparkasse, der dort beschäftigten Personen, ihrer Anstellung und der von ihnen zu leistenden Kautionen, wegen des Orts, an dem die Sparkasse sich befinden sollte und wegen der Öffnungszeiten ausfüllen sollte.

Ziffer 19 stellte sodann die Sparkassen unter die Aufsicht des Staates nach den allgemeinen, auch für andere Kommunalinstitute geltenden Vorschriften. Jedoch sollten die Oberpräsidenten und Regierungen (später die Regierungspräsidenten) verpflichtet sein, "diesen Instituten eine fortwährende besondere Aufmerksamkeit zu widmen, sich von der Zweckmäßigkeit und Ordnung des Betriebes zu überzeugen, außerordentliche Kassenrevisionen vorzunehmen und anzuordnen und wo sie Unordnungen und Mißbräuche bemerken, mit Ernst auf deren Abstellung zu drängen".

Indem das Sparkassenreglement die organisatorische Einheit "Sparkasse" einer besonderen Aufsicht unterwarf, hob es die Sparkasse als "Betrieb" aus der übrigen Verwaltung heraus. Auch in Ziff. 20 ist von dem "Geschäftsbetrieb" der Sparkasse die Rede, was die Vorstellung nahelegt, daß schon nach dem Sparkassen-Modell des Reglements hier ein selbständiges und abgegrenztes Subjekt existieren sollte, das eigene Rechtsbeziehungen besonderer Art unterhalten konnte. Dabei ist daran zu erinnern, daß zum Zeitpunkt des Reglements schon zahlreiche private Sparkassen existierten, die zum Teil auch rechtlich selbständig waren[101], wenn auch "nur" als Privatpersonen mit staatlicher Genehmigung; so daß die Vorstellung einer selbständigen Sparkasse nichts fernliegendes war.

Fragt man sich, was damit über die Sparkassen geregelt war, so gelangt man zu dem Ergebnis, daß der Mustertyp der Sparkasse eine vom Muttergemeinwesen stammende, doch vor ihr verschiedene Einrichtung sein sollte, die einem bestimmten, außerhalb des Reglements umschriebenen Zweck dienen sollte; denn beim Erlaß des Reglements wurde der Begriff der "Sparkasse" bereits vorausgesetzt, zu welchem im Kern die Entgegennahme kleiner Ersparnisse von "kleinen Leuten" gehörte (Ziff. 4 c des Reglements).

Ursprünglich waren damit die Sparkassen auf das Passivgeschäft ausgerichtet; die in Ziff. 5 vorgesehenen Möglichkeiten für die Sparkassen, die entgegengenommenen Kapitalien auf erste Hypotheken, inländische Staatspapiere und Pfandbriefe oder auf andere völlig sichere Art anzulegen, zählte nicht zur eigentlichen Aufgabe der Sparkasse, sondern bildete nur die Kehrseite des als eigentliche Sparkassenaufgabe angesehenen Passivgeschäfts. Deutlich wird dies auch durch den Hinweis auf die Verordnung vom 28. Juni 1826 über die städtischen Leihanstalten, die genau dieses Aktivgeschäft als von der Sparkassentätigkeit verschiedene eigene Aufgabe betrieben.

---

[101] Schmutzler, S. 19

Zur Erfüllung ihrer Aufgabe bedurften die Sparkassen handelnder Repräsentanten, über deren Organisation das Reglement selbst keine Aussagen enthielt.

Wichtig erscheint jedoch, daß das Reglement nicht von den Kommunen als dem Träger der Rechte und Pflichten der Sparkasse spricht, sondern stets die Sparkasse selbst zum Subjekt erklärt. Auch schreibt das Reglement nicht vor, ob und in welchem Umfang Repräsentanten der Kommune zu Repräsentanten der Sparkassen zu bestellen sind.

3. Die weiteren rechtlichen Rahmenbedingungen des Sparkassenwesens ab 1838

Wie gesagt, löste das Reglement einen beträchtlichen Aufschwung des Sparkassenwesens aus. Die Auswirkungen dieses Aufschwungs auf die Organisation der einzelnen Sparkassen sollen erst später untersucht werden. Zunächst wird der gesetzliche Rahmen weiter verfolgt, der die Entwicklung der Sparkassen als kommunale Einrichtungen ermöglichte und förderte.

Schon nach dem Gesetz vom 26.7.1841[102] durften die Sparkassen auch auf andere als erste Hypotheken Gelder ausleihen, wenn nur die zu bestellende Hypothek die erste Hälfte des Wertes des Grundstückes nicht überschritt. Dies war ein erster Schritt zur Erweiterung der Handlungsmöglichkeiten der Sparkassen im Aktivgeschäft.

In den folgenden Jahren bis 1850 spielte der Centralverein für das Wohl der arbeitenden Klassen in Preußen eine wesentliche Rolle bei der Entwicklung des Sparkassenwesens[103] und der Erweiterung der Aufgaben. Unter anderem verfolgte er intensiv das Ziel, wucherische Kreditgeber durch die Konkurrenz von Spar-

---

102 GS 1841, S. 287

103 Vgl. Schönborn, a.a.O., S. 163, 165

kassendarlehen zu vernünftigen eigenen Darlehensbedingungen zu zwingen bzw. dieses Geschäft überhaupt den Sparkassen allein anzuvertrauen. Mit solcher Zielrichtung stießen die Sparkassen (auch von ihrem Selbstverständnis her) in die auch im Bereich des Aktivgeschäfts bestehende Marktlücke der "Unterversorgung" der Bevölkerung vor.

a) Gewährträgerhaftung als Bindeglied zwischen Sparkasse und Muttergemeinwesen

Die Sparkassen hatten bei ihrer Entwicklung auch unerwartete Widerstände zu überbrücken. So hatten die Gemeinden vielfach Bedenken, Sparkassen zu gründen, weil sie nach dem Reglement für deren Verbindlichkeiten haften sollten. Diese Angst hat die Entwicklung des Sparkassenwesens zunächst aufgehalten, dann jedoch sahen die Gemeinden, daß die Gefahr gering war und die Städte praktisch nicht selbst in Anspruch genommen wurden[104], weil die Sparkassen die Vorschriften des Sparkassenreglements zu beachten hatten, welche auch in die Richtung zielten, die Muttergemeinwesen vor ihren Sparkassen zu schützen.

Hinweise auf bestehende Bedenken der Gemeinden kommen etwa zum Ausdruck in einer Zirkularverfügung der Königlichen Regierung zu Frankfurt "an deren sämmtliche Landräthe und Magistrate" vom 25.4.1845[105], in welcher ausdrücklich darauf hingewiesen wird, daß die Verbürgung für die Sparkassen keine Gefahr für die Gemeinde mit sich bringe, weil zum einen die Anlagen sicher und zum anderen die Verwaltungskosten der Sparkasse gering seien. Zudem wies die Verfügung darauf hin, daß die Ausleihmöglichkeiten auf Hypotheken für die Wirtschaft des Gewährträgergebietes durchaus förderlich sein konnten[106].

---

104 Sparkassenwesen (1864), S. 172

105 MBliV 1845, S. 287 ff

106 MBliV 1845, S. 288

Neben dem Aspekt der Wirtschaftsförderung war damit deutlich zum Ausdruck gebracht, daß die gesetzlichen Sicherungsmittel für den Sparkassenbetrieb nicht nur dem Schutz der Einleger vor Verlusten dienten, sondern auch die Gemeinden vor Mißwirtschaft ihrer eigenen Sparkassen schützen sollten.

Wenn demnach (auch) die Gemeinden vor ihren eigenen Sparkassen geschützt werden sollten, so kann man nicht davon ausgehen, daß nach der Vorstellung des Verordnungsgebers und auch nach der Vorstellung der Gemeinden Sparkassen und Muttergemeinwesen rechtlich und wirtschaftlich einander gleichzusetzen waren. Aus den Bedenken der Gemeinden läßt sich der Schluß ziehen, daß sie sich selbst mit ihren Sparkassen nicht identifizierten, sondern daß sie sie als einen Fremdkörper, etwas Drittes ansahen, zumindest aber als ein Aliud gegenüber sich selbst, mit eigener Gesetzmäßigkeit und eigenen, beschränkungsbedürftigen Risiken. Nach außen jedoch verstärkte gerade die Garantie den Eindruck, daß die Sparkasse unter dem Schutz der Gemeinde stand und daher auch die Sicherheit der Sparkasse gewährleistet war,so daß beide gemeinsam jedenfalls eine Haftungseinheit bildeten.

b) "Musterstatut" von 1845

Zur Förderung des Sparkassenwesens war der genannten Zirkularverfügung vom 25.4.1845 der Entwurf eines Statuts beigefügt, welcher als Vorbild für Sparkassengründungen dienen sollte. Dieser Entwurf war erläutert und kann als Beleg dafür dienen, wie die Umsetzung des Sparkassenreglements im Jahre 1845 gewissermaßen "normativ" beurteilt wurde.[107]

§ 1 dieses Statuts[108] sah vor, daß die Stadt N eine öffentliche Sparkasse errichte und die Vertretung für alle Verbindlichkeiten dieser Sparkasse übernehme. § 15 hob hervor,

---

[107] Vgl. MBliV 1845, S. 290 ff

[108] MBliV 1845, S. 292

daß die Sparkasse einen mit dem übrigen Stadtvermögen unvermischten Fonds bilden solle, die Überschüsse sollten einem Reservefonds zugeführt und darüber hinaus ggf. mit Genehmigung des Oberpräsidenten für andere öffentliche Zwecke verwendet werden (§ 16).

Die Verwaltungsorganisation dieser Muster-Sparkasse sah gem. § 12 [109] eine Rendantur vor: Ein vom Magistrat ernannter Rendant sollte die Geschäfte führen; den Stadtverordneten stand bei der Auswahl der Person des Rendanten ein "Vetorecht" zu[110]. Als unter der Aufsicht der Stadtbehörden agierende "Verwaltungsbehörde" der Sparkasse wurde ein Kollegium bestimmt, bestehend aus einem Magistratsmitglied und drei weiteren, aus Stadtverordneten und aus der Bürgerschaft zu wählenden Mitgliedern, für welche die Vorschriften über städtische Deputationen anwendbar sein sollten.

Bei diesem Musterstatut handelt es sich um ein Beispiel für die innere Organisation einer Sparkasse, welches den Schluß auf eine gewisse Eigenständigkeit des Instituts einerseits, jedoch auch eine personenbezogene Abhängigkeit der Sparkasse von der Gemeinde andererseits beinhaltet. Hinsichtlich des Vermögens jedoch war die Abspaltung vom Gemeindevermögen deutlich zum Ausdruck gebracht.

Ein Abgrenzungsbedürfnis war auch schon darin zum Ausdruck gekommen, daß eine Verfügung vom 17.2.1840 [111] bestimmt hatte, daß ein Stadtverordneter nicht zum Rendanten bestimmt werden konnte, weil letzterer ein städtischer Unterbeamter sei. Hierin steckt der Gedanke der Inkompatibilität der beiden Tätigkeiten.

---

[109] MBliV 1845, S. 293

[110] MBliV 1845, S. 293

[111] MBliV 1840, S. 80

c) 1847 - Musterstatut der Kreissparkasse Bielefeld -

In Ziff. 21 Satz 1 des Sparkassenreglements von 1838 waren Sparkassen genannt, die "von größeren Landestheilen" errichtet werden konnten; dies bildete die rechtliche Grundlage für die Errichtung von Kreissparkassen.

Deren Statuten mußten gem. Ziff. 21 vom König genehmigt werden;[112] anläßlich einer solchen Genehmigung wurde das Statut der Kreissparkasse Bielefeld als "Mustersatzung" veröffentlicht,[113] welches am 23.12.1846 von den Kreisständen beschlossen und am 1.3.1847 vom König bekannt gemacht wurde.

Da die Rechtsbeziehungen der Kreise zu ihren Sparkassen im Prinzip nicht anders aufgefaßt wurden als die Beziehungen der Städte- oder Gemeinden zu ihren Instituten, ist das Statut nicht nur eine wichtige Quelle für die Beurteilung der Selbständigkeit der Kreissparkassen gegenüber ihren Kreisen, sondern auch für das Verständnis des Wesens der Sparkasse als eines öffentlichen Instituts überhaupt.

Das Statut vom 23.12.1846, das übrigens durch Zirkularverfügung vom 24.7.1854 durch den Innenminister den Königlichen Regierungen erneut als "Muster" empfohlen wurde[114] zeigt in organisatorischer Hinsicht ganz deutlich Verselbständigungstendenzen, denn

§ 2 lautete:

"Dieselbe (die Kreissparkasse) ... bildet ein solches Kreditinstitut, welches jederzeit selbständig für sich bestehen und unter keinen Umständen mit irgendeiner andern Kasse vereinigt werden soll."[115]

---

[112] Bis 1876, als die Zuständigkeit auf die Oberpräsidenten übertragen wurde, vgl. Preußisches Zuständigkeitsgesetz vom 26.7.1876, (GS 1876, S. 297), § 152; später wurde diese Vorschrift ersetzt durch § 52 des Preußischen Zuständigkeitsgesetzes von 1883

[113] MBliV 1847, S. 38 ff

[114] MBliV 1854, S. 136 ff

[115] MBliV 1847, S. 38

Auch hinsichtlich der Haftungsverhältnisse stellte das Statut klar, daß der Kreis Bielefeld eine Garantie in dem Sinne übernahm, daß für die Verbindlichkeiten, wenn zu deren Erfüllung das e i g e n e[116] Vermögen (der Kreissparkasse) nicht ausreichte, durch "Repartition[117] die Haftung auf die den Kreis bildenden Gemeinden", ebenso umgelegt wurde, wie dies sonst durch anteilige Belastung mit den Kreislasten geschah.

Die Verwaltung der Sparkasse durch das Kuratorium[118], welches von der Kreisversammlung gewählt wurde (§ 5), geschah weitgehend selbständig, d.h. ohne laufende Einflußnahme der Kreisversammlung, die nur Revisionsaufgaben wahrzunehmen hatte.

Die Selbständigkeit kam weiter darin zum Ausdruck, daß das Kuratorium "die Kreis-Sparkasse" bei allen Rechtsangelegenheiten vertrat und berechtigt war, selbst Klage zu erheben, Vergleiche zu schließen, Grundstücke für die Sparkasse zu erwerben (§ 8) und schließlich auch ein eigenes Siegel zu führen.

Die Selbständigkeit findet eine weitere Bestätigung darin, daß selbst der Rendant (§ 14) Zinsen ohne Mitwirkung des Kuratoriums einklagen durfte.

Das Kreditgeschäft, das nach dem Reglement Sache des Kreises gewesen wäre, wurde im Statut allein dem Kuratorium anvertraut und von diesem alleinverantwortlich ausgeführt.

§ 33, nach welchem "das Kuratorium verpflichtet (war) ..., bei seiner Verwaltung die von der Königlichen Regierung bestätigten Kreistagsbeschlüsse, soweit solche nicht mit

---

116 Sperrung vom Verfasser

117 Also Verteilung nach Anteilen

118 Dem Kuratorium sollte der Rendant nicht angehören, wie in der genannten Zirkularverfügung des Innenministeriums vom 14.7.1854, MBliV 1854, S. 136, klargestellt wurde

den Bestimmungen dieses Statuts im Widerspruch stehen, als bindende Norm zu befolgen"[119], regelte dagegen nur die Abänderbarkeit der Statuten, die bei jeder rechtsfähigen Anstalt durch das Muttergemeinwesen auch heute stets besteht, da letztenendes die Anstalt gegenüber dem Muttergemeinwesen keinen Anspruch auf ewigen Fortbestand hat.

Lediglich die Disposition über die Überschüsse stand den Kreisständen ausschließlich zu.

Diese Fassung der Statuten war Vorbild für die Gründung vieler weiterer Sparkassen, wie schon die Regelungen des Bielefelder Statuts ihrerseits mit denen der Herforder Kreissparkasse vom 18.4.1845 fast wörtlich übereinstimmen, die am 27.4.1850 vom Landwirtschaftsministerium sämtlichen Königlichen Regierungen übermittelt [120], und im Ministerialblatt für die gesammte innere Verwaltung veröffentlicht wurden.

Auch in dem Statut der Kreissparkasse Herford hieß es in § 2, daß es sich um ein selbständiges, für sich bestehendes Kreis-Institut handele.[121] Gemäß § 4[122] wurde sie durch ein Kuratorium verwaltet. Dieses bestand aus einem durch die Kreis-Versammlung gewählten, von der Königlichen Regierung bestätigten Dirktor sowie zwei Beisitzern, für die drei Stellvertreter bestimmt wurden, und einem Rendaten. Letzterer wurde gem. § 6[123] auf Vorschlag der Kreisstände von der Regierung angestellt und mußte eine Kaution leisten. Auch hier war bestimmt (§ 8)[124], daß das Kuratorium die Kreissparkasse bei allen Rechtsangelegenheiten vertrete und

---

119 MBliV 1847, S. 40

120 MBliV 1850, 144 ff

121 Zirkularverfügung an sämtliche Königliche Regierungen vom 27.4.1850, MBliV 1850, S. 145

122 MBliV 1850, S. 145

123 MBliV 1850, S. 145

124 MBliV 1850, S. 145

insbesondere befugt sei, Klagen gegen Schuldner der Kreissparkasse anzustellen, Vergleiche abzuschließen, Grundstücke und Grundgerechtigkeiten anzukaufen usw. Auch hier war die eigene Handlungsfähigkeit der Sparkasse anerkannt.

Diese zweimalige Veröffentlichung von Statuten in ähnlicher Form blieb nicht ohne Wirkungen auf andere Sparkassengründungen.

Zu den Herforder Statuten sind i.ü. auch die Mustertexte von Schuldschein- und Bürgschaftserklärungen veröffentlicht[125], die bemerkenswerterweise nur die "Kreis-Sparkasse" als Vertragspartner nennen, nicht aber den Kreis.

Die Veröffentlichung diente zudem u.a. gerade ausdrücklich dem Zweck, bekannt zu machen, daß von den "beengenden Vorschriften" des Reglements "Erleichterungen" möglich waren.[126]

d) 1847 - Sparkasse des Rosenberger Kreises -

Weniger Selbständigkeit als die Kreissparkassen in Herford und Bielefeld wies im Gegensatz dazu die Sparkasse des Rosenberger Kreises auf, die unter der Garantie der Stände zum 22.12.1846 errichtet wurde. Die Statuten wurden ebenfalls 1847 im Ministerialblatt veröffentlicht.[127]

Dort waren die Formulierungen des Statuts zu den Rechtsverhältnissen der Sparkasse zurückhaltender. Auch dieses Statut wurde veröffentlicht, jedoch in diesem Falle ohne damit verbundenen Appell oder eine sonstige Erklärung.

---

125 MBliV 1850, S. 148 ff

126 MBliV 1850, S. 145; m.a.W. wollte sie Anstöße zur individuellen Entwicklung der Sparkasse geben. Daher können diese veröffentlichten Statuten auch an dieser Stelle unter den "Rahmenbedingungen" erörtert werden; auch wenn der Inhalt der Statuten keinen Gesetzesrang hat, so kommt ihnen doch eine gewisse normative Bedeutung zu

127 MBliV 1847, S. 122 ff

Hier hieß es zwar in § 13[128] ausdrücklich, daß der "Vorstand ... eine beaufsichtigende Behörde" bilde, die ein Dienstsiegel führe;[129] ständig hatte aber der Vorstand die Kreisstände zu informieren und vierteljährlich den Ständen an den Kreistagen Abschlüsse zur Prüfung vorzulegen (§ 14 Abs. 2)[130].
In kurzen Zeitabständen mußte er also Rechenschaft geben und Weisungen entgegennehmen. Von großer Eigenständigkeit kann daher hier keine Rede sein.

Es könnte daher die Behauptung bezweifelt werden, die Statuten der Sparkassen seien überwiegend von Verselbständigungstendenzen geprägt gewesen. Doch wurden in der folgenden Zeit wiederholt Statuten auf diese Weise bekanntgemacht, die die Verselbständigungstendenz beibehielten.

So veröffentlichte 1873 - dies sei im Vorgriff auf chronologisch eigentlich vorher zu nennende gesetzliche Vorschriften gesagt - das Innenministerium die umfangreicher gewordenen Statuten der Sparkasse des Kreises Teltow vom 28.4.1873[131], die die Verselbständigung deutlich bestätigten. Diese Sparkasse war 1857 gegründet worden, die Statuten waren also erst nach der Veröffentlichung der Bielefelder und Herforder Satzungen entstanden, können also von ihnen beeinflußt sein.

Nach dem 1873 revidierten Statut dieser Kreissparkasse führte die Sparkasse selbst - nicht das Kuratorium - ein Siegel. Sie bestand "als ein selbständiges Institut unter Garantie des Kreises Teltow". Ihre Bestände durften nicht mit anderen Fonds vereinigt werden. Alle Verbindlichkeiten

---

128 MBliV 1847, S. 124

129 MBliV 1847, S. 124

130 MBliV 1847, S. 124

131 MBliV 1873, S. 295 ff

der Sparkasse bildeten eine Kreislast und wurden wie diese getragen, wenn ihr -der Sparkasse - eigenes Vermögen jemals nicht ausreichen sollte.[132]

Die Verselbständigung ist hier noch deutlicher ausgedrückt als in den früheren Statuten. Um nur die im Reglement von 1838 bestimmte Trennung von Sparkassenvermögen und Vermögen des Muttergemeinwesens auszudrücken, hätte es solcher Betonung der Selbständigkeit und Unabhängigkeit nicht bedurft.

In dem Kuratorium wirkte nunmehr zwar der jeweilige Landrat mit, andererseits konnte aber als Beisitzer jeder unbescholtene Kreiseinwohner vom Kreistag gewählt werden.

Ob und wie der Kreis Einfluß auf die Sparkasse hatte, hing also von der Person und der Stärke des Landrats ab, nicht jedoch war von der Konzeption her die Einflußnahme uneingeschränkt vorhanden.

Die Sparkasse selbst - nicht der Kreis - wurde vom Kuratorium in allen gerichtlichen und außergerichtlichen Angelegenheiten vertreten, "auch bei solchen, zu denen die Gesetze eine Spezialvollmacht verlang(t)en".[133] Ausdrücklich war nun davon die Rede, daß d i e S p a r k a s s e[134] durch Rechtsgeschäfte verpflichtet werden kann (§ 8).

Die in § 12 bestimmte Beaufsichtigung durch eine Deputation des Kreistages diente der Revision der Jahresrechnung und der Überwachung der Sicherheiten. Der Rendant arbeitete unter Leitung des Kuratoriums, wurde aber vom Kreistag angestellt (§ 13 Abs. 3). Dem Kuratorium wurde dagegen überlassen, Sparkassen-Rezepturen (§ 16) (= Annahmestellen) zu errichten, deren Personal (Rezeptoren) vom Kreistag

---

132 MBliV 1873, S. 295

133 MBliV 1873, S. 296

134 Hervorhebung vom Verfasser

bestellt wurde, womit geschäftspolitisch wichtige Entschlüsse dem Kuratorium zur eigenverantwortlichen Ausführung überlassen waren.

Auch die Ausleihgeschäfte der Sparkasse lagen allein in den Händen des Kuratoriums, so daß hier ebenfalls weiter von der Vorstellung des Reglements von 1838 abgewichen wurde, wonach das Muttergemeinwesen selbst die Anlage der Spareinlagen besorgte.

Da das Sparkassenreglement folglich keine abschließende Regelung blieb und Abweichungen üblich waren, die die Sparkasse verselbständigten, so ist von daher nicht an der Behauptung festzuhalten, das Reglement selbst hätte die Sparkassen nicht in solchem Maße verselbständigt. Die tatsächliche Entwicklung hat sich insofern vom Reglement entfernt, insoweit sind die Sparkassen "erwachsen" geworden.

Doch zurück von der Teltower Kreissparkasse (1873) zur Entwicklung der Sparkassen im Anschluß an das Reglement von 1838:

Ein Erlaß des Innenministeriums vom 24.8.1847[135] bestimmte, daß Überschüsse aus dem Betrieb von Sparkassen nicht für die Gemeinde-Armenkasse verwendet und auch nicht an Gemeinden ausgezahlt werden sollten, sondern daß solche Geschäftsergebnisse den Sparern selbst zugute kommen sollten (durch Gewährung höherer Zinsen oder Prämien). Auch dies zeigt, daß die Sparkasse eher als eigener Organismus denn als Teil des Muttergemeinwesens begriffen wurde.[136]

---

135 MBliV 1847, S. 192

136 Mehr am Rande ist darauf hinzuweisen, daß etwa die Verfügung des Königlichen Oberpräsidenten der Provinz Brandenburg vom 31.5.1849 (hier: MBliV 1849, S. 190 ff) erkennen läßt, daß im Rahmen der weiten Bestimmungen des Sparkassenreglements von 1838 auch seitens der Aufsichtsbehörden unterschiedliche Anschauungen vertreten wurden. In Detailfragen waren Entwicklungen sogar abhängig von den jeweiligen Aufsichtspersonen, doch dies ist ein allgemeines Phänomen, das noch heute in den Ministerialbürokratien zu beobachten ist.

e) Förderung der Kreissparkassen

Das Sparkassenreglement von 1838 ging ursprünglich davon aus, daß gerade die städtischen Gemeinden zur Gründung von Sparkassen besonders geeignet seien.[137]

Doch im Jahre 1850 manifestierte sich in einer Zirkurlarverfügung des Landwirtschaftsministeriums vom 27.4.1850[138] die Erkenntnis, daß die Gemeinden als Träger der Sparkassen je nach Infrastruktur des betreffenden Gebiets nicht in der Lage waren, eine Garantie für die Sparkassen zu übernehmen. Daher empfahl man den königlichen Regierungskollegien, Kreissparkassen nach dem Vorbild des Statuts der bereits erwähnten Kreissparkasse Herford von 1845 zu errichten; später hieß es in einer Zirkularverfügung des königlichen Ministeriums für Handel und für das Innere vom 14.7.1854,[139] daß "die Kreisstände weit eher in der Lage wären, die gesetzlich vorgeschriebene Garantie der Sparkassen zu übernehmen".

§ 32 dieses Statuts[140] schrieb vor, daß Überschüsse der Sparkassen einem Reservefonds zugeführt werden sollten. Derartige Fonds lassen sich auf dreierlei Weise interpretieren: Zum einen dienen sie dem Anlegerschutz, indem sie die Spareinlagen sichern. Zum zweiten können sie dazu dienen, das Muttergemeinwesen vor der Inanspruchnahme aus der Garantie zu schützen s.o. Zum dritten aber sind sie in jedem Fall Ausdruck der Vorstellung, daß die Sparkasse als solche Gegenstand von Rechten und Pflichten und damit Träger eigener Vermögensrechte sein soll.

-

137 Sparkassenwesen (1864), S. 171

138 MBliV 1850, S. 144 ff

139 Abgedruckt in Sparkassenwesen (1864), S. 171

140 MBliV 1854, S. 146

Die genannte Zirkularverfügung vom 14.7.1854[141] enthielt die Aufforderung des Innenministeriums an alle Königlichen Regierungen, zur Gründung von Kreissparkassen beizutragen.

-

f) Ausprägungen wachsender Selbständigkeit

Mit städtischen Anstalten befaßte sich § 56 Nr. 3 der Städteordnung von 1853. Danach stand die Verwaltung solcher Anstalten grundsätzlich dem Magistrat zu, gem. § 54 konnte sie jedoch auch von einer aus Mitgliedern der Gemeindebehörde gebildeten Deputation verwaltet werden,[142] was bei Sparkassen vielfach geschah.

-

Abweichend von der anfänglichen Übung, Sparkassen und Leihkassen voneinander zu trennen, setzte im Laufe der Sparkassenentwicklung ein Gesinnungwandel ein. Ein Zirkularerlaß des Innenministeriums vom 18.4.1856[143] läßt dies erkennen: "Die Leihkasse, welche mit jeder Sparkasse notwendig verbunden sein muß - Ziff. 5 des Reglements - ..."[144]. Dies deutet darauf hin, daß das Aktivgeschäft nunmehr auch als eigene Aufgabe des Sparkassenwesens angesehen wurde, wenn auch hierfür zunächst noch eine eigene Institution eingeschaltet wurde.

Doch der Tätigkeitsbereich der Sparkassen veränderte sich in der zweiten Hälfte des 19. Jahrhunderts im Zuge der tiefgreifenden wirtschaftlichen und sozialen Veränderungen auch insofern, als zu Kunden der Sparkasse neben der Zielgruppe aus der Gründungszeit auch Angehörige des Mittel-

---

141 MBliV 1854, S. 135

142 Vgl. Heyden, Preußen, Nr. 1, S. 37 (lfd. Nr. 17)

143 MBliV 1856, S. 121

144 MBliV 1856, S. 121

standes wurden, so daß die Bankeigenschaften der vor neue Aufgaben gestellten Sparkassen mehr und mehr hervorzutreten begannen.[145]

Mit den wachsenden Einlagensummen verstärkte sich nun auch das eigene Kreditgeschäft, so daß sich mit der "Kreditversorgung der Bevölkerung" ein weiteres Aufgabenfeld erschloß.

Während dieser Entwicklung wuchs den Sparkassen zunehmend eine eigenständige Rolle zu, die sie als selbständige wirtschaftliche Kraft neben die juristischen Gewährträger - Gemeinden -treten ließ. Hieraus gingen - als Produkt koordinierter Sparkassen -, weniger Gemeindeinteressen, später dann folgerichtig auch die Sparkassenverbände hervor.

Während dieser Entwicklung blieb gleichwohl natürlich die Verbindung jeder einzelnen Sparkasse zu ihren Muttergemeinwesen erhalten; an den laufenden geschäftspolitischen Entscheidungen der Sparkasse waren die Träger auch,- in welcher Weise auch immer - beteiligt. Dabei ist jedoch zu beachten, daß es einen Unterschied ausmacht, ob der Träger an der Entscheidung beteiligt ist, oder ob er sie selbst für die Sparkasse trifft, wie dies am Anfang, als die Sparkassen nur ein "Zimmer im Rathaus" waren, der Fall war.[146]

---

145 Vgl. hierzu F. Senger, Die Entwicklung der Sparkassen zu Banken, Diss. Freiburg, 1926

146 Wenn Stern/Burmeister, S. 66, meinen, durch die neuen Sparkassengesetze (etwa SpkGnw vom 7.1.1958, § 7, GVBl., S. 5) sei der Einfluß der Gemeinden noch verstärkt worden, so scheint dies angesichts dessen übertrieben: Die Entscheidung über die Einrichtung und Auflösung der Sparkassen oder über ihre Vereinigung mit anderen sind eher theoretischer Art und selbst als Druckmittel der Gemeinden gegenüber der Sparkasse ungeeignet; die Genehmigung der Errichtung von Verwaltungsgebühren betrifft Äußerlichkeiten, bei der Verwendung der Überschüsse sind die Sparkassen nie frei gewesen.

Es ist dabei zu unterscheiden zwischen praktischer organisatorischer Verselbständigung, persönlicher und sachlicher Einflußnahme. Das Maß der Selbständigkeit richtet sich in vielen Punkten nach den Handlungen der Beteiligten, etwa danach, wer die Geschäftspolitik bestimmt, wer die Kreditvergabe entscheidend beeinflußt, wer die Konditionen festsetzt, wer das Personal einstellt (aussucht), etc., es richtet sich aber in erster Linie nach der Art und Weise der Organisation.

-

Im Rahmen des sich ausweitenden Aktivgeschäfts der Sparkassen gestattete ein Erlaß des Innenministers vom 21.3.1857[147] die Ausleihungen von Beständen städtischer Sparkassen nicht mehr nur gegen die in dem Sparkassenreglement von 1838 ausdrücklich vorgesehen Sicherheiten, sondern auch gegen "bloße Schuldscheine unter Bestellung von Bürgschaften"[148].

Die Ausweitung und Etablierung der auf der Grundlage des Sparkassenreglements von 1838 bereits selbständiger gewordenen Sparkassen vollzog sich in den Jahren 1857 bis 1870 weitgehend ohne irgendwelche Eingriffe des Gesetz- und Verordnungsgebers. Das "Ministerialblatt für die gesammte innere Verwaltung in Preußen" enthält in dieser Zeit hinsichtlich des Sparkassenwesens von Jahr zu Jahr lediglich die statistischen Erhebungen zum Sparkassenwesen, jedoch keinerlei Eingriffe von Aufsicht oder Gesetzgeber, die von allgemeiner Bedeutung gewesen wären. Lediglich im Jahre 1864[149] wurde für die Sparkassen die Portofreiheit bestimmt, und im Jahre 1866[150] erklärte ein Zirkularerlaß des Handelsministeriums vom 19.2.1866, daß Arbeitersparkassen nützliche Einrichtungen seien, die es zu fördern gelte.

---

147 Abgedruckt bei Heyden, Preußen, S. 23

148 wie vorstehend

149 MBliV 1862, S. 81

150 MBliV 1866, S. 216 ff

Mit Gesetz vom 25.12.1869[151] wurde außerdem in Wiesbaden neben der bereits bestehenden Landesbank (Gesetz vom 16.2.1849) eine Sparkasse gegründet, die als "Anstalt" bezeichnet wurde. Für sie galt die Beschränkung der Ausdehnung des Geschäftsbereichs auf den Bereich des kommunalständischen Verbandes im Regierungsbezirk Wiesbaden (§ 1 Abs. 2). Die Sparkasse wurde (§ 3) mit einem rückzahlbaren Staatskredit der Staatskasse dotiert, sie war also von Anfang an schon vom Kapital her nicht unabhängig. Insofern handelt es sich hier auch nicht um den Fall einer kommunalen Sparkasse im eigentlichen Sinn.

-

Bemühungen in Preußen, die Sparkassengeschäfte zu erleichtern und von allzu förmlicher Behandlung bestimmter Bereiche abzugehen, führten z.B. 1872 dazu, daß bei der Wertermittlung von Grundstücken zur Kreditbesicherung in den Statuten der Sparkasse - wie in denen der Kreissparkasse zu Oppeln - eine generalklauselartige Regelung für zulässig erachtet wurde: Maßgebend sei die "sorgsame Berücksichtigung" der "Gesammtverhältnisse eines Grundstücks".[152]

Dies bedeutete wiederum eine gewisse Lockerung von Sicherheitsbestimmungen im Interesse einer größeren Beweglichkeit der Sparkassen, die nicht gering eingeschätzt werden darf.[153]

---

151 GS 1869, Nr. 7563, S. 1288, abgedruckt bei Stoepel, Bd. 3, S. 349 ff

152 Abgedruckt bei Heyden, Preußen, S. 26

153 Vgl. Erlaß vom 1.10.1872, Wertermittlung von Gebäuden betreffend, MBliV 1872, S. 333

Für Kreissparkassen - aber auch als Modell für alle anderen Sparkassen - erschien 1873 - wie bereits erwähnt - als sog. "Muster-Statut" für Sparkassensatzungen[154], das für die Kreissparkasse des Teltower Kreises[155].

-

Eine Sonderrolle spielt die Hohenzollernsche Landesbank, die nur wegen ihrer Bezeichnung als"Anstalt" hier erwähnt werden soll. Aufgrund § 61 der Hohenzollernschen Amts- und Landesordnung vom 2.4.1873[156] über die Befugnisse des Kommunal-Landtages (Ziff. 9) bei der Beaufsichtigung und Verwaltung der Spar- und Leihkasse für die Hohenzollernschen Lande erging am 16.1.1875 eine Verordnung[157], nachdem der Hohenzollernsche Landeskommunalverband für die Verbindlichkeiten der Kasse die subsidiäre Garantie übernommen hatte.

Im Hinblick auf diese Garantie wurden gem. § 1 der Verordnung die Beamten der Kasse vom Landesausschuß ernannt. Gemäß § 3 hatte die Direktion der Kasse einen Etat zu entwerfen, welcher vom Landesausschuß und vom Kommunallandtag festgestellt wurde; nach § 4 hatte das Direktorium mit der Jahresrechnung einen Rechenschaftsbericht vorzulegen.

Es handelte sich also um eine stark beaufsichtigte und unselbständige Kasse mit der Bezeichnung "Anstalt".

Diese Art der Reglementierung steht im Widerspruch zu dem Maß an Selbständigkeit, das der Sparkasse des Teltower Kreises zukam.

---

154 Schlierbach, S. 15, behauptet, hierbei habe es sich um die erste Mustersatzung gehandelt, was vielleicht formell, jedoch nicht materiell zutreffend ist, da bereits früher mehrfach im Ministerialblatt für die gesamte innere Verwaltung Satzungen abgedruckt und zur Anwendung empfohlen worden waren.

155 MBliV 1873, S. 295 ff

156 GS 1873, Nr. 8114, S. 145, abgedr. bei Stoepel, Bd. 3, S. 781

157 GS 1876, Nr. 8252, S. 78, abgedr. bei Stoepel, Bd. 4, S. 105

Dies erklärt sich jedoch daraus, daß die hier angesprochene Spar- und Leihkasse für die Hohenzollernschen Lande weniger die Funktion einer Sparkasse als vielmehr die einer Landesbank hatte, deren Aufgaben sich nicht mit denen anderer, "normaler" Sparkassen deckten.

\-

Weitere Regelungen über Sparkassen fanden sich dann wieder häufiger:

Eine Verfügung des Innenministerims vom 30.5.1874 stellte klar, daß die Einstellung des Rendanten für eine Kreissparkasse nach § 134 Nr. 3 der Kreisordnung dem Kreisausschuß zustehe.[158]

\-

In der Vormundschaftsordnung vom 5.7.1875[159] wurde, was die Sparkassen besonders hervorhob, die Anlage von Mündelgeldern bei öffentlichen, obrigkeitlich bestätigten Sparkassen zugelassen. Von Bedeutung ist hier § 39 der preußischen Vormundschaftsordnung, welcher bei der Nennung der Schuldverschreibungen, in welchen ein Vormund Mündelgelder anlegen durfte, zwischen solchen der "deutschen kommunalen Korporationen (Provinzen, Kreisen, Gemeinden etc.)" und denen "von deren Kreditanstalten",[160] unterschied, also in den beiden rechtlich unterschiedliche Emittenten sah.

\-

Eine Verfügung des Finanzministeriums vom 20.8.1875 stellt fest, daß eine bestimmte Sparkasse - und dies galt für alle anderen Sparkassen ebenso - gemäß §§ 2, 3 des Gesetzes wegen Entrichtung der Gewerbesteuer vom 30.5.1820 von der Verpflichtung zur Zahlung befreit sei. "Als eine der Kommunalverwaltung angehörige gemeinnützige Anstalt" sei sie "nach Maßgabe der Art ihres Betriebes von der Gewerbesteuer freizulassen".[161]

158 MBliV 1874, S. 143

159 GS 1875, Nr. 8344, S. 431, abgedr. bei Stoepel, Bd. 4, S. 189

160 Abgedruckt bei Heyden, Preußen, S. 18 f

161 MBliV 1875, S. 242

g) Verselbständigungsbemühungen der Sparkassen in den Jahren nach 1875

Betonte schon der Erlaß vom 20.8.1875[162] ausdrücklich die Nähe der Sparkasse zu ihrer Kommunalverwaltung, so finden sich solche Hinweise auch in weiteren Erlassen und Verfügungen der folgenden Jahre.

Der Grund hierfür ist darin zu sehen, daß Sparkassen verstärkt bemüht waren, sich zu verselbständigen und Abstand von ihrem Muttergemeinwesen zu gewinnen. Die Aufsicht war dagegen bemüht, dies zu verhindern.

Ein Erlaß des Innenministeriums vom 5.2.1875[163] machte deutlich, daß die Aufsicht über die Sparkassen in erster Linie Sache der Korporationen sei, denen diese Institute unterstünden; die Aufsichtsbehörden der Korporationen müßten daher die Träger ihrer Institute anhalten, für eine wirksame Kontrolle zu sorgen. Hier wurde empfohlen, die Kontrolle wie im Statut der Kreissparkasse Teltow (§ 12) durch Deputationen ausüben zu lassen.

Ein Erlaß des Innenministers vom 5.3.1876 wies darauf hin, daß die Sparkassenbücher als "Urkunden im Sinne der Alinea 4 des § 137 der Kreisordnung vom 13. Dezember 1872 anzusehen und deshalb mit dem Siegel des L a n d r a t s"[164] zu versehen seien.[165]

Das Statut einer Kreissparkasse hatte hier den Stempel der Sparkasse und die Vollziehung durch den Dirigenten des Sparkassenkuratoriums, den Rendanten und den Kontrolleur vorgesehen.

---

162 MBliV 1875, S. 242 (s. vorstehende Fußnote)

163 MBliV 1875, S. 77

164 Sperrung vom Verfasser

165 Abgedruckt bei Heyden, Preußen, S. 27 unter Hinweis auf MBliV 1876, S. 109

Im übrigen war in dem Statut, auf welches sich der Erlaß bezog, auch versucht worden, die Bestimmung des Rendanten und des Kontrolleurs ohne den Kreisausschuß vorzunehmen, obwohl dieser gemäß § 134 Nr. 3 der Kreisordnung zuständig war. Dessen Kompetenz wurde in dem genannten Erlaß ausdrücklich bestätigt.

Dieser Erlaß ist ein weiterer Beleg für den Versuch einer Sparkasse, sich von ihrem Gewährträger, dem Kreis, zu lösen.

-

1876 stellte ein Erlaß des Innenministeriums vom 7.8.1876 klar, daß Ausleihungen der Sparkasse nur an die eigene Gemeinde ohne besondere Sicherheiten erfolgen durfte, dagegen nicht an fremde Kreise oder Gemeinden.[166]

Auch dies könnte als Indiz für eine besondere Abhängigkeit der Sparkassen von ihren eigenen Gemeinden angesehen werden. Doch ist diese Regelung, die nicht mit Gesetzeskraft, sondern im Wege der Interpretation der bestehenden Vorschriften durch die Aufsicht - ähnlich wie heute bei Maßnahmen des Bundesaufsichtsamtes für das Kreditwesen - erfolgte, zum einen nur vernünftig, da zugunsten der Finanzlage anderer Gebietskörperschaften keine selbstverständliche Bonitätsvermutung galt, zum anderen aber muß aufgrund des Erlasses angenommen werden, daß solche Ausleihungen bereits in Statuten vorgesehen waren[167].

Der Erlaß gibt jedoch die Vorstellung wieder, daß es sich bei den Sparkassen um eigene Vermögensträger handelt, da er ausdrücklich von ihnen, nicht von den Gemeinden spricht, und die Sparkassen auch gegenüber der eigenen Gemeinde bewußt in Gegensatz stellt.

-

[166] Erlaß des Innenministeriums vom 7.8.1876, abgedr. bei Heyden, Preußen, S. 28 = MBliV 1876, S. 199

[167] Heyden, Preußen, S. 29

Mit dem Zuständigkeitsgesetz vom 26.7.1876[168] wurde die Zuständigkeit zur Genehmigung von Sparkassengründungen auch von Kreissparkassen, dem Oberpräsidenten übertragen. Die Versagung einer Genehmigung durch den Oberpräsidenten war jedoch nur unter Zustimmung des Provinzialrates möglich, ebenso Änderungen und Ergänzungen der Statuten. Die Aufsicht über die Sparkassen wurde den Kommunalaufsichtsbehörden übertragen. Wenn in Gesetz oder Statuten einzelner Sparkassen ausdrücklich eine staatliche Genehmigung erforderlich war, so erteilte diese bei Landgemeinde-Sparkassen der Kreisausschuß, bei Stadtgemeinde- und Kreissparkassen der Regierungspräsident, der jedoch Versagungen wiederum nur bei Zustimmung des Bezirksrates aussprechen durfte.

Damit waren die Sparkassen sorgfältig in das Netz der verschiedenen Aufsichtsbehörden eingebunden, wofür der Gesetzgeber die Notwendigkeit gesehen hatte, nachdem die Bedeutung der Sparkassen so gewachsen war.

-

Aus einem Erlaß des Innenministeriums von 16.11.1877 an die Regierungspräsidenten im Gesetzbereich der preußischen Kreisordnung[169] läßt sich schließen, daß viele Gemeinden zu dieser Zeit dazu übergegangen waren, die Sparkassen dazu zu veranlassen, ihre Geschäfte so zu führen, daß sie zu einer Einnahmequelle für den Kommunalhaushalt zu werden versprachen. Damit jedoch entfernten sich die Sparkassen noch mehr von ihrer ursprünglichen Aufgabenstellung. Der Erlaß des Innenministeriums sah daher auch Struktur und Funktion der Sparkassen als gemeinnützige Unternehmen in Gefahr. Da jedoch die Initiative zur "Zweckentfremdung" der Sparkassen von den Gemeinden ausging, konnte der einzige Weg, dem Einhalt zu gebieten, nur sein, die Eigenständigkeit der Sparkassenaufgabe auch gegenüber dem eigenen Muttergemeinwesen zu betonen. Auch diese Entwicklung war dazu geeignet, die Verselbständigung der Sparkassen voranzubringen.

---

168 GS 1876, S. 297; § 152 des Zuständigkeitsgesetzes, abgedr. auch bei Heyden, Preußen, S. 27

169 MBliV 1878, S. 5, abgedr. bei Heyden, Preußen, S. 30

Ein anderer Erlaß vom 7.11.1877[170] deutet auf dem Ministerium bedenklich erscheinende Fehlentwicklungen hin. Der Minister meinte hier, daß die Kapitalanlagemöglichkeiten, die in den Statuten der Teltower Sparkasse enthalten waren, die im wesentlichen denen des Sparkassenreglements entsprachen, völlig ausreichten, um den Sparkassenaufgaben nachzugehen. Demgegenüber hatten die Sparkassen versucht, den Bereich des Aktivgeschäfts zu erweitern.

In dieselbe Richtung - Regelung des Aktivgeschäfts - ging auch ein Erlaß des Innenministers vom 23.6.1878[171]: Gegenstand des Erlasses war die Darlehensgewährung an die eigenen Kuratoriumsmitglieder. Der Minister meinte, daß die Aufsichtsbehörde solche Darlehen nicht generell verbieten könne, vielmehr müßten die Statuten dies regeln. Hierin aber liegt - wenn auch nur bezüglich einer Einzelfrage - ein Zugeständnis des Ministers an die Möglichkeiten, das Aktivgeschäft zu betreiben, gleichzeitig aber auch das Zugeständnis, dies eigenverantwortlich zu regeln.

Bereits seit 1852 wurde im "Ministerialblatt für die gesammte innere Verwaltung" statistisches Zahlenmaterial über die Sparkassen veröffentlicht. Ein Erlaß vom 28.6.1878[172] bestimmte diesbezüglich, "eigenes Vermögen" der Sparkassen sei nur ein besonderer Garantiefonds oder anderweitige besondere Zuwendungen, etwa die Überlassung von Gebäuden und Grundstücken zum Zwecke der Einrichtung der Verwaltung der Sparkasse. Damit ist die Fähigkeit der Sparkasse anerkannt, selbst Träger eines eigenen Vermögens, also etwa Eigentümer eines Gebäudes oder eines Grundstücks zu sein.

-

170 MBliV 1878, S. 45

171 MBliV 1878, S. 154

172 MBliV 1878, S. 155

Besondere Bedeutung kommt einem Erlaß des Innenministeriums vom 26.4.1880 zu[173]: Er betrifft "die den städtischen resp. Kreissparkassen-Verwaltungen beiwohnende Eigenschaft öffentlicher Behörden". Dieser Erlaß erhellt, daß eine Sparkasse gemäß dem Reglement vom 12.12.1838, das auch zu dieser Zeit unverändert fortgalt, auch nach ministerieller Ansicht möglicherweise als juristische Person anzusehen sein könnte: Es heißt dort: "Sie ist daher - mag sie die Eigenschaft einer juristischen Person besitzen oder nicht - eine städtische Anstalt ..."[174].

Ob es sich hier um eine Behörde handelte oder nicht, war hauptsächlich von Bedeutung dafür, ob Poststücke als "portopflichtige Dienstsache" bezeichnet werden mußten oder nicht. Zur Klärung dieser vergleichsweise unbedeutenden Frage mochte sich das Ministerium nicht festlegen, ob die Sparkassen als juristische Personen zu betrachten waren oder nicht. Immerhin wurde diese Möglichkeit ohne weiteres eingeräumt, obwohl eine offizielle Erhebung der Sparkassen in diesen Status nicht stattgefunden hatte.

Auch das Reichsgericht hat wiederholt städtische Sparkassen als mittelbare Staatsbehörden angesehen, allerdings unter der Einschränkung, daß das Statut der einzelnen Sparkasse keine entgegenstehenden Vorschriften enthalte[175], worin ja auch das Zugeständnis an die Sparkasse liegt, auch diese Frage selbst zu regeln.

Das Reichsgericht hat in der genannten Entscheidung[176] die Frage, ob die Sparkassenverwaltung einer preußischen Sparkasse eine Behörde im Sinne des StGB sei, bejaht und sich hierzu darauf berufen, daß die Sparkasse von einer "beson-

173 MBliV 1880, S. 201; auch abgedr. bei Heyden, Preußen, S. 37

174 wie vorstehend

175 Vgl. RGSt 6, 247 ff, vgl. auch allgemeine Verfügung des Justizministers vom 21.3.1882, Justizministerialblatt (JMBl. 1882), S. 56; Erlaß des Innenministers vom 26.4.1880, MBliV 1880, S. 201

176 RGSt 6, 247 (1882)

deren städtischen Geschäftsdeputation im Sinne des § 59 der Städteordnung"[177] für die Provinz Westfalen vom 19.3.1856[178] "verwaltet" werde. Diese Vorschrift des § 59 betrifft die "dauernde Verwaltung oder Beaufsichtigung einzelner Geschäftszweige" der Verwaltung, und zwar hier insbesondere hinsichtlich der Aufgabe des Magistrats im Sinne des § 56 Ziff. 3 der Städteordnung vom 19.3.1856, "die Städtischen Gemeindeanstalten zu verwalten, und diejenigen, für welche besondere Verwaltungen eingerichtet sind, zu beaufsichtigen".[179]

Unter diesen "Gemeindeanstalten" waren demnach in verschieden großem Maße von der Kommune abhängige Anstalten zu verstehen, die teils unmittelbar durch den Magistrat verwaltet wurden, teils unter besonderer Verwaltung standen, also stärker losgelöst waren.

Die in der Entscheidung RGSt 6, 247 genannte Sparkasse war allerdings verwaltungsmäßig organisatorisch nicht getrennt, sondern wurde gerade als eigene Angelegenheit der Stadt von einem eigenen Ausschuß verwaltet, nicht jedoch eine selbständige Verwaltung der Sparkasse durch den Magistrat überwacht.[180]

Ein weiteres Indiz für die nunmehr bereits fortgeschrittene Verselbständigung der Sparkassen ist die Entscheidung des Kompetenzkonfliktsgerichtshofs vom 12.7.1881[181]. Hier war die Frage, ob die Sparkassen rechtlich selbständig seien oder nicht, umstritten: Zugrunde lag die Klage einer Sparkasse gegen eine Stadt; eine Landschaft hatte eine Sparkasse

---

177 RGSt 6, 247 (248)

178 Abgedr. bei Stoepel, Bd. 2, S. 362

179 Vgl. Stoepel, Bd. 2, S. 361

180 Viel später (1907) entschied das Reichsgericht jedoch in einer Strafsache, die Verwaltung einer Kreissparkasse sei eine Behörde; hierbei handele es sich um eine "mit selbständiger Verwaltung versehene Körperschaft", vgl. RGSt 39, 391 (392)

181 Abgedr. in MBliV 1881, S. 182

gegründet (Ostfriesische Sparkasse zu A.), die Sparkassengeschäfte betrieb und dabei einen Gewinn erzielt hatte. Mit dem Reingewinn aus dem Jahre 1873 hatte die Stadt diese Sparkasse - in diesem Falle keineswegs eine privatrechtliche Gesellschaft -zu städtischen Abgaben herangezogen. In dem anschließenden Rechtsstreit hatten die städtischen Behörden die Ansicht vertreten, die Sparkasse sei eine gewerbliche Gesellschaft mit juristischer Persönlichkeit im Sinne des § 25 der revidierten Hannoverschen Städteordnung vom 24.6.1858. Zwar fiel die genannte Entscheidung dahin aus, daß die Sparkasse nicht als juristische Person anzusehen sei, jedoch ist die Entscheidung ein deutliches Anzeichen dafür, daß die juristische Persönlichkeit der Sparkassen und damit ihre rechtliche Trennung von den Muttergemeinwesen als möglich und wahrscheinlich angesehen wurde, wenn auch diese Ansicht nicht allgemein vertreten wurde.

In diese Zeit fiel auch die Gründung der ersten Sparkassenverbände, jedoch soll die Entwicklung des Verbandswesens hier nicht einbezogen werden, da diese erst einsetzte, nachdem die Sparkassen selbst sich bereits als Institutionen durchgesetzt hatten.[182] Gleichwohl wird nicht übersehen, daß die weitere Entwicklung der Sparkassen von der Bündelung der Interessen in den Verbänden profitiert hat; zu der hier untersuchten Thematik ergibt sich daraus jedoch kein zusätzlicher Aspekt.

Entscheidungen des Gesetzgebers, z.B. die Verweigerung der Zulassung der Sparkassen zum Scheckverkehr[183] brachten die Verbände erst recht auf den Plan, weil derartige für das gesamte Sparkassenwesen wichtige Fragen, die hauptsächlich ihre Entwicklung zu allgemeinen Banken förderten, nur durch eine gemeinsame Interessenvertretung der Sparkassen gefördert werden konnten.

-

182 Vgl. Wysocki, S. 186 ff

183 Erlaß vom 5.2.1886, MBliV 1886, S. 19

Einzelregelungen für die immer zahlreicher und selbständiger gewordenen Sparkassen, die auch ihren Geschäftsbereich ständig erweiterten, nahmen gegen Ende des Jahrhunderts stark zu. Viele Erlasse zu Detailfragen schränkten ihren Bewegungsspielraum ein, doch betrafen diese weder das grundlegende Verhältnis der Anstalten zu ihren Muttergemeinwesen noch den Charakter der Sparkassen selbst. Die von ihnen als einengend empfundene Vielzahl der Regelungen und Erlasse betraf gleichermaßen selbständige wie unselbständige Sparkassen, da auch Gemeinden mit besonders abhängigen Sparkassen den für alle geltenden Weisungen und Erlassen des Ministers sowie dessen Interpretationen des Sparkassenreglements Folge leisten mußten.

Es ist begreiflich, daß unter dem Druck dieser zahlreichen Einzelregelungen der Ruf nach einem neuzeitlichen Sparkassengesetz immer lauter wurde, jedoch blieb eine gesetzliche Regelung aus.

Einige Regelungen seien genannt:

Im Jahre 1883 wurde durch das Zuständigkeitsgesetz vom 1. August[184] endgültig für alle Landesteile die Genehmigungspflicht für die Errichtung von Sparkassen eingeführt (§ 52). Die Aufsicht (§ 53) über die Sparkassen wurde weiterhin bei der Kommualaufsicht belassen.

-

Ein Erlaß des Innenministers vom 2.4.1884 nahm die Beschränkung der Ausleihungen von Einlagen ohne besondere Sicherheit auf Darlehen an die eigene Gemeinde[185] zurück und gestattete die Ausleihung an "Provinzen, Kreise, Stadt- und Landgemeinden, Kirchengemeinden und sonstige leistungsfähige, mit Corporationsrechten ausgestattet communale Verbände des Preußischen Staates gegen vorschriftsmäßige

---

[184] GS 1883, S. 237 ff

[185] Erlaß des Innenministeriums vom 7.8.1876, abgedr. bei Heyden, Preußen, S. 28 = MBliV 1876, S. 199

Schuldverschreibungen"[186], allerdings nur bis zu einem Viertel des Gesamtbestandes der Sparkasse[187], was jedoch gleichwohl einen beträchtlichen Anteil des Gesamtvolumens des Sparkassengeschäfts ausmachte.

-

Ein Cirkular an die Königlichen Regierungspräsidenten vom 12.7.1891, betreffend die Stempelpflichtigkeit von Obligationen, räumte für die Sparkassen die Möglichkeit ein, daß es sich um juristische Personen handeln könnte, jedenfalls geht aus dem Cirkular hervor, daß die Sparkassen schon nach dem Reglement von 1838 nach der in dem Cirkular vertretenen Ansicht gegenüber ihren Trägern mit einer gewissen Selbständigkeit ausgestattet waren.[188]

-

Eine Verfügung des Innenministeriums vom 4.10.1892[189] macht darauf aufmerksam, daß die Sparkasse nicht von der Gemeindekasse benutzt werden dürfte, bzw., daß zwischen beiden kein Kontokorrentverkehr unterhalten werden dürfe, wiederum ein Hinweis auf die strikte Trennung von Sparkasse und Muttergemeinwesen.

-

Das Königliche Kammergericht erklärte erneut in einem Beschluß vom 26.10.1891[190] staatlich genehmigte Kommunal-Sparkassen zu öffentlichen Behörden: Dort heißt es, daß das Preußische Sparkassenreglement hervorgegangen sei aus der Anerkennung eines staatlichen Interesses an der Einrichtung von Sparkassen durch Gemeinden und größere Kommunalverbände.[191] "Diese Sparkassen stehen nicht nur, wie andere Communalinstitute, unter der Aufsicht des Staates, sondern die Oberpräsidenten und Regierungen haben diesen Instituten

---

186 Heyden, Preußen, S. 67

187 Heyden, Preußen, S. 68

188 MBliV 1891, S. 125

189 MBliV 1892, S. 344

190 Kammergericht, abgedr. bei Heyden, Preußen, S. 93 ff

191 Heyden, Preußen, a.a.O., S. 95

eine fortwährende besondere Aufmerksamkeit zuzuwenden, sich von der Zweckmäßigkeit und Ordnung ihres Betriebes zu überzeugen ..."[192].

..."In all diesen Bestimmungen gibt sich das Interesse des Staates an der Einrichtung der Communalsparkassen zu erkennen[193]".

Schließlich wurde über die Sparkassen gesagt, sie hätten "öffentliche Autorität"[194]. Auch für die Rechtsprechung waren damit die Sparkassen als rechtlich selbständiges Betrachtungsobjekt anerkannt.

Allen bisher festgestellten Verselbständigungstendenzen der Sparkassen bis zum Ende des 19. Jh. - zumindest nach den bis hierhin betrachteten gesetzlichen Rahmenvorschriften - zum Trotz entschied 1894 das Reichsgericht[195], daß Rechtsgeschäfte zwischen Sparkassen und ihren Stadtgemeinden keine "Anschaffungsgeschäfte" im Sinne der Tarifposition Nr. 4 A 2 des Gesetzes vom 29.5.1885, betreffend die Erhebung von Reichsstempelabgaben (RGBl. 1885, S. 171) sei.

In der Entscheidung heißt es, die Sparkasse sei kein neben der Stadtgemeinde selbständig bestehendes Rechtssubjekt mit eigenen Rechts- und Handlungsfähigkeiten, vielmehr ein abgesonderter Fonds ihrer Kommune[196], wie die übrigen Kommunalkassen auch. Eigentlicher Eigentümer des Sparkassenvermögens aber sei die Stadtgemeinde. Folglich sei es rechtlich unmöglich, zwischen Sparkasse und Gemeinde einen Vertrag abzuschließen.

---

192 Heyden a.a.O., S. 95

193 Heyden a.a.O., S. 95

194 Heyden a.a.O., S. 99

195 RGZE 34, 3

196 RGZE 34, 3 (4)

Diese Ansicht steht zunächst mit Ziff. 6 und 8 des Sparkassenreglements von 1838 schon dem Wortlaut nach im Widerspruch, da danach das Vermögen der Sparkasse ihr "Eigentum" ist, was ihre "Rechtsfähigkeit" voraussetzt.

Da eine ausdrückliche Verleihung der Rechtsfähigkeit fehlt, kann nicht davon ausgegangen werden, daß die Sparkassen als rechtsfähig angesehen wurden. Es fragt sich aber dennoch, wieweit ihre Selbständigkeit entwickelt war.

In dem vom Reichsgericht entschiedenen Rechtsstreit wurde differenziert zwischen dem Verhältnis der Kommune zu den Einlegern einerseits und der Sparkasse andererseits. Das Gesetz spreche nur von den Verpflichtungen der Kommune gegenüber den Einlegern, und nur zwischen diesen bestünden die aus der Annahme der Einlagen gesetzlich begründeten Rechte und Pflichten.[197]

Dies ist jedoch in dieser Form nicht zutreffend. Vielmehr trennte das Reglement zwischen Kommunen und Sparkassen einerseits und Sparkassen und Einlegern andererseits; hierbei war das Reglement um die Sicherheit beider besorgt. Daß die Rechtsbeziehungen unmittelbar zwischen der Kommune und den Einlegern bestehen sollten, geht aus dem Reglement nicht eindeutig hervor. Es wird lediglich gesagt, daß Anlage der Einlagen Sache der Kommune sei, jedoch ist damit nichts darüber gesagt, wer nach außen bei der Annahme der Gelder in Erscheinung tritt. Da das Reglement die öffentlich-rechtlichen Sparkassen nicht ausdrücklich für rechtsfähig erklärte, kann man zwar die Rechtsfähigkeit nicht unterstellen.

Auch aus der Verwendung des Begriffs der "Kommunal-Institute" (Ziff. 19) läßt sich folgern, daß keine juristische Person "Sparkasse" gemeint war.[198]

---

197 RGZE 34, 3 (6)

198 RGZE 34, 3 (6)

Andererseits aber war gem. Ziff. 8 ausdrücklich die Entnahme von Darlehen aus dem Sparkassenfonds für die Kommunen gestattet, und das Darlehen ist nun einmal ein zweiseitiger Vertrag, der als "Kommunaldarlehen" zudem nur mit aufsichtsbehördlicher Genehmigung vergeben werden durfte (Ziff. 8), und keinesfalls als "In-Sich-Geschäft" angesehen wurde. Und gerade in Ziff. 8 des Reglements war hinsichtlich der Sicherheiten davon die Rede, daß die von der Kommune über das Darlehen ausgestellten Obligationen "Eigenthum des Sparkassenfonds" werden.

Die RG-Entscheidung, die eine stempelsteuerliche Frage betraf, ist in der Sache sicher richtig, weil hier kein "Anschaffungsgeschäft" in dem Sinne vorlag, daß ein "auf die Anschaffung des Eigentums an fremden Sachen gegen Entgelt gerichtetes Rechtsgeschäft" vorlag. Im Zweifel lag es nicht einmal in der Absicht des Gesetzgebers, solche Geschäfte zwischen Sparkasse und Muttergemeinwesen mit zu umfassen. Insofern hätte es u.U. seitens des Gerichts der Gleichstellung von Sparkasse und Muttergemeinwesen unter Verneinung der rechtlichen Selbständigkeit der Sparkassen nicht bedurft, um das gewünschte Ergebnis zu erzielen.

So jedoch enthält die Entscheidung den Satz, die Sparkassen seien nur eine unter getrennter Verwaltung stehende getrennte Kommunalkasse, verglichen etwa mit der Kämmereikasse.

Diese Behauptung jedoch steht sowohl im Widerspruch zu der Bedeutung und dem Selbstverständnis der Sparkassen zum Zeitpunkt der Entscheidung.

Sie steht im übrigen auch im Widerspruch etwa zu einer Verfügung vom 11.11.1895[199], wonach Sparkassenbücher keine "Gemeindeurkunden" im Sinne des § 56 der Städteordnung vom 30.5.1853 sind.

-

199 MBliV 1895, S. 246

Der Kommentar von Marquard-Perdelwitz (1937) stellt klar, daß keine Zweifel an der Anstaltseigenschaft der Sparkassen bestanden, weil ihnen jegliche Körperschaftsstruktur fehle.[200]

Die Bezeichnung als Körperschaft ist ein Politikum denn damit sollte die Verselbständigung der Sparkassen gegenüber ihrem Muttergemeinwesen unterstrichen werden,[201] die erneute Änderung 1934 diente der Anpassung an die Vorstellungen nationalsozialistischer Wirtschaftsführung.[202]

Für die Sparkassen darf man trotz dieser "falsa demonstratio" die Entwicklung zur selbständigen Anstalt des öffentlichen Rechts auch formal als beendet betrachten. Seit der Notverordnung und den später erlassenen Vorschriften sind sie stets als Anstalten des öffentlichen Rechts anerkannt worden.

h) Zusammenfassung und Fazit

Die einzelnen Merkmale des Anstaltsbegriffs wurden im großen und ganzen stets wie folgt erfüllt:

aa) Das Substrat sind das Sparkassenvermögen sowie die Einrichtungen und das Personal der Sparkasse. Diese sind gegenüber der unmittelbaren Verwaltung inzwischen (sogar rechtlich) verselbständigt.

bb) Die Willensbildung der Anstalt findet intern statt, indem Vorstand und Kreditausschuß sowie der Sparkassenleiter im Grundsatz unabhängig vom Muttergemeinwesen tätig werden, d.h. keinerlei laufenden Weisungen unterliegen.

---

[200] Perdelwitz-Fabricius-Kleiner, § 1 MuSa, Anm. 2a

[201] Perdelwitz-Fabricius-Kleiner, § 1 MuSa, Anm. 2 a, S. 170 f; derselbe, Vorbemerkung zu §§ 4 bis 8 MuSa, S. 181; Clausen, S. 28

[202] Perdelwitz-Fabricius-Kleiner, a.a.O., S. 182

cc) Die Mitwirkung der Gemeinde besteht in der Entsendung des "Leiters des Gewährverbandes" als Vorsitzendem des Vorstandes, der jetzt auch - anstelle der bisherigen Wahl von Vorstandsmitgliedern durch die Vertretungskörperschaft des Gewährträgers - die anderen Vorstandsmitglieder bestellte (§ 4 Abs. 2 b MuSa), § 7 Abs. 1 b SpVO; unabhängig von diesem Recht bildete jedenfalls der Hauptverwaltungsbeamte das Bindeglied zwischen Sparkassen und Gemeinde.

Ein Vertreter der Gemeinde wirkt so an maßgeblicher Stelle in der Sparkasse mit, daß man mehr tatsächliche, weniger rechtliche Beeinflussungsmöglichkeiten erkennen kann.

dd) Die "Gemeinnützigkeit" ergibt sich aus der Zweckbindung der Sparkassen einerseits und der Gewinnverwendung andererseits.

ee) Der öffentliche Zweck soll heute zumindest noch in der Existenz der Sparkasse als Wettbewerber liegen. Welchen öffentlichen Zweck die Sparkasse im einzelnen jeweils erfüllt, ist eine politische Entscheidung, so daß eine rechtlich verbindliche Aussage nicht getroffen werden kann. Bei normativer Betrachtungsweise jedoch wird ein öffentlicher Zweck stets nur ein solcher sein, der über Individualinteressen hinausgeht. Solche Zwecke wurden von den Sparkassen - von Auswüchsen abgesehen - stets verfolgt.

Unterschiedliche öffentliche Zwecke lassen sich rechtfertigen, keine Art der Feststellung des öffentlichen Zwecks ist jedoch zwingend.

-

Die Annahme, daß erst die Notverordnungen von 1931/1932 und die Sparkassenverordnung vom 20.7./4.8.1932[203] die rechtliche Selbständigkeit der Sparkassen hergestellt hätten[204], ist insofern zutreffend, als formal die Rechtsfähigkeit anerkannt wurde, in der Praxis der Gerichte (insbesondere in Aufwertungs- und Anleiheablösungsverfahren) war diese Selbständigkeit jedoch schon vorher anerkannt.[205] Der Hintergrund der gesetzlichen Regelung war die Absicht, Gedanken an eine Heranziehung des Sparkassenvermögens zur Lösung der Finanzschwierigkeiten der Gemeinden zuvorzukommen.[206]

Die ebenfalls mit der Notverordnung (Art. 1 § 3; SpVO 1932, § 7) angeordneten Lockerungen des Sparkassenvorstandes von den gemeindlichen Verwaltungen dienten demselben Zweck.

Die Übertragung der Sparkassenvermögen durch die Gemeinden an die jetzt ausdrücklich verselbständigten Sparkassen geschah mit Hilfe von Musterverträgen,[207] die aber zum gewichtigen Teil nur deklaratorischen Charakter hatten, da die Rechte schon aufgrund der gesetzlichen Vorschriften übergegangen waren. Hinsichtich der Grundstücke der Gemeinden, die sie für die Sparkassen besaßen, die de facto also bereits Sparkassenver mögen waren, enthielten die Grundbücher vielfach den Hinweis, daß der Gemeinde das Recht für die Sparkasse zustand,[208] eingetragen aber war die Sparkasse selbst.

Ob die Sparkassen ausdrücklich als rechtsfähig angesehen wurden oder nicht, ist für die Beurteilung der Frage, wie stark ihre Selbständigkeit schon im 19. Jh. ausgeprägt war,

---

[203] GS 1932, S. 241; 275

[204] Art. 1 § 2 der NotVO vom 5.8.1931, RGBl. I, S. 429, abgedr. bei Perdelwitz-Fabricius-Kleiner, S. 1

[205] Perdelwitz-Fabricius-Kleiner, Vorbemerkung zur SpVO, S. 102

[206] wie vorstehend

[207] Abgedruckt bei Perdelwitz-Fabricius-Kleiner, S. 456 ff

[208] Perdelwitz-Fabricius-Kleiner, § 2 SpVO, Anm. 2; es heißt auch dort (S. 103), die rechtliche Selbständigkeit der Sparkassen sei bereits vorher weitgehend anerkannt gewesen

nicht wichtig. Dies zeigt zum einen der Sprachgebrauch, der unter "Anstalt" sowohl rechtsfähige als auch nicht rechtsfähige Anstalten faßt,[209] als auch die Tatsache, daß eine Anstalt auch dann als Organisationsform anerkannt ist, wenn sie nicht rechtsfähig ist. In diesem Fall stellt der Begriff der "Anstalt" einen juristischen Sammelbegriff für die unterschiedlichsten Verwaltungs- und Wirtschaftseinheiten dar.[210]

Die Rechtsfähigkeit ist lediglich ein Mittel, mit dessen Hilfe die Selbständigkeit unterstrichen werden kann, sie ist jedoch nicht notwendiges Mittel, um Selbständigkeit zu erzielen.

Auch rechtlich unselbständige Einrichtungen können selbständig sein.

Die fehlende Rechtsfähigkeit der Sparkassen im 19. Jh. muß daher über den Grad ihrer Selbständigkeit nichts aussagen. Im übrigen kannte schon das ALR "moralische Personen", die (II 19 § 42) durch stillschweigende Anerkennung ohne ausdrückliche Regelung "rechtsfähig" sein konnten.

Die Untersuchung hat bis hierher gezeigt, daß die rechtlichen Rahmenbedingungen für die Sparkassen bis zum Ende des 19. Jh. die Annahme stützen, daß die Sparkassen bereits wesentlich früher als bisher angenommen als Organisationsform "Anstalt" mit großer Selbständigkeit ausgestattet waren. Dies ging so weit, daß bereits die Ansicht vertreten wurde, Sparkassen seien allgemein als juristische Personen anzusehen.

Stützt sich dieses Ergebnis bisher auf die rechtlichen Rahmenbedingungen, so soll im folgenden Teil untersucht werden, in welchem Umfang dieses Verselbständigung auch in den einzelnen Satzungen Ausdruck gefunden hat.

---

209 1937 wollte Laforet, S. 197, den Begriff Anstalt nur für rechtsfähige Anstalten verwenden, im übrigen aber von Einrichtungen sprechen; dies hat sich (leider) nicht durchgesetzt

210 Eichhorn, S. 86

Dabei wird auch - soweit sie zur Verfügung standen - auf die Berichte über Statuten aus deutschen Ländern außerhalb Preußens zurückgegriffen.

4. Die konkreten Ausgestaltungen in den Sparkassenstatuten

Im folgenden Abschnitt wird dargestellt werden, wie die Sparkassen in verschiedenen deutschen Ländern, zunächst aber in Preußen, ihre inneren Verhältnisse geregelt haben. Grundlage der Untersuchung sind dabei veröffentlichte Sparkassensatzungen, der Bericht des preußischen Centralvereins für das Wohl der arbeitenden Klasse von 1864, der Bericht von Malchus aus dem Jahre 1838 sowie der Bericht der Enquête-Kommission der zweiten preußischen Abgeordnetenkammer von 1851/1852, außerdem veröffentlichte Mustersatzungen.

Dabei wird die Untersuchung bestätigen, daß die dargestellten rechtlichen Rahmenbedingungen, die eine Verselbständigung der Sparkassen als öffentlich-rechtliche Anstalten ermöglichten, auch tatsächlich in den Statuten der einzelnen Anstalten umgesetzt wurden.

a) Preußen

Die ersten Sparkassen in Preußen (80 Stück bis 1838) wurden meist von den "städtischen Behörden unter ihrer Garantie durch das Communal-Vermögen", selten von Privaten errichtet.[1]

Zum Zeitpunkt des Berichts von Malchus (1838) war das Preußische Sparkassenreglement in Arbeit,[2] er beschreibt daher die vollständige Entwickung des Sparkassenwesens in Preußen bis zum Erlaß des Reglements.

In Berlin z.B. sah das Statut der dortigen Spar-Casse, die von der "Stadtverordnetenversammlung unter Garantie der Commune errichtet worden"[3] war, die Bildung eines "eigen-

---

1 (Private: z.B. Potsdam, 1826, vgl. Malchus, S. 195; Frankfurt an der Oder, 1826; 1836 aufgelöst und dann als städtische Sparkasse neu errichtet, vgl. Malchus, S. 195

2 Malchus, S. 191

3 Malchus, S. 192

thümlichen Vermögen(s) der Anstalt"[4] vor; die Verwaltung erfolgte unter Aufsicht des Stadt-Magistrats durch ein Curatorium von drei Personen, von denen eine Stadtverordneter war; den Vorstand bestimmte der Magistrat aus seiner Mitte. Den Rendanten bestimmten beide Gremien gemeinsam.

Den Verwaltungsaufwand sollte der Überschußfonds decken; also war hier von vorneherein finanzielle Unabhängigkeit konzipiert, jedoch wurde für den Fall, daß die eigenen Mittel nicht ausreichten, ergänzend die "Communkasse"[5] verpflichtet, einzuspringen.

Unterschiede bestanden bis 1838 in den verschiedenen Provinzen, jedoch waren diese von keiner entscheidenden Bedeutung. In Schlesien etwa diente das Statut der Sparkasse zu Breslau als Vorbild für die meisten der gerade in Schlesien besonders zahlreichen Sparkassen. Das insoweit einheitliche Modell des Sparkassenstatus sah die Errichtung durch die Stadt vor, Verwaltung unter gemeinschaftlicher Aufsicht von Magistrat und Stadtverordneten-Versammlung durch zwei Curatoren, von der Stadtverordnetenversammlung aus der Bürgerschaft gewählt und vom Magistrat bestätigt, während der Magistrat den Rendanten ernannte.[6] Es galt in der Regel ein nicht ganz streng gehandhabtes Regionalprinzip[7].

In der Provinz Sachsen bestanden fast nur städtisch gegründete Sparkassen, kaum private. Die Überschußverwendung erfolgte hier zur Reservefondsbildung, so daß die Sparkassen auch dort von vornherein gehalten waren, eine eigene, von der Stadt unabhängige Haftungsmasse zu bilden.

---

4 Malchus, S. 193

5 Malchus, S.194

6 Malchus, S. 210

7 Malchus, S. 209

Unterschiede in der Verwaltung der Sparkassen existierten nur insofern, als die Zahl oder Besetzung des Verwaltungskuratoriums voneinander abwichen, das ansonsten aber von der Stadtverordneten-Versammlung und/oder vom Magistrat gewählt bzw. bestimmt wurde, doch war in jedem Fall die Kommune in den kommunalen Sparkassen repräsentiert und so an ihnen beteiligt.

In Westfalen fanden sich schon Verbindungen mit Leihkassen (Minden 1826)[8]. Die Sparkassen führten teilweise eigene Siegel (Paderborn 1825/1836)[9], die Zahl der Sparkassen war hier jedoch nicht besonders groß.

Im Bereich der Rheinprovinz waren im Regierungsbezirk Düsseldorf nur von Stadt-Magistraten errichtete Sparkassen anzutreffen,[10] verwaltet von einer Kommission aus einem Direktor (von der Bezirksregierung ernannt aus dem Kreis des Bürgermeisters und der Beigeordneten) und zwei mit Genehmigung der Regierung von Magistrat und Bürgerschaft (je 1) gewählten Administratoren.[11]

Teilweise (Kleve) gab es auch hier Verbindungen zu Leihanstalten, denen die Überschüsse zuflossen, Überschüsse gingen ansonsten (Wesel) an die Armenanstalt, an den städtischen Schulden-Tilgungsfonds (Düsseldorf) und an den Reservefonds (Eberfeld)[12]. Im Regierungsbezirk Trier bestand ab 1.7.1837 eine Sparkasse, die mit dem Leihhaus der Oberaufsicht und Leitung der Hospizienverwaltung überlassen war, welche ein Verwaltungsmitglied abstellte zur Leitung der Anstalt.[13] Eine 1825 gegründete Sparkasse war

---

[8] Malchus, S. 228, vgl. oben, S. ...

[9] Malchus, S. 230

[10] Malchus, S. 231

[11] Malchus, S. 232

[12] Malchus, S. 233

[13] Malchus, S. 234

1835 wieder aufgelöst worden.[14] In Köln war die Sparkasse mit der Leihanstalt verbunden (1824). In Aachen bestand die Besonderheit des Vereins zur Beförderung der Arbeitsamkeit, welcher die Sparkasse als Prämienkasse führte, hinsichtlich der Organisation läßt sich aus diesem - noch so interessanten - Einzelfall nichts entnehmen.[15]

Außer den bereits genannten enthalten die frühen Sparkassensatzungen im übrigen keine ausdrücklichen Hinweise auf die Verwendung evtl. erzielter Überschüsse. Es kann daher nicht damit gerechnet werden, daß die Gründer mit dem Betrieb der Einrichtungen in erster Linie beabsichtigten, Gewinne zu erzielen.[16]

Auch Ziff. 9 des Preußischen Sparkassenreglements von 1838 beschränkte sich darauf, Kostendeckung und Bildung eines Reservekapitals vorzuschreiben, befaßte sich aber immerhin mit der Möglichkeit der Erwirtschaftung von Überschüssen. Aus Ziff. 7 ergibt sich, daß die Erzielung weiterer Gewinne jedoch nicht als Regelfall angesehen wurde, sondern nur ausnahmsweise in Betracht kam. In diesen Fällen durften die Kommunen nur mit Genehmigung des Oberpräsidenten über die Gewinne verfügen.

In dieser Bestimmung des Reglements über die Überschußverwendung ist indirekt eine Zweckbindung dadurch verfügt, daß nur die Verwendung "zu anderen öffentlichen Zwecken" durch den Oberpräsidenten genehmigt werden konnte.

Dies beweist zum einen, daß die Sparkassen von Anfang an oder doch schon sehr früh als einem "öffentlichen Zweck" dienend angesehen wurden, zum anderen, daß der Betrieb der Sparkasse seitens der Gemeinden nicht eigennützig motiviert war. Zumindest hat ein solches Motiv - falls vor-

---

14 Malchus, S. 234

15 Nur zur Begriffsbildung am Rande: In der Prämien-Casse hießen die geldeinlegenden Personen Sparer, in der Spar-Casse Einleger

16 Vgl. hierzu Wysocki, S. 152

handen - keinen gesetzlichen Ausdruck gefunden. Über die später stattgefundenen Mißbräuche der Sparkassen zur Erwirtschaftung von Gewinnen wurde bereits oben berichtet,[17] doch veränderten sie das Wesen der Sparkassen nicht.

Ihre fehlende Eigennützigkeit ist auch daraus zu folgern, daß Ziff. 4 b bei der Genehmigung der Sparkassengründung darauf zu achten gebietet, daß der Kommunalhaushalt nicht "in Gefahr der Zerstörung und Zerrüttung komme", von einer Erhöhung der Einnahmen ist nicht die Rede. Die Vorschrift enthält nur einen Appell zum Ausgleich der Gewinn- und Verlustrechnung.

Andererseits sollten die Überschüsse der öffentlichen Leihanstalten nach der allerhöchsten Kabinettsordre vom 28.6.1826[18] ausschließlich an die Orts-Armenkasse überwiesen werden; hier wurde also gewinnorientiert gearbeitet, zumindest aber mit Gewinnen gerechnet, auf diese Art und Weise auch der Haushalt der Kommune entlastet.

Die öffentlichen Leihanstalten dürfen daher von Anfang an zumindest als in die Gemeindewirtschaft eingegliedert gelten, wenn auch die Zweckbindung der Gewinnverwendung diesen Befund relativiert.

Allerdings enthält auch Ziff. 12 des Reglements die Erwähnung eines Überschusses, der "dem Institute zugute geht", dies ist jedoch nur Folge der im Interesse der Sicherheit angeordneten Deckung höherer Einlagen durch ihrerseits wieder pupillarische Sicherheit bietende öffentliche Papiere: Wenn diese mehr Zinsen eintragen als für die Spareinlagen zu zahlen sind, so entsteht ein solcher Überschuß, ohne daß dies aber gezielt angestrebt gewesen wäre.

---

[17] Vgl. oben S. 189 f

[18] GS 1826, Nr. 1025, S. 81

Doch ist die Alternative nicht von vorneherein[19] von der Hand zu weisen, daß u.U. die Finanznot der Städte zumindest auch ein Motiv gewesen sein könnte, mit Hilfe der Sparkassen und der Leihanstalten die eigenen Haushalte aufzubessern.[20]

Eine solche - naheliegende - Vermutung ist jedoch nicht belegbar[21], es fehlen die Quellen dazu, und es sprechen in den vorhandenen Vorschriften eher alle Anzeichen dagegen. Es könnte so gewesen sein,[22] daß mit der Zeit die Sparkassen mit Überschuß arbeiteten, ohne daß diese Gewinne besonders hoch ausfielen. Frühestens z.Zt. des Preußischen Sparkassenregelements kann vermutet werden, daß die Sparkassen rentabel zu arbeiten begonnen hatten, was aber erst viel später zu Auswüchsen der genannten Art führte.

Diese "Eigendynamik" der Entwicklung führte gleichwohl manche Sparkassen immer weiter von ihren eigenen Kommunen weg, was die Handlungsfreiheit betraf, jedoch wurden sie dadurch für ihre Muttergemeinwesen immer attraktiver, was den Gemeindehaushalt betraf.

-

Der Status der Organisation der Sparkassenverwaltungen seit dem Reglement (1833) bis über die Jahrhundertmitte hinaus ist im Bericht des Centralvereins (1864) wiedergegeben: Grundlage der Organisation der Tätigkeit blieb das Sparkassenreglement von 1838. Stellte sich auch in den Einzelheiten das Verhältnis der einzelnen Sparkassen zu ihren Trägern noch uneinheitlich dar, so fand sich über-

---

19 Wysocki, S. 153 tritt Gerhard, H.J., Göttingen und seine städtische Sparkasse zu Beginn des 19. Jh., Göttinger Jahrbuch 25, 1977, entgegen, der (a.a.O. S. 120) die Finanznot der Städte als Hauptgrund für das Interesse der Kommunen an der Sparkassenidee ansieht

20 Diese Idee hat auch sicher noch heute ihren Reiz

21 Quellen, die die Aussage von Gerhard stützen könnten, liegen nicht vor; so auch Wysocki, S. 153

22 Vgl. die Vermutung von Wysocki, S. 153 f

einstimmend überall die Bestellung von Vertretern der Muttergemeinwesen zur Mitwirkung bei der Verwaltung der Sparkasse.

Wie schon bei früheren einzelnen Leihkassen beobachtet, wurde für städtische Sparkassen ein "Kuratorium", "Direktorium", ein "Vorstand" oder ein "Verwaltungsrath" bestellt,[23] und zwar von Stadtverordneten bzw. Gemeinderat nach Bestätigung durch den Magistrat oder von beiden gemeinsam, ebenso wurde der Rendant als bezahlter Beamter gewählt.[24]

Schon hier wird die Stellung der "Verwaltungsbehörde" der Sparkasse als teils sehr selbständig beschrieben, teils aber war sie stark vom Magistrat abhängig und "ruhte wesentlich im Magistrat selbst"[25]. Eine einheitliche Linie hatte sich diesbezüglich aber noch nicht herausgebildet.

Die kommunalständischen Sparkassen wurden vertreten von "Ausschüssen" oder "Deputationen", welche von den Kommunallandtagen bestellt wurden, nach unterschiedlichen Modalitäten, aber in der Sache stets zu dem Zweck, entsprechend der von den Kommunallandtagen hierzu erlassenen Vorschriften "zur Sicherung und Erreichung der Zwecke der Anstalten" zu wirken.[26]

Zugleich wurden von den Kommunallandtagen auch Aufsichtspflichtige bestellt, welche die laufenden Geschäfte überwachen sollten.[27]

---

23 Sparkassenwesen (1864), S. 308

24 Sparkassenwesen (1864), S. 308

25 wie vorstehend

26 Sparkassenwesens (1864), S. 306

27 wie vorstehend

Bei den K r e i s s p a r k a s s e n war die Organisation einheitlicher: Hier wählte die Versammlung der Kreisstände ein Kuratorium im Drei-Jahres-Rhythmus, bestehend aus einem Direktor, zwei Beisitzern und drei Stellvertretern.[28] Hierfür war das Statut der Kreissparkasse Bielefeld vom 23. Dezember 1846 [29] vorbildlich. Das Kuratorium war für alle Angelegenheiten einschließlich der gerichtlichen und außergerichtlichen Vertretung zuständig, auch in Fällen, in denen sonst eine besondere Vollmacht erforderlich war.[30]

Der Hauptrendant wurde von den Ständen gewählt, dann aber von der Regierung eingestellt.[31]

Aufgabe des Rendanten war im wesentlichen die Kassen- und Buchführung, also war er hauptsächlich der Geschäftsführer nach innen, der die Geschäfte abwickelte und die Bilanzen erstellte; für die laufenden Geschäfte war er aber z.T. auch der Bevollmächtigte im Verkehr mit den Einlegern bzgl. der Ein- und Rückzahlungen und der Kündigungen,[32] auch hatte er das Recht, Zinsen einzuklagen[33].

Sieht man von den Einzelheiten ab, so ist als regelmäßige Struktur aller Sparkassen zu erkennen, daß - mit unterschiedlicher Entscheidungs- und Gestaltungsfreiheit und bei uneinheitlicher Aufteilung der Aufgaben - jedenfalls

28 Sparkassenwesen (1864), S. 307, vgl. auch das Statut für die Kreis-Sparkasse zu Bielefeld vom 23. September 1846, MBliV 1847, S. 38, §§ 4, 5

29 Vgl. Fußn. zuvor

30 Sparkassenwesen (1864), S. 307, vgl. auch § 8 des Statuts der Kreissparkasse zu Bielefeld, MBliV 1847, 38

31 Sparkassenwesen 1864, S. 307

32 Sparkassenwesen (1864), S. 310 f

33 Vgl. § 14 des Statuts der Kreissparkasse Bielefeld, a.a.O., S. 38

Vertreter bestimmt waren, die für die Sparkasse - auch dem Selbstverständnis nach - und nicht für das die Sparkasse tragende Muttergemeinwesen tätig waren.[34]

Einen besonderen Hinweis verdient der Umstand, daß § 5 des Statuts der Kreissparkasse Bielefeld von 1846, welchem der Charakter einer Mustersatzung zukommt, jeden unbescholtenen Kreiseingesessenen als zum Direktor und Beisitzer des Kuratoriums wählbar erklärte. Wäre eine laufende Einflußnahme auf die Kreissparkasse von vorneherein beabsichtigt gewesen, so hätte es näher gelegen, einen unmittelbaren Repräsentanten der Kreisstände in das Kuratorium wählen zu lassen.

Der relativen Unabhängigkeit der Kreissparkasse entspricht auch § 2 des Statuts, in welchem es heißt, die Kreissparkasse sei "ein solches Kreisinstitut, welches jederzeit selbständig für sich bestehen und unter keinen Umständen mit irgendeiner andern Kasse vereinigt werden soll."

Im Jahre 1847 wurden neben den Bielefelder Kreissparkassen-Statuten auch die Statuten für die Sparkasse des Rosenberger Kreises (Marienwerderscher Regierungsbezirk), bekannt gemacht[35].

Gegenüber dem Bielefelder Statut war dieses in Fragen der Organisation weniger ausführlich. Auch war der Kontakt zum Muttergemeinwesen hier wesentlich enger ausgestaltet. Als "Verwaltungsbehörde" fungierte hier ein aus drei Mitgliedern der Stände bestehender Vorstand, zu welchem ein Mitglied der Ritterschaft, ein Mitglied der Städte und ein Mitglied der Landgemeinden zu bestimmen war.[36] Dieser Vorstand wurde von den Kreisständen nebst drei Stellvertretern gewählt, die Wahl alle drei Jahre erneuert. Eines der drei aus den Ständen stammenden Vorstandsmitglieder

---

[34] Vgl. hierzu auch Sparkassenwesen (1864), S. 311

[35] MBliV 1847, S. 121 ff

[36] § 12 a des Statuts, MBliV 1847, S. 124

wurde jeweils von den Kreisständen zum Direktor gewählt. Allerdings hatte dieser Vorstand die Funktion einer "beaufsichtigenden Behörde", die selbst ein Dienstsiegel mit der Umschrift "Vorstand der Sparkassen des Rosenberger Kreises" führte.[37]

Gemäß § 15 hatte hier der Rendant die Aufgabe, die Sparkasse zu vertreten. Für den Hauptsparkassen-Rendanten und für die Rendanten der vier Nebenstellen galt gem. § 15, daß sie für den Kassenbestand verantwortlich waren, die Kasse zu verwalten und "sämmtliche dabei vorkommenden Geschäfte und Schreibereien zu besorgen" hatten.[38]

Dennoch kann bei der Durchsicht auch dieses Statuts kein Zweifel daran bestehen, daß nach allen Formulierungen stets die Sparkasse selbst Zuordnungsobjekt aller Sparkassenaufgaben und -rechte sein sollte.

-

Im Jahre 1850 wurde im Ministerialblatt für die gesamte innere Verwaltung das Statut der Kreissparkasse zu Herford veröffentlicht[39]. In einem Vorwort des Landes-Ökonomie-Kollegiums an die "Verehrlichen Vorstände der sämmtlichen Landwirthschaftlichen Central-Vereine" wurde darauf hingewiesen, daß diese Vorschriften des Statuts gewisse im Interesse der Sicherheit gebotene Beschränkungen bei der Unterbringung der Sparkasseneinlagen gelockert hatten. Auf diese Weise sollten auch "den industriösen Grundbesitzern und andern Bewohnern des Kreises von Seiten der Sparkassen Kredite ... bewilligt"[40] werden können, ohne daß hierfür die Sparkassenverwaltung besonderer Einzelerlaubnisse bedurfte.

---

37 § 13 des Rosenberger Statuts, MBliV 1847, S. 124

38 § 15 a.a.O.

39 MBliV 1850, S. 145 ff

40 MBliV 1850, S. 144

Mit dieser die Möglichkeit der Genehmigung "freiheitlicherer" Satzungen - freiheitlicher gegenüber dem Sparkassenreglement von 1838 - hervorhebenden Veröffentlichung sollte das Sparkassenwesen weiteren Auftrieb erhalten.

Erkennbar war dieses bereits von 1845 (18.4.1845) stammende Statut Vorbild für das Bielefelder Statut (1846) gewesen. Hinsichtlich der inneren Organisation ergeben sich kaum wesentliche Unterschiede. Gemäß § 2 der Satzung war die Kreissparkasse zu Herford "ein selbständiges für sich bestehendes Kreis-Institut".[41]

Hier, wie auch im Statut der Kreissparkasse Bielefeld, war gem. § 30 die Anlage der Einlagen Sache des Kuratoriums. Dies stellt eine Abweichung von den Vorschriften des Sparkassenreglements von 1838 dar, wonach das Aktivgeschäft Sache des Muttergemeinwesens sein sollte. Selbst in den Mustersatzungen wich die Rechtswirklichkeit also schon 1845 vom Reglement ab.

Der Einfluß des Kreistages auf die Sparkasse war insofern gering, als eine laufende Teilnahme nicht vorgesehen war, allerdings war die Sparkasse - bzw. das Kuratorium - gem. § 33 "verpflichtet, bei seiner Verwaltung die von der Königlichen Regierung bestätigten Kreistags-Beschlüsse, soweit solche nicht mit den Bestimmungen dieses Statuts im Widerspruch stehen, als bindende Normen zu befolgen."[42]

Mit dieser Klausel erlangte das Statut beträchtliche Stabilität, da selbst der Kreistag keine Abweichung von seinen Regeln anordnen konnte.

So beschränkte sich die Mitwirkungsmöglichkeit der Kreisstände auch auf die Durchführung von Aufsichtsaufgaben.

---

41 MBliV 1850, S. 145

42 MBliV 1850, S. 147

Zusammenfassend kann nach dieser Betrachtung der "Musterstatuten" der genannten Kreissparkassen in Bielefeld, Herford und des Rosenberger Kreises festgestellt werden, daß in ihnen eine beträchtliche Selbständigkeit festgestellt werden kann.

Verwendung der Überschüsse

Regelmäßig wurden erzielte Überschüsse zur Verwendung zu gemeinnützigen Zwecken an die Gemeinde abgeführt, in Ausnahmefällen - einer frühen Tradition folgend -erhielten die "Aktionäre", die das Garantiekapital aufgebracht hatten - dies konnte nur bei ursprünglich privatrechtlichen Gründungen der Fall sein - einen Teil der Überschüsse.[43]

Die Verwaltungsorganisation der Städtischen Sparkassen stand unter der Oberaufsicht des Stadtrates, in den Landgemeinden des Gemeinderates; die ständige Verwaltung der Sparkasse wurde von einer Verwaltungsdeputation vorgenommen, die von Stadt- oder Gemeinderat bestellt war, wobei die Einzelheiten von Sparkasse zu Sparkasse wieder uneinheitlich geregelt waren. Die Aufgaben der Deputationen hinsichtlich der Verwaltung der Sparkassengeschäfte waren ebenfalls unterschiedlich geregelt, jedoch bestanden sie im großen und ganzen in der Führung und Überwachung der Sparkassengeschäfte, stets nach innen, teils auch nach außen.[44]

---

43 Sparkassenwesen (1864), S. 393

44 Sparkassenwesen (1864), S. 404

Die Sparkassen beschäftigten stets Kassierer und Buchhalter als Beamte, die bei den Städtischen Sparkassen durch den Stadtrat gewählt wurden, teils auf Vorschlag der Verwaltungsdeputation[45], bei den Landgemeinden geschah dies durch den Gemeinderat.[46]

Die Beamten wurden meist aus Zinsüberschüssen entschädigt, teils erhielten sie Tantiemen, teils feste Gehälter.

Die Rechnungslegung der Sparkassen führte bei aller Unterschiedlichkeit in den Einzelheiten stets zu einer in unterschiedlichen Zeitabständen stattfindenden Kontrolle durch Stadt- oder Gemeinderat.[47]

-

Der Enquête-Bericht 1851/1852

Im Jahre 1852 legte eine Kommission der Zweiten Kammer des Preußischen Abgeordnetenhauses zur Untersuchung der Geld-Kredit-Institute des Landes[48] einen Bericht über das Sparkassenwesen vor. Die Kommission hatte die Aufgabe, das Bankwesen hinsichtlich seiner Geeignetheit zur Bewältigung der "gesteigerten Bedürftnisse eines rascheren und umfangreicheren Geldverkehrs"[49] zu untersuchen.

Hierbei wurde das Sparkassenwesen in einem separaten Bericht dargestellt.

---

[45] Sparkassenwesen (1864), S. 405

[46] Sparkassenwesen (1864), S. 406

[47] Sparkassenwesen (1864), S. 408

[48] Sammlung sämmtlicher Drucksachen der Zweiten Kammer aus der dritten Zession der II. Legislatur-Periode 1851 bis 1852, Bd. V, Nr. 233 bis 293, No. 266 (im folgenden zitiert: Drucksachen der Zweiten Kammer)

[49] Drucksachen der Zweiten Kammer, Bd. V, Nr. No. 266, S. 1

Zu diesem Zweck wurden die Statuten sämtlicher Sparkassen in Preußen untersucht, nur die Statuten der Sparkassen in den Hohenzollernschen Landen lagen nicht vor[50].

Der Enquête-Bericht kam zu dem Ergebnis, daß unter Beibehaltung der Zentralisation der Oberaufsicht möglichst in jedem Kreis eine Sparkasse existieren sollte, entweder durch Ausdehnung des Wirkungsbereichs vorhandener städtischer Sparkassen auf das Kreisgebiet oder aber durch Gründung neuer Kreissparkassen.[51] Darüber hinaus schlug der Bericht vor, ein Normalstatut einer Sparkasse aufzustellen, in welchem die Erfahrungen der Enquête-Kommission aus der Auswertung der Sparkassenstatuten verarbeitet werden sollten.[52]

Dieser Vorschlag betraf allerdings weniger die Organisationsform der Sparkasse als die Modalitäten der Sparkassengeschäfte, etwa Minimum und Maximum der Einlagen, die Öffnungszeiten, Zinsfuß, Prämienregelungen etc.[53] Die Vorschläge gehen so weit, daß beispielsweise in jedes Dienstbuch eines Dienstboten und in jedes Wanderbuch eingetragen werden sollte, "ob der Inhaber sich bei einer Sparkasse betheiligt";[54] "jedes Führungsattest der Handarbeiter oder der Beglaubigungsvermerk der Ortsbehörde möge sich in dieser Beziehung aussprechen; die Thatsache, daß eine Theilname stattgefunden, wird schon ansich eine gute Empfehlung sein".[55]

Zum Rechtscharakter der Sparkassen finden sich im Bericht einige Ausführungen. Abgesehen davon, daß er durchgehend von den Rechten und Pflichten der Sparkassen spricht, wenn

---

50 Drucksachen der Zweiten Kammer, Bd. V, Nr. 266, S. 3 f

51 wie vorstehend, S. 64, 65

52 wie vorstehend S. 66

53 wie vorstehend, S. 67 ff

54 wie vorstehend, S. 73

55 wie vorstehend, S. 73

es etwa um das Kündigungsrecht hinsichtlich der Einlagen geht, und nicht die Sparkassenträger als eigentliche Rechtsinhaber ansieht, hebt er nach Beschreibung der "Verwaltungs-Behörden" der Sparkassen (Kuratorium, Direktorium, Vorstand[56]) hervor:

"Die Stellung dieser Verwaltungs-Behörde ist nun entweder eine von der städtischen Verwaltung abhängige und wesentlich im Magistrat selbst ruhende, wie die einer städtischen Verwaltungs-Deputation, oder eine möglichst selbständige. Diese Selbständigkeit ist gemeinhin bestimmt in der statutenmäßigen Befugnis der Sparkassenverwaltung:

> Die Sparkasse bei allen Rechtsgeschäften zu vertreten, demgemäß ohne weitere Autorisation Klagen gegen die Schuldner der Sparkasse zu erheben, mit den selben Vergleiche abzuschließen, Subhastationen zu extrahiren, Grundstücke und Gerechtigkeiten für die Sparkasse anzukaufen, Gelder, namentlich aus gerichtlichen Depositorien, zu erheben, darüber zu quittiren, Cessionen zu ertheilen und hypothekarische Löschungen zu bewilligen, ..."[57].

Dabei wurden im einzelnen auch die Formen festgelegt, wie die Sparkasse - nach außen erkennbar - rechtlich gebunden werden konnte, wie z.B. durch die Unterschrift des Rendanten und einer gewissen Zahl der Verwaltungsmitglieder unter gleichzeitiger Verwendung eines Sparkassensiegels.[58] Für alle Arten von Sparkassen galt stets das allgemeine Aufsichtsrecht des Magistrats, wie es über alle städtischen Institute bestand. Einzelne Sparkassenstatuten brachten dieses allgemeine Aufsichtsrecht, das auch ohne besondere Regelung bestand, gesondert zum Ausdruck.

---

[56] wie vorstehend, S. 45

[57] wie vorstehnd, S. 45 f

[58] Drucksachen der Zweiten Kammer, Bd. 5, Nr. 266, S. 45 f

b) Königreich Württemberg

Königin Catharina gründete 1818 in Stuttgart eine Sparkasse (Statuten vom 12.5.1818)[59], die durch ein Kollegium von 14 Personen aus Stuttgart verwaltet wurde. Diese Personen wählten einen Präsidenten, bestellten einen Cassier und einen Controleur.[60] Die Anstalt stand unter der Aufsicht von drei Mitgliedern der"Zentralleitung der Wohltätigkeitsanstalten".

Die Ergebnisse der Verwaltung - d.h. die Geschäftsergebnisse der Sparkasse - mußten jährlich veröffentlicht werden.[61] Als Kunden dieser Sparkasse wurden auch Bürger von außerhalb Stuttgarts zugelassen.

Die Statuten dieser Sparkasse wurden am 17.9.1831 geändert[62], jedoch änderte sich dadurch an der inneren Verwaltung nichts wesentliches.

Darüber hinaus jedoch gab es in Württemberg zahlreiche andere Sparkassen und Leihkassen. Nach wiederholter Aufforderung zur Sparkassengründung durch das Ministerium des Inneren[63] kam es zu verschiedenen Gründungen, wobei den Gemeinderäten seitens der Obrigkeit die Regelung der Einzelheiten überlassen worden war; jedoch mußten die Statuten vorgelegt und genehmigt werden.[64]

---

[59] Malchus, S. 17

[60] Malchus, S. 19

[61] Malchus, S. 19

[62] ReggsBl. 1831, Nr. 40

[63] Vgl. ReggsBl. von 1823, No. 26; amtliche Bekanntmachung vom 4.11.1824, ReggsBl. 1825, No. 1

[64] Malchus, S. 26

In den Kreisen sahen die Statuten der dortigen Sparkassen Einzelheiten wie folgt vor: Sie sollten unter der Aufsicht durch die Amtsversammlung stehen[65], während die Verwaltung einem der Amtsversammlung untergeordneten "Comité" von fünf Personen wahrgenommen wurde.[66]

Die Führung der Kasse sowie die Führung der Bücher (Rechnungsführung) war Sache des Amtspflegers.

Im einzelnen stand im Donaukreis die Sparkasse unter der Aufsicht des Gemeinderates[67], während die laufenden Geschäfte durch eine vom Bürgerausschuß und Gemeinderat gewählte vierköpfige Kommission erledigt wurden, die aus ihrer Mitte einen Cassier und einen Controlleur wählte. Der Kommission gehörten zwei Gemeinderatsmitglieder an, so daß die Einflußnahme der Gemeinden sichergestellt war.

Meist wurden auch der Kassierer und der Kontrolleur durch den Gemeinderat bestimmt.

Für die Sparkasse in Ravensburg war ausdrücklich die Verwendung der Überschüsse in der Weise bestimmt, daß Bedürftige, wie Opfer von Unglücksfällen, Viehseuchen, Feuersbrünsten etc., Darlehen erhalten sollten. Diese konkreten Beispiele lassen erkennen, daß diese Sparkasse nach Ansicht ihrer Gründer eine bestimmte soziale Aufgabe zu erfüllen hatte.

Galt für die Württembergische Sparkasse von 1818("Die allgemeine Württembergische zu Stuttgart") der Auftrag, im gesamten Königreich tätig zu werden, und sollten in den Oberamtsstädten Mitglieder des Wohltätigkeitsvereins Stuttgart, der die Sparkasse trug, als Agenten tätig werden[68], so galt für die übrigen Sparkassen teils ein

---

65 Malchus, S. 29

66 Malchus, S. 30

67 Malchus, S. 38

68 Sparkassenwesen (1864), S. 421

"Regionalprinzip" mit Beschränkung der Geschäftstätigkeit auf das Gebiet des Muttergemeinwesens, teils aber galt das Regionalprinzip nicht. Soweit das "Regionalprinzip" Geltung hatte, galt es in der Weise, daß die Sparkasse nur mit Ortseinwohnern Geschäfte tätigen, d.h. Einlagen entgegennehmen durfte.

Während in den im Jahre 1846 bekanntgemachten Grundbestimmungen über die Württembergische Sparkasse in Stuttgart diese als unter gesonderte Fürsorge gestellte, mit der Centralleitung des Wohlthätigkeits-Vereins in Verbindung gesetzte Anstalt bezeichnet wird[69], es sich bei ihr jedoch nicht um eine öffentlich-rechtliche Anstalt handelte, da sie von einem Verein getragen wurde, waren in der Folgezeit bis zum Bericht des Centralvereins (1864) dem organisatorischen Vorbild dieser Sparkasse folgend in Württemberg zahlreiche Oberamtsparkassen entstanden[70], die zum Teil in Verbindung mit städtischen Leihkassen standen. Diese Sparkassen befanden sich unter der Aufsicht der Amtsversammlungen, da die Amtskörperschaften in der Regel für die Sparkassen die Haftung gegenüber den Einlegern übernommen hatten.[71]

Bei diesen Sparkassen handelte es sich um nicht privatrechtliche Institutionen, während die Sparkasse von 1818 später (1875) (zumindest zum Teil) als zivilrechtlich rechtsfähig angesehen wurde.[72]

Die Statuten der Sparkassen wurden vielfach unter den Gemeinden ausgetauscht[73], die Regelungen über die Kassenverwaltung sahen teils vor, daß die Kassen mit dem

---

69 Abgedruckt bei Heyden, KGR Württemberg, S. 10 ff

70 Es gab 1864 in Württemberg 64 Oberamtsbezirke, vgl. Sparkassenwesen (1864), S. 424

71 Sparkassenwesen (1864), S. 424

72 Vgl. Ministerialverfügung vom 31.3.1875, Heyden, KGR Württemberg, S. 30

73 Vgl. Malchus, S. 54

Kommunalvermögen vereinigt wurden, in jedem Falle aber, daß eine gesonderte Rechnung für sie zu führen war,[74] teils jedoch wurde für die Sparkassen eine ganz selbständige Kasse geführt.

Für die städtischen und Oberamtssparkassen[75] sowie für die Bezirkskassen (Oberamtspflegen) gab es kein spezielles Gesetz, doch wurden sie nach dem Inhalt einer Anzahl von Erlassen verwaltet, die für die Sparkassen Einzelheiten regelten, ohne jedoch eine vollständige Gesetzesgrundlage zu bilden.[76]

Für die Sparkassen im Königreich Württemberg läßt sich zusammenfassend feststellen, daß in jedem Fall Sparkasse und Muttergemeinwesen funktionell voneinander getrennt waren, die Einflußnahme der Muttergemeinwesen durch die Beteiligung von Deputationen oder Kommissionen entweder der Stadtverordnetenversammlung oder des Magistrats, oder aber beider, stattfand, ohne daß eine vollständige Abhängigkeit der Sparkassen von ihren Muttergemeinwesen feststellbar wäre. Vielmehr waren sie von vorneherein darauf angelegt, von ihren Muttergemeinwesen gesondert behandelt zu werden, was auch darin Ausdruck fand, daß die Muttergemeinwesen für die Sparkassen nach außen die Gewähr übernahmen.

c) Bayern

Vereinzelte Anfänge des Sparkassenwesens finden sich schon früh: 1806 wurde in Lauf in Mittelfranken unter städtischer Garantie die erste bayerische Sparkasse gegründet.

---

[74] Malchus, S. 56

[75] Vgl. Ministerialverfügung vom 5.7.1888, Heyden, Württemberg, S. 33

[76] Vgl. die bei Heyden, Königreich Württemberg, S. 33 ff abgedruckten Erlasse des Innenministeriums

Der erste, allerdings erfolglose Anstoß zur Gründung von mehr Sparkassen in Bayern erfolgte durch die "Allgemeine Verordnung, das Armenwesen betreffend" vom 23. November 1816:

> "Außerdem sollen die Armenpfleger bedacht sein, die bestehenden oder noch zu errichtenden Versicherungsanstalten wider Brand und Hagelschaden und dergleichen zu befördern, nach Umstand für die Bildung von Sparkassen für Zeiten des Alters und der Not ... zu sorgen."[77]

In der Folgezeit jedoch fanden in Bayern immer mehr Sparkassengründungen statt[78]. Im Jahre 1837 betrug die Zahl bereits 64.[79] Auch hier handelte es sich bei den Gründungen teils um solche der Magistrate, teils um privatrechtliche, letztere gab es jedoch in geringerer Zahl.[80] Die Sparkassenstatuten ergaben bis 1837 folgendes Bild der Kommunalsparkassen (am Beispiel des Statuts der Sparkasse München, 1823/1831):

Der Betrieb und die Leitung der Sparkasse führte unter Aufsicht des Magistrats eine aus dem Bürgermeister, Magistratsmitgliedern, Bevollmächtigten der Kommune und Mitgliedern der Armenpflegschaft bestehende Verwaltung[81].

Die Kreisregierung führte bei der Anstalt Revisionen durch, die Ergebnisse der Sparkassentätigkeit und der Revisionen wurden veröffentlicht. Das Regionalprinzip galt dagegen nicht. Auch von außerhalb kommende Einlagen wurden entgegengenommen.

---

77 Wysocki, S. 43, zitiert nach B. Spiethoff, S. 11

78 Vgl. Malchus, S. 91

79 wie vorstehend

80 Malchus, S. 92

81 Malchus, S. 95; durch die Beteiligung der Mitglieder der Armenpflegschaft beweist sich wiederum die vielfach zu beobachtende institutionelle Verbindung des Sparkassenwesens mit der Armenpflege, vgl. hierzu auch Wysocki, S. 32

Eine Besonderheit bestand in Bayern hinsichtlich des Aktivgeschäfts insofern, als die Einlagen bei der Staats-Schulden-Tilgungskasse angelegt werden konnten, daneben auch bei der städtischen Schuldentilgungskasse, aber auch bei Wohltätigkeits- oder Leihhausanstalten.

Für die Verbindlichkeiten der Sparkasse bürgte die Gemeinde mit dem Gemeindevermögen.

Auch private Sparkassengründungen wie die in Augsburg[82] wurden mit der Zeit von den Gemeinden übernommen, in Augsburg schon im Jahre 1830; die Augsburger Sparkasse stand sodann unter der Verwaltung einer Kommission, bestehend aus drei Magistratsmitgliedern, Kassierer, Buchhalter, zwei Abgeordneten der Gemeindebevollmächtigten und sechs Assistenten aus den übrigen Klassen der Bürgerschaft.[83] Zur Organisation der Sparkassen bis 1838 kann nach dem Bericht von Malchus festgestellt werden, daß sie einheitlich unter eigener Verwaltung durch Kommissionen standen, die unterschiedlich besetzt, stets aber vom Magistrat bzw. von den Muttergemeinwesen abgeleitet waren.

In Bayern nahm sich, um noch einmal auf die gesetzlichen Vorschriften zurückzukommen, nach vergeblichen Aufrufen aus früheren Jahren im Jahre 1823 eine Verordnung vom 26.2.1823[84] der Sparkassen an, ohne jedoch die Regelung des Sparkassenwesens insgesamt zu beabsichtigen, wenn auch zur Anregung der Neugründung von Sparkassen angeordnet wurde, die Statuten der Sparkassen von Nürnberg und Augsburg bekannt zu machen.

Schon hier ist meist von "Sparanstalten" die Rede (§§ 1, 4, 5, 6, 7, 8, 9, 10, 11, 12, 15).

---

82 vgl. Malchus, S. 100 ff

83 Einzelheiten siehe bei Malchus, S. 102

84 In Auszügen abgedruckt in Sparkassenwesen (1864), S. 449

Zur Förderung des Sparkassenwesens wurde den Sparkassen ermöglicht, ihre Einlagen auch bei den Staatsschulden-Tilgungskassen anzulegen und zwar zu einem erhöhten Zinssatz ("in Rücksicht auf den wohlthätigen Zweck der Sparkassen").[85]

Diese Maßnahme war so erfolgreich, daß sie zum 1.10.1843 wieder aufgegeben wurde, weil die Einlagen sich dort zu sehr häuften.[86]

Andererseits begegnete man der Verbindung der Sparkassen mit den Leih- und Hilfskassen sehr zurückhaltend[87], insbesondere zum Schutz der haftenden Gemeinden.

Die statutarische Bestandsaufnahme des Berichts des Centralvereins beklagt schon die "spärliche(n) Nachrichten" über die Statuten der Sparkassen in Bayern bis 1843. Dann aber kam es zu einem ministeriellen Entwurf von Grundsätzen, nach denen die Statuten der Sparkassen sich in Zukunft richten sollten. Anlaß war die auch hier beobachtete Entfernung der Sparkassen von den Gründungszwecken der Minderbemitteltenförderung, "indem sich eine große Zahl von Unberufenen in den Mitgenuß eingedrängt hat".[88]

Auch in dieser Verordnung ist wieder ausdrücklich angestrebt, die Sparkassen, die sich von dem ursprünglichen Zweck entfernt hatten, auf die ursprünglichen Ideen zurückzuführen, u.a. aus dem Grunde, weil sich die "gemeindliche Haftung in bedenklicher Weise ... erhöhte"[89].

---

85 wie vorstehend, § 2, S. 449

86 Ministerialentschließung vom 13.10.1842, zitiert nach Sparkassenwesen (1864), S. 451

87 vgl. Fußnote wie vorstehend, S. 451

88 Verordnung vom 30.1.1843, abgedr. in Sparkassenwesen (1864), S. 453

89 wie vorstehend

Sodann wurden für die Satzungen der Sparkassen genaue Anweisungen hinsichtlich des Kundenkreises und der Art der Geschäfte gegeben. Zum Schluß der Verordnung wurde Organisatorisches angesprochen: Wiederum in der Furcht vor einer Gefährdung des Gemeindevermögens wurde eine besondere Prüfung der "Zulänglichkeit und Nachhaltigkeit der Garantie" vorgeschrieben.

Die Verordnung beweist besonderen Weitblick in der Befürchtung, daß sich aus der Verbindung der Sparkassen mit "Kredithülfs- und Leihanstalten" eine bedenkliche Ausdehnung ergeben könnte.[90] Aus diesem Grunde wurde die Aufmerksamkeit der Aufsicht besonders auf diesen Punkt gelenkt.

Aus § 12 ergibt sich im übrigen, daß bestehende Privatsparkassen als rechtsfähig angesehen wurden.[91]

Bemerkenswert erscheint es, daß der Verordnungsgeber hauptsächlich um die Finanzen der Gemeinde besorgt war, weniger um die Sicherheit der Einlagen.

Auch in Bayern standen die Verwaltungen öffentlicher Sparanstalten unter einer besonderen Aufsicht,[92] die in erster Linie vom Magistrat oder von dem "Distriktsarmen-Pflegschaftsrath" des Bezirks[93] ausgeübt wurde.

Die Vertretung der Sparkassen nach außen nahm ein Magistratsausschuß wahr, dem oft ein Gemeindebevollmächtigter "beigegeben" war, oder aber ein Ausschuß des "Bezirksarmen-Pflegschaftsrathes" leitete die Anstalt. Die laufenden Geschäfte führen meist ein Kassierer und ein Kontrolleur oder ein Beisitzer aus.

---

90 § 13, Sparkassenwesen, (1864), S. 455

91 § 12:"Den bereits bestehenden Privatsparkassen bleiben die von ihnen etwa erworbenen Privatrechte ausdrücklich vorbehalten", Sparkassenwesen (1864), S. 454

92 Sparkassenwesen (1864), S. 456

93 wie vorstehend

Die Überschüsse schließlich wurden teils den Kommunen, teils wohltätigen Einrichtungen überlassen.[94] Später (1874) war die Art der Überschußverwendung den bayerischen Sparkassen freigestellt, doch war andererseits auch klar, daß die Sparkassen keine Erwerbsunternehmen sein sollten, also nicht ungehemmt gewinnorientiert arbeiten durften[95].

Die Einlagen durften nur an die Gemeinde, nicht direkt an andere Gemeindeanstalten ausgeliehen werden,[96] also etwa nicht direkt an die städtische Leihanstalt.

Das Verhältnis zwischen den Sparkassen und ihren Muttergemeinwesen beschreibt deutlich die Formulierung: "Will eine Gemeinde eine Hilfskasse mit Darlehen aus der Sparkasse unterstützen, so muß sie selbst Schuldnerin der Sparkassen werden."[97]

Nach dem Normativ vom 20.5.1874[98] hatte die Verwaltung des Sparkassenvermögens getrennt von dem Vermögen der Gemeinde zu erfolgen[99]; außerdem wurde die Bildung eines Reservefonds seitens der Sparkasse obligatorisch[100]; in der Satzung

---

94 Vgl. Sparkassenwesen (1864), S. 460;
für Bayern geht übrigens aus einer Statistik des Centralvereins hervor, daß beim Aktivgeschäft die Anteile der Darlehen an die Gemeinde in den Jahren 1848 bis 1855 zwischen 13 und 18 % betrugen, vom Kreditvolumen nahmen daneben Darlehen an Private 41 bis 45 % ein, vgl. Sparkassenwesen (1864), S. 475

95 Vgl. Heyden, Bayern, S. 64

96 Heyden, Bayern, S. 64, zu Ziff. 8

97 Heyden, Bayern, S. 64

98 Ministerial-Amtsblatt 1874, S. 301 ff; abgedr. bei Heyden, Bayern, S. 59

99 vgl. Ziff. 8 des Normativs

100 Ziff. 7 des Normativs

hatte schließlich gemäß Ziff. 12 die Gemeindehaftung Regelung zu finden sowie die Aufnahme ihrer Organisationsbestimmungen.[101]

Die Sparkassen durften schließlich von der Gemeinde nur mit Genehmigung der vorgesetzten Kreisregierung gegründet werden[102], und zwar nicht nach den Vorschriften der deutschen Gewerbeordnung, sondern nach der Gemeindeordnung vom 29.4.1869.[103]

Auch hier kann zusammenfassend festgestellt werden, daß die Sparkassen gegenüber ihren Muttergemeinwesen durchaus eine gewisse Selbständigkeit erlangt hatten und nach den zugrundegelegten Normativbestimmungen als von dem Muttergemeinwesen getrenntes und selbständiges Subjekt angesehen wurden.

d) Königreich Hannover

Im Königreich Hannover fanden sehr früh Sparkassengründungen statt: Göttingen 1801 und Hannover 1823,[104] außerdem fanden sich hier schon Sparkassen in Hildesheim und Münden: Bei allen erfolgte die Verwaltung durch ein "Comité" oder eine Direktion, die vom Magistrat abgeleitet waren. Ihr Vermögen wurde in Nebenrechnung zu der Stadtkämmerei-Rechnung behandelt. Sie standen unter der Oberaufsicht der Landdrostei.

Aus den Einzelheiten der statutarischen Bestimmungen der Sparkassen bis 1864 ist zu erwähnen, daß die Verwaltungsorganisation bei den städtischen Anstalten einen vom Magistrat gewählten, aus einem oder zwei Magistratsmitgliedern bestehenden Vorstand vorsah, der die Anstalt leitete, zusätzlich gab es einen Rechnungsführer oder

---

101 Heyden, Bayern, S. 61, 62

102 Heyden, Bayern, S. 62

103 So Heyden, Bayern, S. 62

104 Malchus, S. 156

Kassierer, der bei größeren Umsätzen gegen Entgelt beschäftigt wurde. Den Rechnungsführer traf eine Berichtspflicht gegenüber dem Magistrat.[105]

Sicherheit für die Einleger bot bei den Kommunalsparkassen die Kämmereikasse, die für die Verbindlichkeiten subsidiär haftete, teilweise aber stand auch die Armenverwaltung (Armenkasse) der Stadt als Garant hinter den Sparkassen, in jedem Fall kommunaler - also nicht privater - Sparkassen bestand eine direkte oder indirekte Haftung der Gemeinde.[106]

e) Großherzogtum Hessen

In Heppenheim gab es seit 1832 die Spar- und Leihkasse, welche die Besonderheit aufwies, in nach Einlegern unterschiedene Klassen aufgeteilt zu sein[107]; Träger war ein Verein, der unter Aufsicht des Kreisrates stand. An diesem Verein waren die Gemeinden, in deren Bereichen die Sparkasse tätig war, als Mitglieder beteiligt, ferner hatten die Gemeinden zum Teil die Garantie für die Schulden der Sparkasse übernommen.[108]

Eine derartige Beteiligung stellt eine sonst nicht übliche Form der Sparkassenorganisation dar, doch zeigt sie, daß schon früh auch solche Organisationsformen für die Tätigkeit der Sparkasse denkbar waren und praktiziert wurden, die von der Konstruktion einer Anstalt des Muttergemeinwesens abwichen. Angesichts solcher bestehender Alternativen erlangt der Umstand, daß Sparkassen sich in der Rechtsform öffentlicher Anstalten gleichwohl durchgesetzt haben, besonderes Gewicht.

---

105 Sparkassenwesen (1864), S. 489

106 Vgl. Sparkassenwesen (1864), S. 491

107 Malchus, S. 73 f

108 Malchus, S. 76

Auch bei anderen Gründungen von Sparkassen in Vereinsform waren im Großherzogtum Hessen (etwa in Zwingenberg (1835)[109]) öffentlich-rechtliche Körperschaften bzw. ihre Organe an der Verwaltung der Anstalt beteiligt, hier war es der Kreisrath, der den Vorsitz in den Vereinsversammlungen führte.

In anderen Fällen (z.B. Mainz 1827)[110] war die Sparkasse städtisch, sie stand unter der Garantie der Stadt, zugleich war sie mit einem städtischen Leihhaus verbunden; ihre Verwaltung wurde durch eine vom Stadtrat ernannte Commission geführt, welcher auch der Leihhausdirektor angehören mußte. (Eine in Mainz schon früher bestehende Sparkasse war wegen territorialer Änderungen aufgelöst worden.)

In Darmstadt hatte in Verbindung mit dem Leihhaus schon seit 1808 eine Sparkasse existiert, die jedoch aufgelöst wurde;[111] 1836 wurde sie unter der Garantie der städtischen Gemeinde erneut gegründet. Sie wurde von dem "Stadt-Vorstand"[112] beaufsichtigt und geleitet, und von einem Verwaltungsrat verwaltet (7 Personen, von denen 4 Stadträte sein mußten).

Der Überschuß aus dieser Sparkasse floß unmittelbar der Ortsarmenkasse zu.[113]

In Domberg existierte seit 1829 eine "Ersparungs-Casse" für den gesamten Landrats-Bezirk, für die alle Gemeinden des Bezirks nach dem Verhältnis der Einwohnerzahl die Garantie übernommen hatten. Dies wiederum war eine andere

---

109 Vgl. Malchus, S. 76

110 Malchus, S. 78 f

111 Malchus, S. 71

112 Malchus, S. 71

113 Malchus, S. 72

Variante der Organisation, bei der die Gemeinden nicht Vereinsmitglieder waren, aber dennoch für die Verbindlichkeiten der Sparkasse garantierten.

Die Sparkassenverwaltung stand unter der Oberaufsicht des Landrats und bestand aus 6 Mitgliedern und dem Kassierer.

Waren im Großherzogtum Hessen die meisten der anfangs gegründeten Sparkassen privatrechtlich organisiert, so haben sich dann doch die örtlichen Behörden an diesen in den 20er Jahren begründeten Sparkassen beteiligt, meist zunächst in der Form, daß sie die Garantie übernahmen.[114]

Unter der Aufsicht der Gemeindebehörden wurden die von den Kommunen gegründeten kommunalen Sparkassen von einem meist aus Gemeinderatsmitgliedern gebildeten Ausschuß oder einer Kommission verwaltet, die von einem "besoldeten Rechner oder Kontroleur" unterstützt wurde;[115] zur Erhöhung der Sicherheit und Steigerung des Zutrauens der Einwohner bestand daneben die "Oberaufsicht der Staatsbehörden" und wurden die Abschlüsse der Sparkassen von der großherzoglichen Rechnungskammer geprüft.

In einem Fall (Büdingen) waren an den Sparkassen wiederum mehrere Gemeinden beteiligt; die Bürgermeister dieser Gemeinden wählten einen Ausschuß, der seinerseits wiederum einen Direktor bestimmte.

Da bei den meisten Sparkassen in den Anfängen Privatpersonen die Initiative ergriffen hatten, war in den Statuten der Kontakt zur Gemeinde nicht so eng geknüpft wie bei den von Anfang an als kommunale Sparkassen begründeten Instituten. Es bestand aber durchgehend bei allen ursprünglichen und später zu kommunalen Sparkassen gewordenen Anstalten die übliche Garantie der Gemeinden.

---

114 Sparkassenwesen (1864), S. 526

115 Sparkassenwesen (1864), S. 528

Andererseits gab es bei den im Großherzogtum Hessen zahlreich zu findenden Sparkassen in der Rechtsform von Vereinen eine erwähnenswerte umgekehrte Garantie[116] der Gemeinden. Diese wurde nicht so aufgefaßt, daß die Gemeinde gegenüber dem Einleger für die Verbindlichkeiten der Sparkasse haftete, sondern daß die Gemeinde für die Darlehen, die die Sparkasse den Bewohnern der Gemeinde ausgab, gegenüber der Sparkasse die Haftung übernahm, quasi als Bürge der Kreditnehmer der Sparkasse, während in diesen Fällen die sonst zugunsten der Sparkassen genannte "Gewährträgerhaftung" nicht bestand. Die Sicherheit gegenüber den Einlegern wurde dagegen gewährleistet gesehen durch das Bestehen der Staatsaufsicht neben der ohnehin bestehenden Beaufsichtigung durch den Verwaltungsausschuß, weiter in der dem Kassierer abverlangten Kaution, in dem intern gebildeten Kapitalstock und dem Reservefonds der Sparkasse.

Im Unterschied zu den kommunalen Sparkassen, die mit Gewährträgerhaftung ausgestattet waren, ging also die Haftung der Kommune im Zusammenhang mit den privaten Sparkassen in Richtung einer Bürgenhaftung im Aktivgeschäft, während ansonsten die Garantiehaftung der Gemeinden stets als Garantie im Rahmen des Passivgeschäfts aufgefaßt wurde.

Hinsichtlich der Überschußverwendung war für die kommunalen Sparkassen die Regel, daß die Erträge zu gemeinnützigen Zwecken verwendet werden sollten, worüber im Einzelfall die Verwaltung zu befinden hatte[117], oder aber es wurde zunächst ein Reservefonds mit Überschüssen ausgestattet und erst dann noch verbleibende weitere Überschüsse gemeinnützig verwendet; bei den in Privatrechtsform bestehenden Sparkassen galt kaum etwas anderes, teils aller-

---

116 Vgl. Sparkassenwesen (1864)a, S. 526 ff

117 Sparkassenwesen (1864), S. 530

dings wurden die Überschüsse als Prämien an besonders "fleißige Einleger" ausgegeben, hauptsächlich an die Gruppe der Dienstboten.

Zusammenfassend läßt sich auch aus den Angaben über das Großherzogtum Hessen feststellen, daß hier die Sparkassen nicht als völlig unselbständige Teile der Kommunalverwaltung angesehen werden können, sondern daß vielmehr die Rechtskonstruktionen einem Verständnis der Sparkasse als selbständigem Vermögenssubjekt wesentlich näher standen.

f) Kurhessen

Sparkassengründungen finden sich hier ab 1819[118], in dem ersten Jahrzehnt darauf nur spärlich, dann jedoch wieder verstärkt.[119] Im Dezember 1824 erging eine Aufforderung an die Provinzialregierungen, "baldthunlichst Vorschläge zur Errichtung von Sparkassen" vorzulegen.[120]

Die Statuten der dank solcher staatlichen Initiative entstandenen Sparkassen enthielten regelmäßig eine Festlegung des Geschäftsgebiets, wie etwa das der vom Magistrat in Kassel 1831 errichteten und garantierten Sparkasse[121], die als kommunale Sparkasse von einer Kommission aus Bürgermeister und drei Ratsmitgliedern verwaltet wurde. Diese Art der Verwaltung durch Personen aus dem Kreis der Stadtverordneten, Magistrate oder Ratsmitglieder, welche "Vorstand" genannt wurde, dem auch der Bürgermeister angehörte, und die als Deputation im Sinne des § 52 der Gemeindeordnung vom 23.10.1834[122] angesehen wurde, war die übliche Art der Sparkassenverwaltung in

118 Sparkassenwesen (1864), S. 538

119 wie vorstehend

120 Strube, H., Geschichte des Sparkassenwesens und der Sparkassen in Kurhessen, 1819 bis 1866, Stuttgart 1873; vgl. auch Wysocki, S. 36

121 Malchus, S. 125

122 SK, 1834, S. 194

dieser Zeit. In den Einzelheiten bestanden hier Unterschiede, die jedoch lediglich die Zahl der Mitglieder der städtischen Behörden, Stadträte usw. betrafen.

Die Aufsicht des Staates über diese Sparkassen bestand auch hier von Anfang an, und zwar auf der Ebene der Provinzialregierungen.

Die Sparkassengründungen geschahen meist durch die Ortsvorstände als örtliche Anstalten bzw. Einrichtungen im Sinne der Gemeindeordnung (§§ 3 und 71)[123].

Bei den hier gegründeten Sparkassen gingen die Einlagen in das Vermögen der Gemeinde über; gegenüber den Einlegern haftete die Gemeinde sodann mit ihrem Vermögen. Insofern lag eine wirtschaftliche Identität zwischen Sparkasse und Gemeinde vor, die auch in rechtlicher Hinsicht ihren Ausdruck fand.

Aber auch wenn die Sparkassen durch die Verwaltung durch eine Deputation als "öffentliche Einrichtung" im Sinne des § 71 Gemeindeordnung[124] nicht rechtlich verselbständigt waren, sondern sie weiterhin - wie auch die Vereinnahmung der Einlagen seitens der Gemeinde zeigt - eine Einrichtung der Kommune blieben, so zeigt sich doch auch hier ein rechtlicher Ansatz zur Verselbständigung kommunaler Einrichtungen:

Die kurhessische Gemeindeordnung vom 23.10.1834[125] regelt in § 71[126] die Verwaltung "örtliche(r) Einrichtungen"[127] im allgemeinen.

---

123 SK, 1834, S. 181 f; 200

124 SK, 1834, S. 200

125 SK, 1834, S. 181 ff

126 wie vorstehend, S. 200 f

127 wie vorstehend

Hierunter wurden neben einer Vielzahl von Anstalten (Armen-, Kranken-, Feuerlösch-, Rettungs-, Wasch-, Bade-, Krahn-, Waage- und Begräbnis-Anstalten) auch die Sparkassen genannt, und zwar an zweiter Stelle, sofort nach den "örtlichen Armen-, Kranken- u.ä. Anstalten".[128]

Für alle diese Anstalten und "Einrichtungen"[129] wurde der Ortsvorstand zum Verwalter bestimmt und die Gemeinde verpflichtet, die Einrichtungen aus den Gemeindemitteln zu unterhalten und zu errichten.

Aus dieser Pflicht zur Tragung der finanziellen Lasten folgt zwanglos das Interesse der Kommunen daran, die eigenen Anstalten in vollem Umfang auch zu beeinflussen.

Ausdrücklich von diesen Einrichtungen unterschied die Gemeindeordnung in Kurhessen solche mit "abgesonderte(r) Verwaltung" durch eine Deputation.

Dies betraf Einrichtungen, deren Zweck "von dem des eigentlichen Gemeindehaushalts verschieden"[130] war, wenn nämlich besondere Beiträge mit spezieller Zweckbindung vorhanden waren.

Damit hat hier schon ein sehr frühes Gesetz eine noch heute so oder so ähnlich gebrauchte Unterscheidung getroffen: Unselbständige öffentliche Anstalten werden durch die Gemeindebehörden mitverwaltet, selbständige (was nicht unbedingt rechtsfähig bedeuten muß) Anstalten dagegen werden von einer ausgelagerten Verwaltung betreut.

Die rechtliche Konstruktion der Deputation gem. § 52 Gemeindeordnung als eines im Auftrag des Ortsvorstandes und Gemeinderates handelnden Ausschusses läßt zwar nicht die letzte Konsequenz zu, diese selbständigen Einrichtun-

---

128 SK, 1834, S. 201

129 wie vorstehend, S. 201

130 wie vorstehend, S. 201

gen als völlig eigenständig anzusehen, doch hat der Gedanke hier bereits einen deutlichen Ausdruck gefunden. Das Kriterium der Nähe der wahrzunehmenden Aufgabe zu dem Gemeindehaushalt und damit zu den Gemeindeaufgaben für die Wahl der Organisationsform ist auch heute noch aktuell.

g) Mecklenburg-Schwerin

Statuten zweier Sparkassen aus Mecklenburg-Schwerin des Jahres 1830 sind veröffentlicht: Die Statuten der "Ersparniß-Anstalt zu Schwerin"[131] vom 4. Januar 1830 und die der Grabower Sparcasse vom 6.3.1830[132].

aa) Schwerin

Zu dem Zweck, Minderbegüterten Einlagemöglichkeiten einzuräumen, wurde die "Anstalt" eingerichtet, Benutzer mußten nicht Bewohner der Stadt Schwerin sein.

Die Einlagen wurden sicher ("mit äußerster Vorsicht") angelegt (§ 7), eine Garantie der Stadt war nicht vorgesehen, doch wurde ein Rücklagenfonds mit den nach Abzug der laufenden Kosten verbleibenden Überschüssen "zur Deckung etwaiger Unglücksfälle" gebildet (§ 8).

Ein "Cassier" (§ 10) führte die laufenden Geschäfte; er mußte monatlich den "Vorstehern" die Bücher vorlegen, die Vorsteher (§ 11), eine Zahl von Männern aus verschiedenen Ständen, handelten unentgeltlich, sie führten einmal jährlich eine Gesamtrevision durch erstatteten Bericht und veröffentlichten die Ergebnisse.

131 Raabe, Bd. 3, S. 928 ff

132 Raabe, Bd. 3, S. 931 ff

bb) Grabow

Der patriotische Verein in Grabow - eine privatrechtliche Gründung - erhielt die Bestätigung für die Statuten, nach welchen die Sparkasse im Rathaus oder evtl. im Gericht residierte (§ 10).

Ein Fonds (§§ 12, 13) und streng reglementierte Unterbringung der Kapitalien (§ 11) boten Sicherheit für die Einleger.

Zu § 13 heißt es: "Er (der Fonds) ist daher unantastbar und für den möglichen Fall, daß dies Institut entbehrlich gemacht oder durch Einwirkung von außen aufgehoben werde, soll im voraus unabänderlich bestimmt sein, daß der dann bestehende Fonds erhalten und der Betrag seiner Zinsen auf die Verbesserung "... von ... (näher bestimmten) Volksschulen verwendet werde".

Auch hier wurde wieder ein Cassier (§ 15) bestellt, der monatlich die Bücher abzuschließen und den Vorstehern zu berichten hatte (§ 14). Die Vorsteher - unentgeltlich handelnd und aus allen Ständen kommend -, waren für die Anlage der Einlagen verantwortlich.

Zudem unterstand (§ 18) die Anstalt der Aufsicht eines Revisionsausschusses, in den die großherzogliche Regierung einen Kommissar, das ritterliche Amt und der Magistrat zu Grabow je einen Deputierten entsandten. Dieser Ausschuß - eine Sonderaufsicht - hatte der Regierung zu berichten, daneben mußte der Distriktsversammlung des patriotischen Vereins, der die Sparkasse gegründet hatte, berichtet werden.

Schon 1832 (27.12.)[133] bestimmte das geänderte und bestätigte Statut, daß der Cassier allein - ohne die Vorsteher - für die Anstalt klagen durfte, eine erste vorsichtige Anerkennung eigener Rechtssubjektivität und Unabhängigkeit der Sparkasse.

Ab 1852 (17.5.1852)[134] wurde der Syndikus der Sparkasse mit diesen Rechten ausgestattet.

Seit dem 1.7.1843[135] wurden alle Sparkassen in Mecklenburg-Schwerin einer ausdrücklichen Revision durch eine "commissarische Local-Revision" unterworfen, wodurch zum Ausdruck kam, daß sie "gesteigerten Einfluß auf die allgemeinen Verkehrsverhältnisse"[136] gewonnen hatten.

Zusammenfassend kann für die ab 1821 in verschiedenen Orten (so auch Rostock, 1825, Wismar, 1836) gegründeten weiteren Sparkassen, die mit staatlicher Genehmigung Sparkassengeschäfte betrieben, gesagt werden, daß sie die Rechtsform von Privatvereinen hatten.[137] Hier dienten Überschüsse der Rücklagenbildung und der Verwendung zu gemeinnützigen Zwecken, also gab es insoweit keinen Unterschied zu anderen kommunalen Sparkassen. Zu diesen Zwecken gehörte u.a. in Rostock etwa die Gewährung eines zinslosen Darlehens an die Stadt zum Bau einer Elementarschule; auch in Grabow zählte die Verbesserung des Schulwesens zu den förderungswürdigen gemeinnützigen Zwecken.[138]

---

[133] Raabe, Bd. 3, S. 934

[134] Raabe, Bd. 5, S. 1009

[135] Raabe, Bd. 3, S. 935

[136] Raabe, Bd. 3, S. 935

[137] Vgl. Sparkassenwesen, (1864), S. 547 ff

[138] Sparkassenwesen (1864), S. 550

Die Verwendung der Überschüsse bedürfte dort stets der Genehmigung der Staatsregierung.

Für die Sicherheit der Einlagen haftete in Wismar neben dem Vermögen der Anstalt auch die Stadtkämmerei.

In Grabow war der Umfang der Darlehen an die Stadtkämmerei und an andere öffentliche Kassen insgesamt eingeschränkt. Diese Vorschrift diente der Sicherung der Einlagen (Risikobeschränkung), zielte also auf den Anlegerschutz ab und läßt sich nicht speziell bezüglich des Verhältnisses zur eigenen Kommune interpretieren.

Im Unterschied zu den privaten Sparkassen standen die Magistratssparkassen unter der Leitung von Deputationen der Magistrate. Von ihnen nahm die "städtische Kämmerei"[139] die gesamten Einlagen entgegen, verzinste sie der Sparkasse mit 2 1/2 % und haftete gegenüber den Einlegern für die Erfüllung aller in den Statuten enthaltenen Bedingungen[140]. Grundsätzlich war die Verwaltung von Sparkasse und Kämmerei getrennt, doch kam es in der Praxis offenbar doch zu engeren Verbindungen beider, so daß die Unterschiede sich vermischten.[141] Dazu kommt, daß die Kämmerei hier die Verluste trug, die evtl. entstehen konnten, dafür auch die Überschüsse für sich vereinnahmte. Zur Bildung eines Reservefonds kam es unter diesen Umständen nicht, so daß die Sparkassen nicht Gelegenheit hatten, sich zu einer gegenüber der Kommune verselbständigten Vermögensmasse zu entwickeln.

139 Sparkassenwesen (1864), S. 555

140 wie vorstehend, S. 555

141 wie vorstehend

h) Großherzogtum Oldenburg

Der Beginn des Sparkassenwesens datiert hier am 1.8.1786: Zu diesem Zeitpunkt wurde eine "Sparkasse" ins Leben gerufen, die im Rahmen eines Generalfonds für die Finanzierung des Armenwesens Spareinlagen sammeln sollte. Die Einlagen wurden im Fonds verzinst und von dort aus auch zurückgezahlt. Gewinne und Verluste der Sparkasse fielen dem Fonds zu[142]. Erst 1858 fand hier eine organisatorische Trennung der Sparkasse von der Verwaltung des Armenwesens statt. Einerseits ist dies - gemessen an der Entwicklung des Sparkassenwesens anderwärts - ein sehr später Zeitpunkt, andererseits jedoch fällt dieser zusammen mit der aus der bisherigen Untersuchung bereits deutlich zutage getretenen Verselbständigung der übrigen Sparkassen gegenüber ihren Muttergemeinwesen und auch gegenüber deren Verwaltungsorganisation.

Im Großherzogtum Oldenburg bestanden auch andere Sparkassen, deren Statuten im wesentlichen übereinstimmten. Die Unterbringung der dort eingelegten Gelder erfolgte durch den Armenfonds, also nicht durch ein "Organ" der Sparkasse selbst, die Vertretung der Sparkassen geschah bei den laufenden Geschäften durch den Rechnungsführer[143] der Sparkasse, was zumindest als Anhaltspunkt für eine Trennung zwischen Gemeinde und Sparkasse gesehen werden kann.

i) Großherzogtum Sachsen-Weimar

Die erste Sparkasse in Sachsen-Weimar war die in Weimar selbst, die 1821 als milde Stiftung - rechtsfähig -gegründet wurde. Später entstanden 1830 in Jena und 1832 Dermbach weitere Sparkassen in dieser Rechtsform. Außerdem entwickelten sich später Sparkassen als

---

142 Sparkassenwesen (1864), S. 562

143 Sparkassenwesen (1864), S. 566

Vereine mit Garantie des Stadtrates wie die in Ilmenau (1833), daneben entstanden aber auch reine städtische Sparkassen,[144] für die teilweise eine Beschränkung des Wirkungskreises auf den eigenen Amtsbezirk galt[145]. Die Verwaltung der Sparkassen erfolgte in jeder Rechtsform unter der Aufsicht des Gemeinde- oder Stadtrates, mit Ausnahme der Sparkasse in Weimar, die ihre Geschäfte selbst nach den Grundregeln der Vereinsverwaltung organisiert hatte und eigene Überwachungsausschüsse bildete.

Überschüsse fielen einem Reservefonds zu, in Ilmenau entschied nach den Statuten der Vorstand der Sparkasse selbst über die Verwendung der Überschüsse.

Unter der Aufsicht der Gemeinden, die ihrerseits der Kommunalaufsicht unterlagen, führten die Sparkassen ein "Eigenleben", wenn auch unter der Führung von Personen, die aus dem Gemeinde- oder Stadtrat zur Verwaltung der Sparkasse abgestellt waren.

j) Sachsen-Meiningen-Hildburghausen

Gründungen von Sparkassen erfolgten in erster Linie durch städtische Behörden. Eine Garantie der Gemeinden oder Städte bestand jedoch nicht grundsätzlich, zum Teil war die Haftungsgrundlage nur das Vermögen der Sparkasse selbst einschließlich der vom Kassierer gestellten Kaution.[146]

---

144 Sparkassenwesen (1864), S. 573

145 Sparkassenwesen (1864), S. 574

146 Sparkassenwesen (1864), S. 579

Die Verwaltung der städtisch gegründeten Sparkassen lag in den Händen der gründenden städtischen Behörden, welche ein Kuratorium oder einen Ausschuß bestellten die - wie auch sonst üblich -, die Geschäfte führten und die Sparkasse nach außen vertraten.[147]

Die Durchführung der laufenden Geschäfte waren dem Kassierer und dem Rechnungsführer übertragen. In anderen Sparkassen dagegen war der Stadtkämmerer zugleich auch Kassierer der Anstalt[148], auch bildeten bei zwei Sparkassen[149] die Kasseschultheißen des gesamten Amtsbezirks den Verwaltungsausschuß der Sparkassen.

Gemeinsam war allen Sparkassen, daß die Oberaufsicht über sie jeweils auf Bezirksebene durch den Verwaltungssenat der Herzoglichen Regierung ausgeübt wurde.

Die Überschüsse fanden gemeinnützige Verwendung im Bereich des jeweiligen eigenen Geschäftsbezirks.

k) Herzogtum Sachsen-Altenburg

Die hier bis 1853 gegründeten sechs Sparkassen waren zur Hälfte private Gründungen (Altenburg 1824, gegründet von der Freimaurerloge "Archimedes zu den drei Reißbrettern", in Ronneburg 1825 von der Erholungsgesellschaft, in Lucka 1838 von der Harmoniegesellschaft.[150] Dies zeigt die bunte Vielfalt der Gruppen, die sich der Sparkassenidee annahmen.

---

147 Sparkassenwesen 1864, S. 581

148 So in Meiningen-Salzungen, Wasungen, vgl. Sparkassenwesen (1864), S. 581 f

149 Römheld und Themar, Sparkassenwesen, (1864), S. 581

150 Sparkassenwesen (1864), S. 587

Die Sparkassengründungen erhielten die Genehmigung zu ihrem Betrieb; die von den städtischen Behörden gegründete Sparkasse in Schmölln (1850) erhielt die Rechte einer milden Stiftung[151] und stellt insofern eine Besonderheit dar, als die von der Kommune gegründete Sparkasse eine privatrechtliche Rechtsform mit eigener Rechtsfähigkeit erhielt. Der Stadtrat bestellte Kassierer und Buchhalter und führte die Aufsicht über seine rechtsfähige Sparkasse.

Für diese Sparkasse bestand eine Garantie der Gemeinde der Sicherheit der Einlagen, während bei den privaten Sparkassen die Gründergesellschaften selbst hafteten.[152]

l) Herzogtum Sachsen-Coburg-Gotha

Hier bestanden Sparkassen in Coburg und in Gotha.

aa) Coburg

1821/1822[153] wurde von der dortigen städtischen Armenkommission eine Sparkasse gegründet, die schon 1827 als "städtisches Institut" vom Magistrat übernommen wurde. Die Stadt übernahm die Garantie für die Sicherheit der Einlagen.[154]

Nach dem Statut sollte eine vom Magistrat bestellte Deputation der Armenkommission die Verwaltung übernehmen; der Kommission gehörten neben einem Magistratsvertreter und einem Deputierten der Armenkommission auch zwei "Individuen aus den gewerbetreibenden Klassen an"[155], unterstützt von einem Rechnungsführer und einem Cassier.

151 Über die Rechtsform der Sparkassen in Roda und Eisenberg fehlten dem Centralverein schon 1864 die Unterlagen.

152 Sparkassenwesen (1864), S. 587

153 Vgl. Sparkassenwesen (1864), S. 592; Malchus, S. 142

154 Sparkassenwesen (1864), S. 592

155 Malchus, S. 143

Der Deputation gehörte später auch der Stadtrichter an[156], der eine interne Kontrollinstanz sein sollte, darüber hinaus sollten der Magistrat und die Landesregierung die Anstalt überwachen.

Trotz all dieser Vorkehrungen wurden die Statuten jedoch nicht eingehalten, vielmehr führte der Stadtkämmerer die Sparkassengeschäfte selbst. Dies hatte seine Ursache zwar allein in der Person des Stadtkämmerers, der die Geschäfte an sich zog, mit der Folge, daß es zu Unregelmäßigkeiten (Unterschlagungen) kam[157]; infolge dieser Mißstände wurde jedoch 1847 die Aufsicht über die Sparkasse durch die städtische Verwaltung verstärkt und ein Verwalter gewählt. Zugleich aber erhielt die Sparkasse - wohl infolge des Verlustes ihres guten Rufs - Konkurrenz durch eine 5 %-Anleihe der Herzoglichen Leihkasse, die für die Anleger im Vergleich zu der Spareinlage günstiger war, wodurch große Teile des Kapitals von der Sparkasse abgezogen wurden.[158]

Dies zeigt zum einen, daß die Sparkassen schon damals im Wettbewerb mit anderen Einlageinstituten standen, zum anderen aber, daß die Einleger schon bewußt nach Geldanlagemöglichkeiten suchten, deren Bonität einzuschätzen wußten und auch Alternativen in Anspruch nahmen, die neben die Sparkassen traten.

Der Bericht des Centralvereins in Preußen für das Wohl der arbeitenden Klassen von 1864 berichtete von einer "Umschuldung" zwischen Sparkasse und

---

156 Sparkassenwesen (1864), S. 593

157 Über die Unterschlagungen berichtet: Sparkassenwesen (1864), S. 594

158 Sparkassenwesen (1864), S. 594

Stadtkasse, die deutlich macht, daß beide Kassen als zwei verschiedene Subjekte angesehen wurden. Die Stadtkasse verzinste Forderungen ihrer Gläubiger mit 3 1/2 %. Als die Gläubiger mehr Zinsen verlangten, die Stadtkasse aber das Zinsniveau ihrer eigenen Bestände halten wollte, gelang es dem Magistrat, die Sparkasse zur Übernahme der Verbindlichkeiten zum höheren Zinssatz zu bewegen, und so die eigenen Konditionen beizubehalten.[159]

Eine solche Aufteilung von Risiken und Lasten zwischen Sparkasse und Stadtkasse, vor allem aber die Notwendigkeit der Überwindung des Widerstandes der Sparkasse gegen die eigene Kommune läßt erkennen, daß hier keine Interessengemeinschaft, sondern Interessengegensätze bestanden, zu deren Lösung allein das Machtwort der Mutterkommune nicht ausreichte.

bb) Gotha

Das Gegenbeispiel zu der städtischen Sparkasse in Coburg bildet die 1830 in Gotha in der Rechtsform eines Vereins gegründete Sparkasse, die unter der Aufsicht der Herzoglichen Landesregierung stand. Daneben bestand auch eine eigene vereinsinterne Aufsicht.[160]

Die Anlage durch die Sparkasse erfolgte ursprünglich bei der Herzoglichen Kammerkasse oder bei der Stadtkasse zu 4 1/2 % jeweils zu bestimmten Höchstbeträgen. Anderweitige Verwendung der Einlagen bedurfte der Herzoglichen Genehmigung,

---

159 Sparkassenwesen (1864), S. 594

160 Sparkassenwesen (1864), S. 597

Überschüsse sollten nach näherer Bestimmung des Vereins "im Geiste der Stiftung[161], nie aber zu fremdartigen Zwecken benutzt werden"[162].

m) Herzogtum Anhalt-Dessau

Die Sparkasse in Dessau (1833) wird hier nur deshalb erwähnt, weil sie - eine Ausnahme im Sparkassenwesen - allein von einem Privatmann auf eigene Rechnung gegründet wurde; gleichwohl stand sie unter ständiger Aufsicht einer Deputation der Herzoglichen Kammer. Es handelt sich bei dieser Sparkasse um die herzoglich privilegierte Sparkasse in Köthen, die von der Landeskasse bis zur Einlage von 100 Thalern garantiert wurde.[163]

In Anhalt gab es außerdem die Landes-Sparkasse zu Dessau, die nur Einlagen von Landesangehörigen annahm,[164] für Einlagen von 8 Groschen bis 50 Taler bestand Annahmezwang; die landesherrliche Garantie endete bei Einlagen bis 200 Taler. Die Herzogliche Kammer führte auch über diese Sparkasse die Aufsicht. Die Kasse führte ihrerseits jährlich 1000 Taler an die Staatskasse ab, erwirtschaftete also Gewinne für den Staat.

Weitere Sparkassen in Anhalt waren privatrechtliche Gründungen von Vereinen oder von Bürgern, "mehrfach auf Anregung des regierenden Herzogs".[165]

161 Von der Wohlhabende und Ausländer ausgeschlossen waren, Sparkassenwesen (1864), S. 597

162 Sparkassenwesen (1864), S. 598

163 Aus dem Bericht des Zentralvereins wird nicht deutlich, wer der "Unternehmer" war, der die Sparkasse betrieb. Vgl. Sparkassenwesen 1864, S. 602

164 Sparkassenwesen (1864), S. 601

165 Sparkassenwesen (1864), S. 603

Sie waren rechtsfähig (milde Stiftungen mit Stempelfreiheit), unterstanden Herzoglicher Aufsicht; der Herzog garantierte bei einigen mit einem bestimmten Höchstbetrag.

Die Geschäfte leitete ein Direktor, der auch die Sitzungen des Verwaltungspersonals und des gesamten Vereins einberief. Die Überschußverwendung wurde jeweils vom Verein unter Herzoglicher Aufsicht beschlossen.

n) Königreich Sachsen

Teils städtisch, teils privat, doch bei letzteren meist nur bis zur späteren Übernahme durch den Magistrat unter Garantie der Gemeinde[166] waren die Sparkassengründungen im Königreich Sachsen.

Die Anlage der Einlagen geschah teils in eigenen Leihhäusern der Kommunen, teils in gut besicherten Darlehen. Die Überschüsse flossen in einen Reservefonds, wurden sonst aber meist für "gemeinnützige Zwecke" verwendet, teils flossen sie direkt in die Kämmereikasse.[167]

Die Verwaltung der Sparkassen erfolgte durch eine Deputation oder Direktion, der meist eine gleiche Anzahl von Personen aus Stadtverordnetenversammlung und Bürgerschaft angehörte. Die Verwaltung der Sparkasse durch Kassierer, Buchhalter und durch für manche Institute bestellten internen Kontrolleur unterlag der Oberaufsicht des Magistrats.[168]

[166] Malchus, S. 127

[167] Malchus, S. 134

[168] Malchus, S. 134

Im Jahre 1839 - also ein Jahr nach Erlaß des Preußischen Sparkassenreglements - erschien in der "Zeitschrift für Rechtspflege und Verwaltung"[169], ein Artikel, in dem Sparkassen und Leihanstalten der Charakter von "milden Stiftungen" abgesprochen wurde, denn ihr Zweck beschränke sich nicht auf bloße Betreuung der Armen und ihr Gebrauch sei nicht "unvergeltlich".[170]

Läßt sich hieraus noch folgern, daß die rechtliche Selbständigkeit der Sparkassen verneint wurde, so ergibt sich anderes aus einer Stellungnahme der Kreisdirektion Leipzig von 1860[171], welche den damaligen Zustand des Sparkassenwesens sowie die Vorstellungen der Regierungsbehörde wiedergibt, auch wenn sie nicht uneingeschränkt Zustimmung des Innenministeriums fanden.[172]

In der Stellungnahme der Kreisdirektion ist zur Organisation der Sparkasse hervorgehoben, daß die Trennung von Sparkassendirektion und Vorstandschaft im Stadtrat bei den städtischen Sparkassen zur Sicherstellung wirksamer Aufsicht erforderlich sei, da der Bürgermeister zugleich die Sparkasse führe und dem Stadtrat vorstehe. Auch dies läßt das Bestreben nach zumindest personeller Trennung von Stadt und Sparkasse erkennen.

---

[169] Zeitschrift für Rechtspflege und Verwaltung 839, S. 293, zitiert bei Heyden, Königreich Sachsen, S. 7

[170] wie vorstehend

[171] Abgedruckt bei Heyden, Königreich Sachsen, S. 10 ff

[172] Siehe Heyden, S. 10 in der Anmerkung in der Fußnote und S. 31 ff; im übrigen weist Heyden auch hier (S. 15) darauf hin, daß einzelne städtische Sparkassen gewinnorientiert zu arbeiten versuchten, um den städtischen Haushalt aufzubessern. Gemeindedarlehen (Erborgung von Einlagegeldern durch die garantierende Stadtgemeinde) (S. 16) hielt Heyden "für sehr bedenklich", jedoch beinhaltet der dort geschilderte Tatbestand einen Hinweis auf auch in rechtlicher Hinsicht zunehmende Selbständigkeit der Sparkasse.

Dieser Vorstellung trat zwar der sächsische Innenminister entgegen mit einer Generalverordnung vom 28.12.1860[173].

In dem Punkt "Trennung der Ämter" hielt das Ministerium Maßnahmen nicht für erforderlich, vielmehr schlug es vor, die Aufsicht über die Sparkassen zu verbessern und die Veröffentlichung von Kassenübersichten zur Kontrolle der Kasse zu benutzen.

Mit der Stellungnahme des Ministeriums ist zu der grundsätzlichen Trennung zwischen Stadt und Sparkasse nichts gesagt. Die Verstärkung der Aufsicht über die Sparkasse als Reaktion auf die Äußerung der Kreisdirektion beweist nur, daß der Minister das Problem auf der Ebene der persönlichen Interessenkonflikte der sowohl in Sparkassendirektion als auch im Stadtrat vertretenen Personen sah, nicht jedoch im abstrakt organisatorischen Bereich. Daß Ämterhäufungen zu Konflikten führen können, ist kein Spezifikum des Sparkassenwesens, sondern gilt allgemein.

Die Aufsicht bezog sich im übrigen auf die laufende Verwaltung, die Verwendung der Überschüsse usw., und zwar im Rahmen der ohnehin bestehenden Kommunalaufsicht.[174]

Das Innenministerium lehnte in der bereits genannten Generalverordnung vom 28.12.1860 ausdrücklich die Veröffentlichung eines Musterstatuts ab, ohne dies sinnvoll zu begründen.

Im übrigen befassen sich die Regelungen der Verordnung mit Einzelproblemen des Sparkassengeschäfts, nicht mit statutarischen Organisationsfragen. Auch dieser Umstand macht deutlich, daß die bestehende Organi-

---

173 Abgedruckt bei Heyden, Königreich Sachsen, S. 31

174 Heyden, Königreich Sachsen, S. 41 f

sationsstruktur nicht als regelungsbedürftig angesehen wurde, woraus zu folgern ist, daß die organisatorischen Verhältnisse feststanden.

o) Großherzogtum Baden

Vier Sparkassen bilden den Anfang der Entwicklung des Sparkassenwesens in Baden: Mannheim (16.6.1822), Freiburg (1.1.1827), Heidelberg (2.9.1832) und Karlsruhe (16.8.1834).[175]

In all diesen Sparkassen erfolgte eine Abgabe aller Einlagen an die jeweils korrespondierende Leihanstalt[176], Überschüsse wurden in Karlsruhe und Mannheim an die städtische Schuldenkasse abgeführt, in Heidelberg durch die Sparkasse selbst an Private ausgeliehen.

Die Verwaltung der Sparkasse erfolgte entweder durch die Leihhausverwaltung oder durch eine Deputation bzw. einen Ausschuß, der jeweils unter Beteiligung des Stadtrats oder Magistrats besetzt wurde, ohne daß die Mitglieder stets nur Gemeinderatsmitglieder gewesen wären. Nur teilweise war dies so vorgeschrieben.

Die Verbindung von Sparkasse und Leihhaus unter gemeinsamer Verwaltung wurde durch den Stadtrat angeordnet, der durch eine Kommission auch die Tätigkeit beider Institute überwachte.[177]

Andere Sparkassen waren nach diesem Vorbild organisiert (Ossingen für sieben andere Gemeinden, 1833, sowie Darmstadt, 1836), zum Teil wurden diese Sparkassen verwaltet durch eine Kommission, bestehend aus Pfarrer, Bürgermeister und Bürger, daneben bestand

---

175 Malchus, S. 58 ff

176 Malchus, S. 60

177 Malchus, S. 58; 71

aber als Kontrollinstanz auch noch ein aus den "geistlichen und weltlichen Vorgesetzten der Gemeinden gebildeter Ausschuß".

In der Stadt Baden bestand seit 1837 eine privat (als Sparverein) gegründete, von der Stadt garantierte Sparkasse, deren 15-köpfigem Verwaltungsrat 6 Gemeinderatsmitglieder angehörten und über welche der Gemeinderat die Aufsicht führte.[178]

Die Statuten der öffentlichen, in der Hand der Gemeindebehörden befindlichen Sparkassen sahen regelmäßig eine Verwaltung durch Mitglieder des Gemeinderats oder des Bürgerausschusses vor, die als Vorstand die Sparkassen leiteten[179], wie in allen Ländern auch hier unterstützt von einem Verrechner oder Kassierer, der die laufenden Geschäfte abwickelte und hierfür (unterschiedlich) entlohnt wurde. Wichtige Angelegenheiten[180] entschied der Vorstand, dem auch die Aufsicht über die laufende Verwaltung oblag.

Die Überschüsse wurden zum Teil in einen Reservefonds eingestellt[181], zum Teil das Personal daraus entlohnt, aber auch an die Einleger eine Dividende verteilt, oder aber der Überschuß an die Gemeindekasse überwiesen.

Angesichts der in Baden von Anbeginn des Sparkassenwesens an verbreiteten Verknüpfung von Leihhaus und Sparkasse[182] könnte man vermuten, daß die in Baden 1880 gesetzlich geregelte rechtliche Selbständigkeit der öffentlichen Sparkassen hierauf zurückzuführen ist.

---

178 Malchus, S. 62, 63

179 Sparkassenwesen (1864), S. 517

180 Wie Anlegung von Kapitalien, Änderungen der Statuten, vgl. Sparkassenwesen (1864), S. 517

181 Sparkassenwesen (1864), S. 521

182 Trende, S. 172

Wenn Trende[183] berichtet, schon durch eine 1854 ergangene Verordnung betreffend die Rechtsstellung der Sparkassen seien die mit Gemeindegarantie errichteten Sparkassen zu juristischen Personen im Sinne des § 9 des Konstitutionsedikts vom 14.7.1807 erklärt worden, so bedarf dies einer Einschränkung. Das Edikt handelt von der Verfassung der "Gemeinheiten", Körperschaften und Staatsanstalten. Für den damaligen badischen Gesetzgeber waren "Gemeindesparkassen" jedoch nicht Gemeindeanstalten in dem Sinn, daß sie unmittelbar mit der Gemeinde verknüpft waren und daß die Garantie der Gemeinde Folge dieser engen Verknüpfung war, sondern unter Gemeindesparkassen wurden all diejenigen "Anstalten" verstanden, die zwar mit Gemeindegarantie errichtet waren, die aber im übrigen von den Gemeinden völlig unabhängig waren.[184] Angesichts dessen ist klarzustellen, daß die 1854 zu juristischen Personen erklärten Sparkassen privatrechtliche Institute waren, für die die Eigenschaft einer juristischen Person des Privatrechts aber unproblematisch war. Im Preußen hätte sie schon nach dem preußischen Allgemeinen Landrecht (1794) ohne weiteres angenommen werden können.

1880 wurden die Badischen Sparkassen ausdrücklich im "Gesetz, die Rechtsverhältnisse und die Verwaltung der mit Gemeindebürgschaft versehenden Sparkassen betreffend"[185] wie folgt beschrieben:

"§ 1: Die mit Gemeindebürgschaft versehene Sparkasse, deren Satzungen staatlich genehmigt sind, ist weder eine Privatanstalt, noch eine Anstalt der Gemeinde in

---

183 Trende, S. 311

184 Vgl. in diesem Sinne auch Trende, S. 311

185 vom 9.4.1880, vgl. Heyden, Baden, S. 3 ff

dem Sinne, daß ihr Vermögen zum Vermögen der Gemeinde gehörte, sondern eine öffentliche Anstalt mit eigener juristischer Persönlichkeit ...".

Organe dieser ausdrücklich zu rechtsfähigen öffentlichen Anstalt erklärten Sparkassen waren der Verwaltungsrat oder - in den der Städteordnung unterstehenden Städten - eine besondere Kommission, in Gemeinden auch der Gemeinderat. Der Bürgermeister war obligatorisches Verwaltungsratsmitglied. Erstaunlich ist daran die Tatsache, daß gleichzeitig mit der Verselbständigung der Sparkassen die Regelung aufgenommen wurde, daß in Gemeinden der Gemeinderat die Geschäfte einer von ihm rechtlich doch nun völlig getrennten Sparkasse führen sollte.

Andererseits findet aber gerade in dieser Regelung die neue Vorstellung ihren Ausdruck, daß es sich hier um eine juristische Person des öffentlichen Rechts und nicht des Privatrechts handelte. Deutlicher ist die Feststellung, daß in den Fällen, in denen ein Verwaltungsrat existierte, seine Mitglieder keine "Gemeindebeamte im engeren Sinne" seien, sondern nur diesen gleichgestellt. (§ 5 Ziff. 5.)[186]

Über die Überschußverwendung konnte nunmehr - Ausdruck der Selbständigkeit der Sparkasse - der Verwaltungsrat selbst beschließen.

Der Vollständigkeit halber sei hinzugefügt, daß nunmehr die Staatsaufsicht über die Sparkassen von den Bezirksämtern geführt wurde.[187]

p) Herzogtum Braunschweig

In Braunschweig war schon sehr früh (1765) unter dem Namen "Herzogliches Leihhaus" ein Institut entstanden, das Einlagen annahm und gegen Sicherheiten auslieh.[188] Ursprüng-

---

186 Abgedruckt bei Heyden, Baden, S. 9 f

187 Erlaß vom 9.4.1880, abgedruckt bei Heyden, Baden, S. 47 ff

188 Sparkassenwesen (1864), S. 606

lich handelte es sich hierbei um eine Pfandleihanstalt. Im Hinblick auf die Entgegennahme von Einlagen erfuhr das Sparkassenwesen hier bereits recht früh eine gesetzliche Regelung. Das "Gesetz, betreffend die in Verbindung mit den Herzoglichen Leihhausanstalten zu errichtenden Sparkassen" vom 20.12.1834 erging vier Jahre vor dem Preußischen Sparkassenreglement, "um auch dem Minder-Begüterten Theile Unserer Unterthanen die Gelegenheit zu verschaffen, erübrigte geringfügige Geldsummen auf sichere Weise zu belegen und durch Verzinsung nutzbar zu machen."[189]

Bei diesem Gesetz handelte es sich nicht um eine so umfassende Rahmenregelung wie sie später im Preußischen Sparkassenreglement erfolgte.

Doch in § 2 des Gesetzes wurde die Rechtsform der Sparkasse eindeutig geregelt: Sie waren Unterabteilungen der Leihhausanstalten, für welche die Gewährträgerhaftung galt, die auf die Sparkassen(abteilungen) miterstreckt wurde[190]; die Vertretung und die Aufsicht wurden im einzelnen hier nicht geregelt, sie folgen aber den Grundsätzen, die auch für die Leihhausanstalten galten.

Eine rechtliche Verselbständigung der Sparkasse ist hier also nicht zu verzeichnen.

So wurden sie u.a. auch vom Beamtenpersonal der Leihkassen mitverwaltet.[191]

Der Zinsfuß für die Sparkassengeschäfte wurden vom Staatsministerium bestimmt; Darlehen durften nur gegen Hypotheken, Verpfändung braunschweigischer Kammer- und Landesobligationen und von Edelmetallen gewährt werden.[192]

---

[189] Gesetz vom 20.2.1834, abgedruckt bei Heyden, Herzogtum Braunschweig, S. 30 ff

[190] § 2 des Gesetzes, a.a.O., S. 31

[191] Sparkassenwesen (1864), S. 609

[192] Sparkassenwesen (1864), S. 606

Die Erneuerung des Leihhaus- und Sparkassenrechts im Gesetz vom 20.8.1867[193] stellte unter Aufhebung der bis dahin geltenden Gesetze klar, daß die Leihhaus-Anstalt samt Sparkasse vom Herzoglichen Finanz-Collegium, Abtheilung für Leihhaussachen, gem. §§ 8, 9 des Gesetzes Nr. 10 über die Organisation der Finanz-, Eisenbahn- und Postverwaltung vom 19.3.1850 verwaltet werden sollte.[194] § 26 des Gesetzes vom 20.8.1867 läßt erkennen, daß die Rechtsbeziehungen der Leihhaus-Anstalt als die eines eigenen Rechtssubjekts praktisch anerkannt waren, und auch dem die Anstalt vertretenden Finanz-Kollegium wurde für seine Handlungen eine eigene Verantwortlichkeit innerhalb des Wirkungskreises der Anstalt beigelegt, so daß nach dem äußeren Erscheinungsbild die Leihhausanstalt samt Sparkasse als ein eigenes Rechtssubjekt angesehen werden kann. Dem Collegium untergeordnet waren gem. § 28 die jeweiligen Leihhaus-Administratoren, also die örtlichen Verwaltungen der einzelnen "Niederlassungen", welche dort für die Anstalt handelten, ohne jeweils selbständig zu sein.

q) Elsaß-Lothringen

In Elsaß-Lothringen gab es ebenfalls schon vor 1838 ein Gesetz, betreffend die Sparkassen (1835)[195], welches allerdings nicht sehr ergiebig ist, aber doch in Art. 10 die Sparkassen den "gemeinnützigen Anstalten" gleichstellt.

Ein Dekret vom 18.4.1852 bestimmte, daß Leitung und Überwachung der Sparkasse durch einen Vorstands- bzw. Verwaltungsrat geschehen sollte.[196]

---

193 Heyden, Herzogtum Braunschweig, S. 35 ff

194 Heyden, Herzogtum Braunschweig, S. 44, § 26

195 Gesetz vom 5.6.1835, auszugsweise abgedruckt bei Heyden, Elsaß-Lothringen, S. 4

196 Heyden, Elsaß-Lothringen, S. 8 (Art. 1 des Dekrets)

Ein spätes Musterstatut (auf dem Stand von 1890)[197] legte ausdrücklich fest, in welchem Umfang vom Vermögen der Sparkasse die Rede sein konnte: "Das Vermögen der Kasse besteht aus ..." (§ 3).

Nach § 7 erfolgte in den dortigen Sparkassen Leitung und Verwaltung durch einen gewählten Vorstand, dessen Vorsitzender der Bürgermeister war.

Die Geschäftsordnung der Sparkasse[198] sah die Wahl des Vorstandes durch den Gemeinderat vor, beschrieb die (weitgehenden) Befugnisse des Vorstandes (u.a. § 9 Ziff. 4: "Die Rechte der Sparkassen zu wahren und erhobene Klagen zu befolgen"[199]), so daß hier fast von ausdrücklich eingeräumter "Teilrechtsfähigkeit" die Rede sein kann.

r) Hamburg

In Hamburg kam es nicht zu einer Gründung einer gesonderten städtischen Sparkasse, da in der Allgemeinen Versorgungsanstalt von 1778 eine "Ersparnis-Casse" eingegliedert war. Diese Kasse bildete die neunte Klasse der Versorgungsanstalt, aus diesem Grunde findet sich auch oft die Bezeichnung Ersparnis-Classe.[200]

1819 wurde eine neue Sparkasse errichtet, die ebenfalls unter der Direktion der Allg. Versorgungsanstalt stand, aber sonst unabhängig von dieser blieb.[201] 1850 erhielt sie den Namen "Depositenkasse der Hamburgischen Allgemeinen Versorgungsanstalt"[202].

197 Heyden, Elsaß-Lothringen, S. 27

198 Heyden, Elsaß-Lothringen, S. 32 ff

199 Heyden, Elsaß-Lothringen, S. 35

200 Zur Entstehung dieser Hamburger Sparkasse, vgl. Sparkassenwesen (1864), S. 649 ff; vgl. auch Malchus, S. 168 ff

201 Sparkassenwesen (1864), S. 650

202 wie vorstehend

Für die Entwicklung der kommunalen Sparkassen als Tochterinstitute der Kommunen in dem hier untersuchten Sinne sind die Hamburger Verhältnisse jedoch unergiebig.

s) Sonstige

Ebensowenig erwähnenswert oder von besonderer Bedeutung sind andere Sparkassen wie die im Herzogtum Holstein und Lauenburg[203], den Herzogtümern Mecklenburg[204] und der Freien Stadt Lübeck[205]. Ebenso unergiebig sind die Auskünfte über das Herzogtum Nassau[206]; Herzogtümer Schleswig-Holstein und Lauenburg[207]; die Fürstentümer Reuß[208]; das Fürstentum Schwarzburg-Rudolfstadt[209]; das Fürstentum Lippe[210]; die Freie Stadt Frankfurt/Main[211]; die Freie Stadt Bremen[212].

---

203 Malchus, S. 179 ff

204 Malchus, S. 176 ff

205 Malchus, S. 173 ff; hierbei handelte es sich um eine Stiftung, deren Destinatär die "Gesellschaft zur Beförderung gemeinnütziger Thätigkeit" war, vgl. Sprkassenwesen 1864, S. 456

206 Sparkassenwesen (1864), S. 610

207 Sparkassenwesen (1864), S. 611 ff

208 Sparkassenwesen (1864), S. 620 ff

209 Sparkassenwesen (1864), S. 625

210 Sparkassenwesen (1864), S. 626

211 Sparkassenwesen (1864), S. 629

212 Sparkassenwesen (1864), S. 639 ff

5. Zusammenfassung

Die Untersuchung hat gezeigt, daß die Betrachtung der rechtlichen Rahmenbedingungen für die Sparkassen in den beiden ersten Dritteln des Jahrhunderts, spätestens bis zum Jahre 1875 ebenso wie ihrer Statuten, die in Anwendung des im preußischen Sparkassenreglement beschriebenen "Modells" der öffentlichen Sparkasse erlassen wurden, dazu zwingen, die Behauptung aufzugeben, die Sparkassen seien bis weit ins 20. Jh. hinein nicht mehr als ein "Zimmer im Rathaus" ihrer Muttergemeinden gewesen.

Bis zum Erlaß des Preußischen Sparkassenreglements im Jahre 1838 hatte sich bereits ein nicht unbeachtliches Sparkassenwesen ausgebildet. Vielfach waren die ersten Sparkassen zwar in privatrechtlichen Rechtsformen entstanden, doch hatte dies die Vorstellung gefördert, daß eine Sparkasse ein selbständiges Rechts- und Vermögenssubjekt sein könne. Mit der gesetzlichen Regelung der kommunalen Sparkassen durch das Sparkassenreglement von 1838 wurde dann nicht bewußt eine neue Rechtsform der selbständigen Anstalt des öffentlichen Rechts geschaffen, doch wurden die öffentlichen Sparkassen in Kenntnis der Existenz rechtlich selbständiger privater Sparkassen so ausgestaltet, daß auch sie gegenüber ihren eigenen Muttergemeinwesen eine gewisse Selbständigkeit beanspruchen konnten.

Die Vorschriften des preußischen Sparkassenreglements, das sich hinsichtlich der Organisation der Sparkassen aller unnötig einengenden Detailvorschriften enthielt, steckten den Rahmen ab, innerhalb derer die von Anfang an mit gewisser Selbständigkeit konzipierten kommunalen Sparkassen ihre eigene Rechtsform finden konnten.

Dies geschah, innerhalb von zwei Jahrzehnten bis etwa 1860 gleichzeitig mit der Erlangung eines beträchtlichen wirtschaftlichen Gewichts, aufgrund dessen sie mit wachsender

Selbständigkeit als wirtschaftliche Einrichtungen des öffentlichen Rechts neben ihre öffentlich-rechtlichen Muttergemeinwesen treten konnten.

Daß die organisatorische Entwicklung der Sparkassen recht früh einen Abschluß fand, läßt sich auch daraus entnehmen, daß in den Gesetzen, Erlassen und Verordnungen - zumindest in Preußen - schon bald keine grundlegenden organisatorischen Bestimmungen mehr getroffen werden mußten. Alle Merkmale der öffentlichen Anstalt mit Ausnahme der Zuerkennung eigener Rechtspersönlichkeit bei gleichwohl bestehender Selbständigkeit lassen sich frühzeitig belegen.

E.

Schlußbetrachtung

Als Otto Mayer den Begriff der öffentlich-rechtlichen Anstalt definierte, hatten die Sparkassen also schon seit längerer Zeit eine feste Organisationsform gefunden, die den Anforderungen an den Begriff der öffentlichen Anstalt entspricht.

Wenn die Sparkassen auch nicht ausdrücklich rechtlich verselbständigt wurden, so hat doch die Untersuchung gezeigt, daß der von ihnen gewonnene Grad an Selbständigkeit es ausschließt, sie als völlig unselbständige Anstalten anzusehen.

Wegen des Fehlens einer bewußtgewordenen Bildung des Begriffs der öffentlichen Anstalt wurde die Entwicklung der Sparkassen zu öffentlichen Anstalten nicht von rechtsdogmatischen Überlegungen begleitet. Es gehört zu den besonderen Phänomenen der Rechtsgeschichte des 19. Jh., daß sich als Reaktion auf die Veränderungen sozialer, wirtschaftlicher und politischer Strukturen verwaltungsorganisatorische Einrichtungen ausbildeten, welche die Aufgaben, die sich stellten, bewältigten, wobei an die Wasser-, Gas-, und Elektrizitätsversorgung ebenso zu denken ist wie an den Bereich des Verkehrs, des Sozialwesens, der Krankenpflege, der Witwen- und Waisenpflege, der Einrichtung eines Bestattungswesens, der Post- und der Telegraphenverwaltung.

Für die Gemeinden erschlossen sich hierbei vielfach wirtschaftliche Tätigkeiten. Nach dem bekannten Satz "Der Staat herrscht, die Gemeinde wirtschaftet"[1] hatten die Gemeinden zunehmend Versorgungsleistungen zu erbringen, die sich dann auch in finanziellen Lasten ausdrückten.

Die zunehmende Bedeutung von Geld- und Kreditgeschäften findet z.B. in den von Bolenz[2] ermittelten Zahlen Ausdruck, daß in Preußen die gemeindlichen Aufwendungen pro Kopf der Bevölkerung von 3,86 Mark im Jahre 1849 auf 53,52 Mark im Jahre 1912 stiegen, also um das 14-fache.[3]

Diese gewaltigen Steigerungen führten jedoch nicht dazu, daß die neu entstehende Leistungsverwaltung, zu der auch das Sparkassenwesen zu zählen ist, in Theorie und Praxis des Verwaltungsrechts wissenschaftlich durchdrungen wurde. Niemand suchte nach "passenden" Rechtsformen, in denen man den sich stellenden Aufgaben am ehesten gerecht werden konnte.

Neben den die Rechtswissenschaft des 19. Jh. beherrschenden Auseinandersetzungen um staatstheoretische Probleme, an denen sich Otto Mayer als Verteidiger der "Justizförmigkeit" des Staates[4] beteiligte, fand zunächst daher die Frage der Organisation der Leistungsverwaltung keine Aufmerksamkeit. Rechtstheoretische Probleme wurden hierin nicht gesehen.

---

1 Popitz, S. 3

2 Jürgen Bolenz, Wachstum und Strukturwandlungen kommunalen Ausgaben, Freiburg, 1965

3 Bolenz, S. 95

4 Otto Mayer, Dt.VerwR, Bd. I, 3. Aufl., S. 58 ff

Vielmehr versuchte man, im Bereich der Leistungsverwaltung weiter mit der staatswissenschaftlichen Methode die tatsächlichen Phänomene dieses Bereichs zu erfassen, ohne eine in anderen Rechtsbereichen des Verwaltungsrechts angestrebte Systematisierung auch hier zu erreichen.

Demnach entwickelten sich mit den Sparkassen hier Institutionen, deren Organisationsmerkmale zukunftweisend waren, jedoch ohne daß dies als verallgemeinerungsfähiges Prinzip erkannt wurde.

Die von den Gemeinden - wenn auch völlig unsystematisch - wahrgenommene "wirtschaftliche Selbstverwaltung"[5] konnte aus dem privatrechtlichen Verständnis der Gemeinde heraus ohne weiteres durch fiskalische Gemeindeunternehmungen in den Formen des Privatrechts geschehen,[6] ebenso aber auch durch öffentliche, in den Formen des öffentlichen Rechts handelnde Gemeindeanstalten.

Wie bereits oben ausgeführt, erleichterte die Existenz privatrechtlich organisierter Sparkassen schon 1838 bei Erlaß des preußischen Sparkassenreglements die Vorstellung, daß eine Sparkasse, auch wenn sie ein "Betrieb" der Gemeinde war, eine eigene Subjektivität haben konnte. Ob diese privatrechtlicher oder öffentlichrechtlicher Natur war, wurde zunächst nicht unterschieden.

Hieraus könnte es sich auch erklären, daß solch "merkwürdige Mischformen" wie eine öffentlich-rechtliche Anstalt mit privatrechtlicher Nutzungsordnung sich entwickeln konnten, "die der Lehre und Rechtsprechung bis heute manche Probleme aufgeben".[7]

---

5 Gröttrup, S. 36, unter Hinweis auf von Gneist, Rudolf, Die Preußische Kreisordnung in ihrer Bedeutung für den inneren Aufbau des preußischen Verfassungsstaates, Berlin 1870, S. 3 ff

6 Gröttrup, S. 41

7 Gröttrup, S. 41

Unstreitig sind die Sparkassen im 19. Jh. - von der gesetzlichen Regelung in Baden 1880 abgesehen - noch nicht zu juristischen Personen des öffentlichen Rechts erklärt worden. Andererseits waren sie, wie die Untersuchung gezeigt hat, gegenüber ihren Muttergemeinwesen stark verselbständigt. Dennoch kann eine von Anfang an bestehende substantielle Verquickung des Sparkassenwesens mit dem Bereich der Kommunalverwaltung nicht geleugnet werden.

Es läßt sich daher schwerlich unter Berufung auf die festgestellte Art der Selbständigkeit eine Herauslösung der Sparkassen aus dem kommunalen Bereich oder aus dem öffentlichen Recht überhaupt rechtfertigen, auch wenn dies aus anderen Gründen von der einen oder anderen Seite gewünscht wird.

Es ist bis heute schwierig, die institutionelle Verbindung zwischen den Sparkassen und ihren Muttergemeinwesen (= Gemeinden oder Kreisen) präzise zu erfassen.[8]

Aus der Sicht der Sparkassen ist hier z.T. von "natürlicher Familienzugehörigkeit"[9] die Rede. Unzweifelhaft ist auch die Zuordnung in rechtlicher und funktioneller Hinsicht zu den jeweiligen Trägerkommunen (örtlich wie sachlich) seit Beginn der Sparkassengeschichte ein hervorstechendes Merkmal der kommunalen Sparkassen gewesen und geblieben.[10]

Die Verbindung Sparkasse-Gemeinde hat dadurch eine dauerhafte und funktionsbestimmende Bedeutung erlangt.[11] Nach der Erkenntnis aus der vorliegenden Untersuchung, daß zu der Beziehung zwischen Anstalt und Muttergemeinwesen von Anfang an die Selbständigkeit der Sparkassen gehörte, läßt sich vielleicht die Behauptung ableiten, daß die Sparkassen nicht die Bedeu-

---

8 Vgl. dazu Kierstein, Probleme der Beziehungen zwischen den Muttergemeinwesen und den von ihnen errichteten rechtsfähigen Anstalten, Marburg, 1967

9 Hoffmann, Sparkasse, 1963, S. 211 ff (213)

10 Twiehaus, S. 6

11 Stern/Burmeister, S. 64; vgl. auch: Materialien, S. 120

tung erlangt hätten, die sie heute haben, wenn sie nicht schon so früh gegenüber ihren Muttergemeinwesen "erwachsen" geworden wären.

Als Ergebnis der begriffsgeschichtlichen Betrachtung ist festzuhalten, daß die Sparkassen als Anstalten des öffentlichen Rechts schon viel früher selbständig waren, als man allgemein annimmt. Alle Merkmale einer selbständigen Anstalt - wenn auch nicht einer rechtsfähigen Anstalt, da die ausdrückliche Anerkennung der Rechtsfähigkeit fehlte - waren bereits erfüllt, lediglich die juristische Begriffsbildung war noch nicht so weit gediehen, daß sie als selbständige Anstalten hätten erkannt werden können. Aus diesem Grunde wurde ihre Selbständigkeit auch nicht rechtsdogmatisch formuliert.

Der Anstaltsbegriff, den wir heute kennen, ist Produkt unseres Jahrhunderts, auf der Grundlage des in viel größerem Umfang als jemals zuvor leistenden Staates. Das Prinzip der öffentlichen Anstalt als Träger von Aufgaben der Leistungsverwaltung hat sich jedoch an einzelnen Aufgaben dieser Art schon im 19. Jh. bewährt, wie die Entwicklung der öffentlich-rechtlichen Sparkassen zu solchen öffentlichen Anstalten etwa zum Ende des zweiten Drittels des 19. Jh. gezeigt hat.

Im Zusammenhang mit der Diskussion um das besondere Gewaltverhältnis, das für die Sparkassen nie eine Rolle gespielt hat, sind die Sparkassen zwar als Anstalten anerkannt, jedoch wegen des Fehlens eines solchen Gewaltverhältnisses als "Schönheitsfehler" (Köttgen) angesehen worden. Als selbständige Anstalten des öffentlichen Rechts, für deren Existenz ein besonderes Gewaltverhältnis nach heutigem Erkenntnisstand nicht erforderlich ist, müssen sie aber wohl weniger als Schönheitsfehler denn als frühe Schönheit angesehen werden.

RECHTSHISTORISCHE REIHE

Band 1 Studien zu den germanischen Volksrechten. Gedächtnisschrift für Wilhelm Ebel. Vorträge gehalten auf dem Fest-Symposion anläßlich des 70. Geburtstages von Wilhelm Ebel am 16. Juni 1978 in Göttingen. Götz Landwehr (Hrsg.) 1982.

Band 2 Hans Poeschel: Die Statuten der Banken, Sparkassen und Kreditgenossenschaften in Hamburg und Altona von 1710 bis 1889. 1978.

Band 3 Thomas Kolbeck: Juristenschwemmen, Untersuchungen über den juristischen Arbeitsmarkt im 19. und 20. Jahrhundert. 1978.

Band 4 Norbert Hempel: Richterleitbilder in der Weimarer Republik. 1978.

Band 6 Martin C. Lockert: Die niedersächsischen Stadtrechte zwischen Aller und Weser. Vorkommen und Verflechtungen. Eine Bestandsaufnahme. 1979.

Band 7 Joachim Rückert/Wolfgang Friedrich: Betriebliche Arbeitsausschüsse in Deutschland, Großbritannien und Frankreich im späten 19. und frühen 20. Jahrhundert. Eine vergleichende Studie zur Entwicklung des kollektiven Arbeitsrechts. 1979.

Band 8 Peter Bender: Die Rezeption des römischen Rechts im Urteil der deutschen Rechtswissenschaft. 1979.

Band 9 Friedrich Karl Alsdorf: Untersuchungen zur Rechtsgestalt und Teilung deutscher Ganerbenburgen. 1980.

Band 10 Dietmar Willoweit/Winfried Schich (Hrsg.): Studien zur Geschichte des sächsisch-magdeburgischen Rechts in Deutschland und Polen (Sammelband). 1980.

Band 11 Brigitte Hempel: Der Entwurf einer Polizeiordnung für das Herzogtum Sachsen-Lauenburg aus dem Jahre 1591. 1980.

Band 12 Klaus-Detlev Godau-Schüttke: Rechtsverwalter des Reiches Staatssekretär Dr. Curt Joel. 1981.

Band 13 Rainer Polley: Anton Friedrich Justus Thibaut (AD 1772-1840) in seinen Selbstzeugnissen und Briefen. Teil 1: Abhandlung. Teil 2: Briefwechsel. Teil 3: Register zum Briefwechsel. 1982.

Band 14 Michael Wettengel: Der Streit um die Vogtei Kelkheim 1275-1276. Ein kanonischer Prozeß. 1981.

Band 15 Otto Wilhelm Krause: Naturrechtler des sechzehnten Jahrhunderts. Ihre Bedeutung für die Entwicklung eines natürlichen Privatrechts. 1982.

Band 16 Helga Spindler: Von der Genossenschaft zur Betriebsgemeinschaft. Kritische Darstellung der Sozialrechtslehre Otto von Gierkes. 1982.

Band 17 Holger Otte: Gustav Radbruchs Kieler Jahre 1919 - 1926. 1982.

Band 18 Rüdiger Teuner: Die fuldische Ritterschaft 1510 - 1656. 1982.

Band 19 Gerhard Dilcher/Rudolf Hoke/Gian Savino Pene Vidari/Hans Winterberg (Hrsg.): Grundrechte im 19. Jahrhundert. 1982.

Band 20 Karl-Heinz Schloßstein: Die westfälischen Fabrikengerichtsdeputationen — Vorbilder, Werdegang und Scheitern —. 1982.

Band 21 Birger Schulz: Der Republikanische Richterbund (1921-1933). 1982.

Band 22 Engelbert Krause: Die gegenseitigen Unterhaltsansprüche zwischen Eltern und Kindern in der deutschen Privatrechtsgeschichte. 1982.

Band 23 Meent W. Francksen: Staatsrat und Gesetzgebung im Großherzogtum Berg (1806 - 1813). 1982.

Band 24 Gerd von Sonnleithner: Bearbeitung des Handelsrechts durch Ignaz von Sonnleithner in seinem "Leitfaden über das österreichische Handels- und Wechselrecht". 1982.

Band 25 Rudolf Palme: Rechts-, Wirtschafts- und Sozialgeschichte der inneralpinen Salzwerke bis zu deren Monopolisierung. 1983.

Band 26 Helen Bosshard: Pestalozzis Staats- und Rechtsverständnis und seine Stellung in der Aufklärung.1983.

Band 27 Jens Jessen: Die Selbstzeugnisse der deutschen Juristen. Erinnerungen, Tagebücher und Briefe. Eine Bibliographie. 1983.

Band 28 Günter Martin Jensen: Das Domanium Waldeck. Die rechtliche Zuordnung eines Fürstenvermögens. 1984.

Band 29 Johann Heinrich Kumpf: Petitionsrecht und öffentliche Meinung im Entstehungsprozeß der Paulskirchenverfassung 1848/49. 1983.

Band 30 Sabine Frey: Rechtsschutz der Juden gegen Ausweisungen im 16. Jahrhundert. 1983.

Band 31 Dietrich Joswig: Die germanische Grundstücksübertragung. 1984.

Band 32 Andreas Baryli: Konzessionssystem contra Gewerbefreiheit. Zur Diskussion der österreichischen Gewerberechtsreform 1835 bis 1860. 1984.

Band 33 Gerhard Oberkofler: Studien zur Geschichte der österreichischen Rechtswissenschaft. 1984.

Band 34 Rudolf Lauda: Kaufmännische Gewohnheit und Burgrecht bei Notker dem Deutschen. Zum Verhältnis von literarischer Tradition und zeitgenössischer Realität in der frühmittelalterlichen Rhetorik. 1984.

Band 35 Jens Jensen: Die Ehescheidung des Bischofs Hans von Lübeck von Prinzessin Julia Felicitas von Württemberg-Weiltingen AD 1648–1653. Ein Beitrag zum protestantischen Ehescheidungsrecht im Zeitalter des beginnenden Absolutismus. 1984.

Band 36 Horst Schröder: Friedrich Karl von Savigny. Geschichte und Rechtsdenken beim Übergang vom Feudalismus zum Kapitalismus in Deutschland. 1984.

Band 37 Andreas Hatzung: Dogmengeschichtliche Grundlagen und Entstehung des zivilrechtlichen Notstands. 1984.

Band 38 Matthias Klasen: Das Billwerder Landrecht. Landrecht und Landgericht in den Hamburger Elbmarschen. 1985.

Band 39 Rainer Jamin: Aufbau, Tätigkeit und Verfahren der Auseinandersetzungsbehörden bei der Durchführung der preußischen Agrarreformen. 1985.

Band 40 Henry Winter: Teilschuld, Gesamtschuld und unechte Gesamtschuld. Zur Konzeption der §§ 420 ff. BGB – Ein Beitrag zur Entstehungsgeschichte des BGB. 1985.

Band 41 Hermann Eichler: Verfassungsbewegungen in Amerika und Europa. 1985.

Band 42 Dagmar Bandemer: Heinrich Albert Zachariae. Rechtsdenken zwischen Restauration und Reformation. 1985.

Band 43 Eva-Christine Frentz: Das Hamburgische Admiralitätsgericht (1623–1811). Prozeß und Rechtsprechung. 1985.

Band 44 Karl Lillig: Rechtsetzung im Herzogtum Pfalz-Zweibrücken während des 18. Jahrhunderts. Ein Beitrag zur Geschichte der territorialen Rechtsbildung. 1985.

Band 45 Walter Weber: Die Entwicklung der Sparkassen zu selbständigen Anstalten des öffentlichen Rechts. Ein Beitrag zur Entwicklung des Anstaltsbegriffs im 19. Jahrhundert. 1985.

Dilcher, Gerhard / Hoke, Rudolf

Grundrechte im 19. Jahrhundert

Frankfurt/M., Bern, 1982. 283 S. Rechtshistorische Reihe. Bd. 19
ISBN 3-8204-7100-6 br. sFr. 48.–

Das 18. Jahrhundert bringt die Ausbildung der modernen Staats- und Gesellschaftstheorie auf der Grundlage von Vernunftrecht und Aufklärung. Die Formulierung von Menschen- und Bürgerrechten bildet hierin einen wesentlichen Teil. Nach den revolutionären Verfassungsgebungen der Vereinigten Staaten und Frankreichs und nach dem Scheitern Napoleons dringen die hier formulierten Grundsätze im Laufe des 19. Jahrhunderts langsam in die Verfassungsgebung der zwischen traditioneller Ordnung und Fortschritt im Sinne des Liberalismus schwankenden europäischen Staaten ein. Dieser Vorgang wird an wichtigen Beispielen für Deutschland, Österreich und Italien untersucht. Es werden dabei sowohl die theoretischen und philosophischen Grundlagen, die Ausprägungen in jakobinischen, napoleonischen und vormärzlichen Verfassungen, wie auch in der nachrevolutionären österreichischen Verfassungsentwicklung sowie das Fehlen von Grundrechten in der Reichsverfassung von 1871 behandelt. Die italienischen Beiträge sind in der Originalfassung veröffentlicht.
Aus dem Inhalt: Zum Umriss der Thematik – Philosophische Grundlagen – Verfassungstheorie und Verfassungsrealität – Die Rolle der Grundrechte in einzeinen Verfassungsurkunden – Ausformung einzelner Grundrechte.

Roos, Gerhard

Entkriminalisierungstendenzen im Besonderen Teil des Strafrechts

Frankfurt/M., Bern, 1982. XXXXI, 331 S.
Europäische Hochschulschriften: Reihe 2, Rechtswissenschaft Bd. 276
ISBN 3-8204-6974-5 br. sFr. 75.–

Die Arbeit macht den dialektischen Hintergrund der Entstehung und die gegenwärtige Bedeutung des Entkriminalisierungsgedankens deutlich, indem sie die durch die neuere Strafrechtsreform verwirklichten Entkriminalisierungsmassnahmen im Besonderen Teil des Strafrechts darstellt und in ihrem Ergebnis kritisch würdigt. Neben einer Auseinandersetzung mit den verschiedenen Entkriminalisierungskonzepten wird weiter die These begründet, dass die Forderung nach Entkriminalisierung auch heute noch nichts von ihrer Bedeutung eingebüsst hat und dem Gesetzgeber als ständige Reformaufgabe gestellt bleibt. Welchen Beitrag Rechtsprechung und Strafrechtswissenschaft dazu leisten können, erörtert der Verfasser in einem eigenen Kapitel. Die Verwertung der gewonnenen Erkenntnisse fliesst in die kriminalpolitischen Schlussbemerkungen ein, die mit Vorschlägen für die zukünftige Behandlung der Bagatellkriminalität enden.
Aufgrund ihrer Konzeption und der Bearbeitung einer Fülle von Problemen stellt die Arbeit einen wichtigen Beitrag zum kriminalpolitischen Dauerthema der Entkriminalisierung dar.
Aus dem Inhalt: Die generalpräventive Zweckmässigkeit einer Einschränkung des Strafrechts – Die Schutz- und Friedensfunktion des Strafrechts – Die Entkriminalisierung des Nebenstrafrechts, des Staatsschutzstrafrechts, der Demonstrations- und Sexualdelikte, die Abschaffung der Übertretungen, die Neuregelung des Schwangerschaftsabbruchs – Die verschiedenen Entkriminalisierungskonzepte – Die Mitverantwortung von Rechtsprechung und Strafrechtswissenschaft – Kriminalpolitische Schlussbemerkungen – Vorschläge für die zukünftige Behandlung der Bagatellkriminalität.